MedR Schriftenreihe Medizinrecht

Springer
Berlin
Heidelberg
New York
Barcelona
Budapest
Hongkong
London
Mailand
Paris
Santa Clara
Singapur
Tokio

Arbeitsgemeinschaft Rechtsanwälte
im Medizinrecht e.V. (Hrsg.)

Arzneimittel und Medizinprodukte

Neue Risiken für Arzt, Hersteller und Versicherer

Schriftleitung
Thomas Ratajczak · Gabriela Schwarz-Schilling

Mit Beiträgen von
K.-O. Bergmann, L. Figgener, D. Hart, R. Jungbecker, H. F. Kienzle, K.-H. Munter, Th. Ratajczak, Ch.-M. Stegers, M. Teichner, A. Thiele

Springer

Arbeitsgemeinschaft Rechtsanwälte im Medizinrecht e.V.
Wegener Str. 5
D-71063 Sindelfingen

Schriftleitung:

RA Dr. Thomas Ratajczak
Wegener Str. 5
D-71063 Sindelfingen

RA Gabriela Schwarz-Schilling
Marburger Str. 2 / Rathausplatz
D-57223 Kreuztal

ISBN-13:978-3-540-63500-0 e-ISBN-13:978-3-642-60899-5

DOI: 10.1007/978-3-642-60899-5

Springer-Verlag Berlin Heidelberg New York
Die Deutsche Bibliothek - CIP-Einheitsaufnahme
Arzneimittel und Medizinprodukte: neue Risiken für Arzt, Hersteller und Versicherer / Hrsg.: Arbeitsgemeinschaft Rechtsanwälte im Medizinrecht e.V. (Hrsg.). Schriftl.: Thomas Ratajczak; Gabriele Schwarz-Schilling. - Berlin; Heidelberg; New York; Barcelona; Budapest; Hongkong; London; Mailand; Paris; Santa Clara; Singapur; Tokio: Springer, 1997
(MedR, Schriftenreihe Medizinrecht)
ISBN-13:978-3-540-63500-0

SPIN 10644945 64/2202-5 4 3 2 1 0 - Gedruckt auf säurefreiem Papier

Vorwort

Die Diskussion um Silikon, Amalgam und Palladium als Ursache für eine Vielzahl von Erkrankungen macht seit einiger Zeit Schlagzeilen. Blutarzneimittel und Implantate aus Kunststoff bergen Infektionsrisiken.

Arzneimittelzwischenfälle und solche mit Medizinprodukten stehen immer wieder im Brennpunkt aktueller öffentlicher Diskussionen. Dabei zeigen sich oft erhebliche Informationsdefizite und deutliche Diskrepanzen zwischen der Diskussion in der Fachwelt und der in den allgemein zugänglichen Medien geführten Auseinandersetzung. Kennzeichnend für den Diskurs ist sein reflexartiger Charakter und seine interessengeleitete Form.

Der Umgang mit dem Gefahrenpotential kann nicht ohne Konsequenzen für die herkömmliche Haftung des pharmazeutischen Unternehmens und des Arztes als Anwender bleiben. Wichtig erscheint ein interdisziplinärer Dialog, der zwar konkrete Zwischenfälle analysiert, sich aber gleichzeitig vergegenwärtigt, daß die Aufarbeitung von Fehlentwicklungen sowohl der Gefahrenvorsorge als auch der Verteilung von Lasten im Schadensfalle dienen muß. Gesundheitsschäden infolge von Sicherheits- und Anwendungsfehlern belasten zwar vornehmlich Patienten und die Sozialversicherungsträger. Zugleich stellen sie aber für Arzt, Hersteller und deren Versicherer ein Risiko dar. Dies abzuschätzen, rechtlich einzuordnen und, wo nötig, Mängel aufzuzeigen und Verbesserungsvorschläge zu unterbreiten, war zentrale Aufgabe des VII. Kölner Symposiums der Arbeitsgemeinschaft Rechtsanwälte im Medizinrecht e.V. mit dem Generalthema „Arzneimittel und Medizinprodukte – Neue Risiken für Arzt, Hersteller und Versicherer“.

Die neue PHOENIX-Datenbank enthält bezogen auf den Zeitraum 1.1.1990 - 11.7.1996 ca. 88.000 Berichte über Verdachtsfälle von unerwünschten Arzneimittelauswirkungen in Deutschland. Was sich für den einzelnen Arzt möglicherweise ohne Kausalnexus als unerwünschtes

Ergebnis einer Arzneimitteltherapie darstellt, kann durch das Sammeln an zentraler Seite eher überprüft und in einen ursächlichen Zusammenhang gebracht werden.

Schon die Veröffentlichung einzelner, aber eindrucksvoller Verdachtsfälle macht die Ärzteschaft vigilanter bezüglich unerwarteter Ereignisse bei ihren medikamentös behandelten Patienten. Ein solches Spontanmeldesystem dient gleichzeitig der Qualitätssicherung.

Prof. Dr. Thiele, Direktor am Bundesinstitut für Arzneimittel und Medizinprodukte betont zwar, daß die Erfassung unerwünschter Begleiterscheinungen für den gesundheitlichen Verbraucherschutz grundlegend sei. Doch fehlten zu einem aktiven Tätigwerden bei individuellen Schadensfällen der Bundesoberbehörde neben einem entsprechenden gesetzlichen Auftrag und den personellen Möglichkeiten auch die erforderlichen Angaben, wie zum Beispiel die genaue Identifikation der betroffenen Patienten bei gemeldeten Nebenwirkungen. Diese würden aus Datenschutzgründen nicht angegeben. Die Behörde werde erst tätig, wenn sie in konkreten Rechtsstreiten zur gutachterlichen Stellungnahme aufgefordert wird.

Einen Vorrang zugunsten einer effektuierten und damit effizienteren objektiven Fehlerhaftung postuliert Prof. Dr. Hart (Universität Bremen). Bei seiner Analyse der Defizite des geltenden Arzneimittelhaftungsrechts gelangt er zu dem Ergebnis, daß ein prozessualer Ansatz – also eine andere Verteilung der Darlegungs- und Beweislast – unter dem Aspekt der ökonomischen Analyse wünschenswert sei und dem weder rechtssystematische noch europarechtliche Gründe entgegenstünden. Die gegenseitige Abstimmung zwischen Sicherheits- und Haftungsrecht kann danach einen synergistischen Effekt zugunsten des Arzneimittelsicherheitsniveaus nach sich ziehen. Aufgrund der bisher bestehenden Unterschiede habe dieser Effekt noch nicht genügend Beachtung gefunden. Erst wenn die pharmazeutischen Unternehmen haftungsrechtlich verpflichtet sind, die sicherheitsrechtliche Schuld einzulösen, würden sicherheits- und haftungsrechtliche Pflichten parallel laufen.

Von zahnmedizinischer Seite fordert PD Dr. Dr. Figgener (Universität Münster) eine Klärung der haftungsrechtlichen Lage bezüglich dentaler Materialien, insbesondere von Amalgam nachdrücklich ein.

Die Voraussetzungen der zentralen gesetzlichen Eingriffsvoraussetzung des „begründeten Verdachts“ in § 5 Arzneimittelgesetz und § 4 Medizinproduktegesetz arbeitet Dr. Ratajczak aus.

Dr. Bergmann und Rechtsanwalt Stegers thematisieren die Haftung des Arztes als Anwender von Arzneimitteln und Medizinprodukten sowie den Umfang der ärztlichen Informationspflichten bei dem Einsatz von Medizinprodukten und in der Pharmakotherapie. Zwar enthält das Medizinproduktegesetz keine eigenen Anspruchsgrundlagen, doch legt es dem Anwender eine Reihe von Pflichten auf, um eine sachgerechte Handhabe zu erzielen. Der Patient bleibt das schwächste Glied in der Kette Hersteller-Betreiber-Anwender-Patient. Das Medizinproduktegesetz selbst normiert im Verhältnis Arzt – Patient keine ausdrücklichen Informationspflichten zugunsten des Patienten. Lediglich der Entwurf zur Betreiberverordnung über aktive Medizinprodukte verlangt bei implantierten und energetisch betriebenen Geräten den Patienten schriftlich zu informieren.

Ersatzansprüche gegen den pharmazeutischen Unternehmer scheitern - ungeachtet bestehender Verhaltenspflichten – regelmäßig an der Kausalitätshürde, während der anwesende Arzt bei groben Medikationsfehlern unter Umständen mit dem vollen Kausalitätsnachweis belastet ist. Die Haftung des pharmazeutischen Unternehmens für Arzneimittelschäden sei daher, wie Stegers pointiert formuliert „Ein Muster ohne Wert“ und führte in der Rechtspraxis dazu, entweder von einer zivilrechtlichen Klärung abzusehen oder gleichzeitig einen Anwendungsfehler des Arztes zu konstruieren, um auf der Kausalitätsebene eine Beweiserleichterung bis hin zur Beweislastumkehr möglich zu machen.

Beiträge von Prof. Kienzle aus der Sicht eines leitenden Arztes und Dr. Jungbecker zur strafrechtlichen Verantwortung des Herstellers runden den Band ab.

Die Bestandsaufnahme macht deutlich, welche Erkenntnislücken bei der Aufarbeitung von einzelnen Verläufen bestehen, aber auch, daß keine der mit Arzneimitteln und Medizinprodukten den Patienten eröffneten Chancen ohne Risiko ist. Rückschläge dürfen daher regelmäßig dem potentiellen Haftungsschuldner nicht ohne Entlastungsmöglichkeit und allein aufgrund der Tatsache einer im Anschluß an die Anwendung auftretenden Gesundheitsschädigung angeordnet werden. Kein System kann letzte Sicherheit gewähren, Unwägbarkeiten müssen nicht zuletzt deshalb in Kauf genommen werden, damit die Chancen neuer Medikamente etc. den Patienten überhaupt zugute kommen können.

Der vorgelegte Band enthält die vollständigen Referate und Diskussionsbeiträge. Bei einigen Referaten wurden die Fußnoten durch die Schriftleitung ergänzt, um die Aktualität des Bandes zu sichern.

An dieser Stelle sei der UAP gedankt und allen, die an der Organisation beteiligt waren. Ohne die engagierte und zuverlässige Mitarbeit von Frau Martina Pietsch (Sindelfingen) und Frau Stephanie Sänger (Kreuztal) hätte sich dieser Band nicht erstellen lassen.

Daß der Tagungsband die medizinrechtliche Debatte bereichern, Mediziner und Juristen sensibilisieren und trotz der vielschichtigen Probleme dem Anwender bei der Klärung von Einzelfällen einen nützlichen Dienst erweisen möge, wünschen sich

Die Herausgeber

Inhaltsverzeichnis

Autorenverzeichnis

Bergmann, Dr. Karl-Otto
Rechtsanwalt und Notar
Schützenstr. 10, 59071 Hamm

Figgener, Dr. Dr. Ludger
Privatdozent, Universitätszahnklinik Münster
Waldeyerstr. 30, 48149 Münster

Hart, Prof. Dr. Dieter
Universität Bremen, Fachbereich Rechtswissenschaft
Bibliothekstraße, 28359 Bremen

Jungbecker, Dr. Rolf
Rechtsanwalt
Erbprinzenstr. 8, 79098 Freiburg

Kienzle, Prof. Dr. H.F.
Chefarzt Städt. Krankenhaus Köln-Holweide
Neufelder Str. 32, 51067 Köln

Munter, Dr. Karl-Heinz
Geschäftsführer der Arzneimittelkommission
der Deutschen Ärzteschaft
Aachener Str. 233 – 237, 50931 Köln

Ratajczak, Dr. Thomas
Rechtsanwalt, Fachanwalt für Sozialrecht
Wegenerstr. 5, 71063 Sindelfingen

Stegers, Christoph-M.
Rechtsanwalt
Leopoldstr. 10, 44147 Dortmund

Teichner, Matthias
Rechtsanwalt
Alsterarkaden 12, 20354 Hamburg

Thiele, Prof. Dr. Axel
Direktor, Bundesinstitut für Arzneimittel
und Medizinprodukte
Seestr. 10, 13353 Berlin

Arzneimittelzwischenfälle in der Bundesrepublik Deutschland – Aufgaben und Tätigkeiten der Arzneimittelkommission der deutschen Ärzteschaft

Karl-Heinz Munter

1911 ernannte der Ausschuß des Kongresses für Innere Medizin eine Kommission, die seitdem „Arzneimittelkommission des deutschen Kongresses für Innere Medizin" hieß. Später wurde sie in „Arzneimittelkommission der deutschen Gesellschaft für Innere Medizin" umbenannt. 1950 schlug der Vorsitzende der Arbeitsgemeinschaft der westdeutschen Ärztekammern des Präsidiums des Deutschen Ärztetages, Herr Dr. Neuffer, vor, die Arzneimittelkommission zu einem Organ der ganzen deutschen Ärzteschaft zu machen. Dies geschah im Jahre 1952. Heute berät die Arzneimittelkommission der deutschen Ärzteschaft (AkdÄ) als wissenschaftlicher Fachausschuß der Bundesärztekammer (BÄK) diese in allen Fragen der Arzneibehandlung und Arzneimittelsicherheit. In gleicher Funktion dient sie der Kassenärztlichen Bundesvereinigung (KBV).

Zu den statuarischen Aufgaben der AkdÄ gehören u.a.:

1. Als „Arzneimittelkommission der Kammern der Heilberufe" erfüllt die AkdÄ die aus dem Arzneimittelgesetz abzuleitenden Aufgaben, z.B. als Stufenplanbeteiligte.
2. Erfassung, Dokumentation und Bewertung unerwünschter Arzneimittelwirkungen, die ihr aus der deutschen Ärzteschaft gemäß § 30 Abs. 7 der Berufsordnung für die deutschen Ärzte gemeldet werden müssen. Der genaue Wortlaut des entsprechenden Passus lautet: *Der Arzt ist verpflichtet, ihm aus seiner Verordnungstätigkeit bekanntwerdende unerwünschte Arzneimittelwirkungen der Arzneimittelkommission der deutschen Ärzteschaft mitzuteilen.*
3. Herausgabe des Buches „Arzneiverordnungen" sowie des Informationsblattes „Arzneiverordnung in der Praxis".

Zu weiteren Aufgaben gehört die Erarbeitung von Therapieempfehlungen gemäß der Richtlinien des Bundesausschusses der Ärzte und Krankenkassen über die Verordnung von Arzneimitteln in der vertragsärztlichen Versorgung (Arzneimittelrichtlinien).

Die Arzneimittelkommission besteht aus mindestens 25, höchstens 40 ordentlichen Mitgliedern. Die ordentlichen Mitglieder werden durch den Vorstand der Bundesärztekammer auf Vorschlag des Vorstandes der AkdÄ berufen. Der Vorstand der AkdÄ umfaßt bis zu sieben Mitglieder. Fünf Mitglieder werden aus der Mitte der ordentlichen Mitglieder gewählt, zwei Mitglieder von der Bundesärztekammer bzw. von der Kassenärztlichen Bundesvereinigung unmittelbar benannt. Neben den ordentlichen Mitgliedern kann der Vorstand der AkdÄ außerordentliche Mitglieder als Sachverständige für die verschiedenen Aufgaben benennen. Dem Vorstand steht zur Unterstützung seiner wissenschaftlichen Arbeit eine Geschäftsstelle zur Verfügung, die von einem Geschäftsführer geleitet wird. Die Geschäftsstelle wird zu gleichen Teilen von der Bundesärztekammer und der Kassenärztlichen Bundesvereinigung finanziert (Abbildung 1). Die AkdÄ und ihre Geschäftsstelle beziehen keinerlei Gelder von Seiten der pharmazeutischen Industrie.

Abb. 1: Arzneimittelkommission der deutschen Ärzteschaft (AkdÄ) (Fachausschuß der Bundesärztekammer)

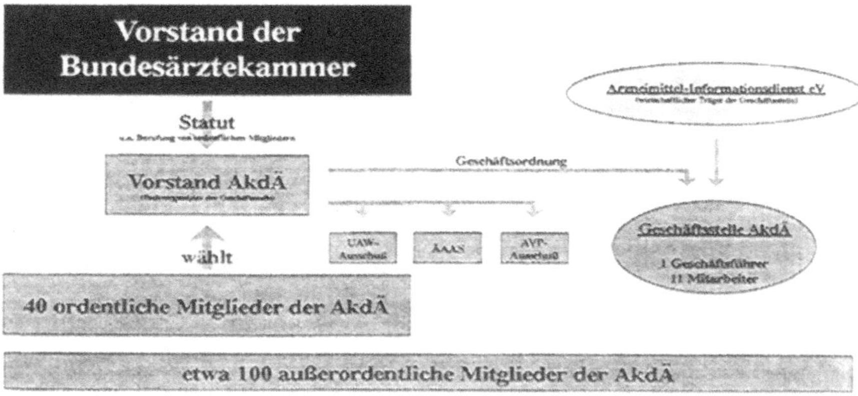

Spontanes Meldesystem für unerwünschte Arzneimittelwirkungen (UAW)

Die Erfassung, Dokumentation und Bewertung von UAW gehört zu den traditionellen Aufgaben der AkdÄ. Im Jahresbericht von 1958 wurde die gesamte Ärzteschaft aufgefordert, UAW an ihre Arzneimittelkommission zu berichten, um sie damit auch ihren Kollegen durch Veröffentlichung im Deutschen Ärzteblatt zugänglich zu machen. Voll in Gang kam die spontane Berichterstattung zu UAW leider erst durch die sich in den folgenden Jahren ereignende Contergankatastrophe. Die Berichtszahl an UAW stieg in den folgenden Jahren. 1986 lagen der AkdÄ 50.000 Berichte vor. 1991 waren es weit über 110.000 Berichte.

Mit dem Inkrafttreten des 2. Arzneimittelgesetzes 1978 hatte das Bundesgesundheitsamt, das heutige Bundesinstitut für Arzneimittel und Medizinprodukte (BfArM) den gesetzlichen Auftrag erhalten, Risiken, die bei der Anwendung bei Arzneimitteln auftreten, zentral zu erfassen und auszuwerten. Nach § 29 AMG ist der Hersteller eines Arzneimittels verpflichtet, der zuständigen Bundesoberbehörde unverzüglich jeden ihm bekanntgewordenen Verdachtsfall einer Nebenwirkung oder Wechselwirkung mit anderen Mitteln anzuzeigen. Aus den §§ 62 und 63 AMG ergibt sich die Verpflichtung für die zuständige Oberbehörde, Einzelfallmeldungen zu sammeln und zu bewerten. Außerdem soll die Bundesoberbehörde mit Stellen zusammenarbeiten, die entsprechende Melderegister führen (Arzneimittelkommissionen der Kammern der Heilberufe). Für die Erhebung von UAW durch die Ärzte steht ein einheitliches Formular zur Verfügung, das von der Bundesoberbehörde und der AkdÄ benutzt wird. Die Hersteller benutzen kein einheitliches, sondern firmenindividuelle Formulare, die sich aber im wesentlichen nach den Kriterien der von Bundesbehörden und AkdÄ benutzten Formularen richten. Zur Zeit wird im Rahmen der Harmonisierungen auf der EU-Ebene über die Entwicklung eines neuen Formulares nachgedacht.

In der Abbildung 2 werden die Wege der spontanen UAW-Berichterstattung dargestellt.

Abb. 2: Wege der spontanen UAW-Berichtserstattung in Deutschland

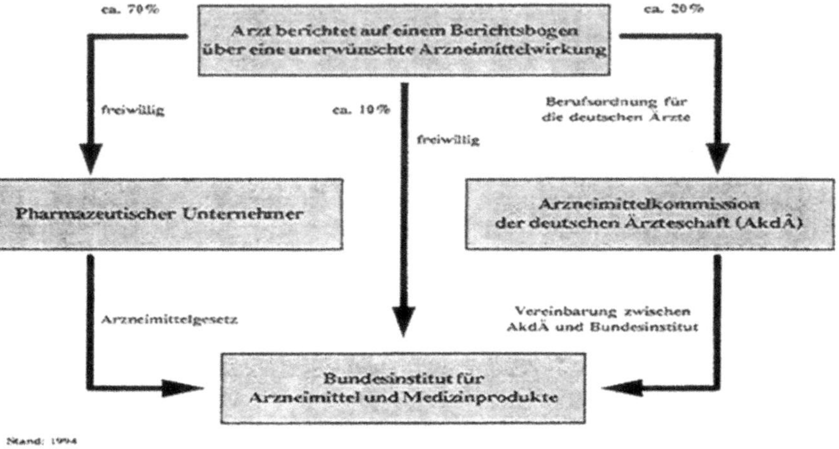

Alle Einzelfallberichte werden im Rechner des Bundesinstitutes für Arzneimittel und Medizinprodukte gespeichert. Nach einer Vereinbarung zwischen dem Präsidenten der Bundesärztekammer und dem Präsidenten des damaligen Bundesgesundheitsamtes sollte die Arbeit im Bereich der Arzneimittelsicherheit u.a. durch eine gemeinsame Datenbank zu spontan gemeldeten UAW intensiviert werden. Seit Beginn des Jahres 1995 existiert diese gemeinsame Datenbank. Da die AkdÄ die Daten vom BfArM in Rohformat erhält, hat sie in Eigenleistung ein innovatives und leistungsfähiges Datenverwaltungs- und Auswertungsprogramm geschrieben, das System PHOENIX. Mit dem System PHOENIX können nun die Arbeiten der verschiedenen Ausschüsse der AkdÄ, der Geschäftsstelle und anderer wissenschaftlicher Projekte zur Arzneimittelsicherheit innerhalb der Kommission verstärkt unterstützt werden. Die wissenschaftlichen Erkenntnisse dieser Arbeiten werden der Ärzteschaft durch Bekanntgeben im Deutschen Ärzteblatt, durch das AkdÄ-eigene Informationsheft „Arzneiverordnung in der Praxis“ (AVP), über das Taschenbuch „Arzneiverordnungen“ sowie über Symposien und Fortbildungsveranstaltungen weitergegeben. Auch den Arzneimittelnebenwirkungen berichtenden Arzt sollen zukünftig Informationen aus dem System PHOENIX zu seinem jeweiligen Bericht angeboten werden. Zur Zeit wird geprüft, inwieweit ein Datenaustausch mit dem Paul-Ehrlich-Institut (PEI), zuständig für Blut und Blutprodukte, umgesetzt werden kann. Erste Gespräche haben stattgefunden.

Ziel der Spontanerfassung von UAW sind die Erfassung von seltenen UAW, von Spätreaktionen sowie die Erfassung von Patienten mit besonderen Risiken und von Interaktionen[1]. Dabei dürfen die Informationen, die man aus dem spontanen Meldesystem zu Verdachtsfällen von UAW gewinnt, nicht überbewertet werden. Es handelt sich hier um eine explorative Auswertung, die mögliche Zusammenhänge zwischen einer Nebenwirkung und einem Arzneimittel aufzeigt. Dabei werden die Fälle nach Art und Schweregrad klassifiziert. Nur in der Ausnahme kann über dieses System eine strenge Kausalität zwischen einem Arzneimittel und einer unerwünschten Wirkung bewiesen werden. Das spontane Meldesystem kann also allenfalls als ein Hypothesengenerator dienen[2]. Trotzdem wurden viele UAW gerade mit dem spontanen Meldesystem entdeckt[3].

Die Methodik des spontanen Meldesystems erlaubt es nicht, Inzidenzen (Anzahl von UAW pro Verordnungsvolumen pro Zeiteinheit) zu berechnen. Zur Ermittlung dieses Quotienten sind strenge methodische Ansätze (pharmakoepidemiologische Studien) nötig. Man muß von einer hohen „under reporting" Rate ausgehen. Der AkdÄ gingen in den letzten Jahren jährlich ca. 1700 – 1800 UAW-Berichte direkt von der Ärzteschaft zu. Geht man nur einmal von der Annahme aus, daß bei ca. 200.000 praktizierenden Ärzten mindestens 10 UAW pro Jahr und Arzt auftreten, müßten 2.000.000 UAW gemeldet werden. Nimmt man weiterhin an, daß jede hundertste UAW schwer sei, so müßten immerhin noch 20.000 schwerwiegende UAW gemeldet werden. Dies sind Zahlen, die bei weitem nicht erreicht werden. Daher müssen Anstrengungen unternommen werden, die auf eine Verbesserung der spontanen Berichtsfrequenz abzielen. Die AkdÄ prüft z.Z. die Möglichkeit, inwieweit ein in die Praxissoftware des niedergelassenen Arztes implementiertes „UAW-Modul" die Berichtsfrequenz erhöhen könnte. Dabei handelt es sich bei dem „UAW-Modul" um ein Programmteil, das vom Arzt aufgerufen werden kann, wenn er eine UAW berichten möchte. Schon abgespeicherte Patientendaten werden in das offizielle Berichtsformular geladen, so daß der berichtende Arzt nur noch wenige weitere Informationen hinzufügen muß. Der EDV-mäßig erstellte UAW-Bericht kann dann ausgedruckt und per Post an die AkdÄ geschickt

---

1 B. Mathias, c. Piper, R. Lasek, Ziele und Grenzen der Spontanerfassung unerwünschter Arzneimittelwirkungen, Internist (1990), 31:448-455

2 K. Überla, O. Rienhoff, N. Victor (Hrsg.). In „Arzneimittelforschung nach der Zulassung" (1991)

3 G.R. Venning. Identification of adverse reactions to new drugs II (continued): How were 18 important adverse reactions discovered and with what delays? British Medical Journal (1983) 286: 365-368

oder per Faxmodem versendet oder durch andere Datenaustauschsysteme weitergegeben werden.

Management der UAW-Bearbeitung in der AkdÄ

Bis zum Jahre 1991 erfaßte die AkdÄ neben den direkt von den Ärzten gemeldeten UAW auch die von dem pharmazeutischen Unternehmen an sie geschickten Berichte zu UAW. Die pharmazeutischen Unternehmen waren aufgrund einer Vereinbarung im BPI-Kodex verpflichtet, ihre Berichte aus dem spontanen Meldesystem nicht nur den Bundesoberbehörden, sondern auch der AkdÄ zu melden. Im gegenseitigen Einverständnis wurde die Regelung Ende 1991 aufgehoben, so daß die AkdÄ seitdem nur noch die direkt von den Ärzten aufgrund deren Verpflichtung nach der Berufsordnung der Ärzte gemeldeten UAW-Berichte sammelt, auswertet und kommentiert. Die eingehenden UAW-Berichte werden täglich in einer Besprechung zwischen wissenschaftlichen Mitarbeitern (Mediziner und Apotheker) der Geschäftsstelle besprochen und umgehend bearbeitet. Grundsätzlich werden innerhalb von einer Woche die Ärzte über den Eingang ihrer unerwünschten Arzneimittelwirkung mittels eines Standardschreibens informiert (Abbildung 3).

Abb. 3: Bearbeitung der UAW-Berichte in der Arzneimittelkommission der deutschen Ärzteschaft

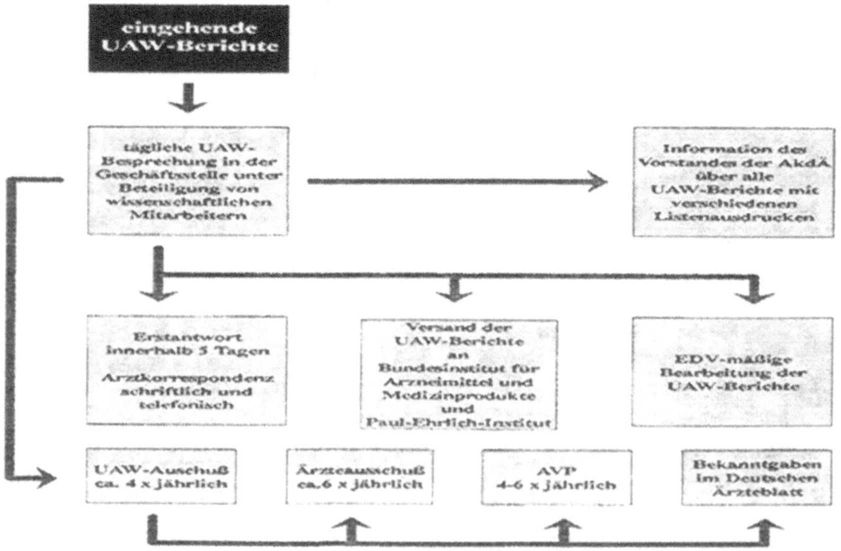

Bei schwerwiegenden oder andererseits bedeutsamen UAW erhalten die Ärzte einen Zwischenbescheid und die Mitteilung, daß dieser Fall einem Fachmitglied der AkdÄ mit der Bitte vorgelegt wird, eine Stellungnahme abzugeben. Nach Eingang der Stellungnahme wird diese dem berichtenden Arzt weitergegeben. Ca. 150 Stellungnahmen werden von Fachmitgliedern für die berichtenden Ärzte pro Jahr erarbeitet.

Alle eingehenden Berichte werden in einem Berichtsverwaltungsprogramm registriert und gleichzeitig den Bundesoberbehörden in datenschutzrechtlicher Weise zur Kenntnis gegeben. Oft müssen bei der Bearbeitung der UAW-Berichte zusätzliche Informationen von den berichtenden Ärzten schriftlich oder telefonisch angefordert werden. Selbstverständlich werden auch diese Zusatzinformationen umgehend den zuständigen Bundesoberbehörden (BfArM, PEI) zugeleitet. Die Bundesoberbehörden sind gerade an den von der AkdÄ weitergeleiteten Berichten interessiert, weil diese in der Regel sehr informativ sind.

Vom BfArM erhält die AkdÄ wie oben schon ausgeführt in EDV-technischer Form die Daten zurück, die dann mittels des „Systems PHOENIX" auswertbar werden. Wichtige UAW (sogenannte „Current Problems") werden in dem rund viermal jährlich stattfindenden wissenschaftlichen Ausschuß für UAW der AkdÄ besprochen und diskutiert. In diesem Ausschuß kommen Experten aus allen Fachrichtungen zusammen, um Arzneimittelrisiken zu analysieren, zu bewerten und weitergehende Maßnahmen zu besprechen. Oft werden die Ergebnisse dieser Diskussion in Bekanntgaben der AkdÄ im Deutschen Ärzteblatt zusammengefaßt oder in Publikationen festgehalten, die in dem Informationsheft „Arzneiverordnung in der Praxis" veröffentlicht werden. Dieses Heft steht allen deutschen Ärzten als Beilage des Deutschen Ärzteblattes drei- bis viermal jährlich zur Verfügung. Wünschenswert wäre, daß die AkdÄ mehr Hefte der „Arzneiverordnung in der Praxis" für die Ärzteschaft herausgeben könnte. Leider stehen aber hier nur begrenzte finanzielle Budgets zur Verfügung. Die AVP ist im Vergleich zu vielen anderen Arzneimittel-Informationsblättern (z.B. Arznei-Telegramm von Moebius) bzw. Fachzeitschriften, inkl. des ärztlichen Standesorgans „Deutsches Ärzteblatt" unabhängig von Abonnements bzw. von Werbeanzeigen aus der pharmazeutischen Industrie.

Ärzteausschuß Arzneimittelsicherheit

Das BfArM und der AkdÄ unterhalten den Ärzteausschuß Arzneimittelsicherheit (ÄAAS), der ca. sechsmal jährlich tagt. Im ÄAAS, der ebenfalls aus der oben beschriebenen Zusammenarbeit zwischen Bundesärztekammer und Bundesgesundheitsamt resultiert, beraten Fachmitglieder der AkdÄ und weitere wissenschaftlich ausgewiesene Mediziner das BfArM in aktuellen Fragen der Arzneimittelsicherheit. Hier werden u.a. auch Maßnahmen im Rahmen des Stufenplans nach AMG besprochen. Das ÄAAS sichert die enge Kooperation und gute Kommunikation zwischen dem BfArM und der AkdÄ. Wünschenswert wäre eine ähnliche Kooperation zwischen der AkdÄ und dem Paul-Ehrlich-Institut. Erste Überlegungen gibt es hierzu schon.

Veröffentlichung von Stufenplanverfahren

Nach § 63 (Stufenplan) AMG erstellt das Bundesministerium für Gesundheit durch allgemeine Verwaltungsvorschriften mit Zustimmung des Bundesrates zur Durchführung der Aufgaben nach § 62 einen Stufenplan. Diese Verwaltungsvorschrift regelt die Erfassung von Arzneimittelrisiken durch die zuständige Bundesoberbehörde, die Zusammenarbeit der beteiligten Behörden und Stellen (hierzu gehören auch die Arzneimittelkommissionen der Kammern der Heilberufe), die Einschaltung der pharmazeutischen Unternehmer und die Informationswege. Wenn Berichte oder sonstige Informationen auf die Möglichkeit von Arzneimittelrisiken hinweisen, so tritt die zuständige Bundesoberbehörde unter Beteiligung der Stufenplanbeteiligten (s.o.) und Benachrichtigung der zuständigen obersten Landesbehörden mit dem betroffenen pharmazeutischen Unternehmer in einen Informationsaustausch (Stufenplan I). Ergibt sich aus diesem Informationsaustausch eine Gefahrensituation oder der begründete Verdacht auf ein gesundheitliches Risiko, so leitet die zuständige Bundesoberbehörde den Stufenplan II ein. Im Rahmen des Stufenplans II kann die zuständige Bundesoberbehörde auf einen weitreichenden Maßnahmenkatalog zurückgreifen. So kann sie u.a. weitere wissenschaftliche Stellungnahmen von Sachverständigen einfordern, Anwendungsempfehlungen, Auflagen, aber auch Rücknahme oder Widerrufe der Freigabe einer Charge oder die Rücknahme, den Widerruf, oder das Ruhen der Zulassung des Arzneimittels nach § 30 AMG anordnen[4].

Die AkdÄ publiziert grundsätzlich alle Stufenplanverfahren der Stufe II, die ihr als Stufenplanbeteiligte nach AMG zur Kenntnis gegeben werden im Bekanntmachungsteil des Deutschen Ärzteblattes. Dies wird in

---

[4] Bekanntmachung der Neufassung der allgemeinen Verwaltungsvorschrift zur Beobachtung, Sammlung und Auswertung von Arzneimittelrisiken (Stufenplan) nach § 63 des Arzneimittelgesetzes (AMG) vom 10. Mai 1990.

einer Vereinbarung zwischen BfArM und BÄK geregelt (Erweiterung der oben erwähnten Vereinbarung). Auf diese Weise wird die deutsche Ärzteschaft über die Aktivitäten und Maßnahmen der Landesoberbehörden, Bundesinstitut für Arzneimittel und Medizinprodukte und Paul-Ehrlich-Institut informiert und hat somit die Möglichkeit, mögliche Risikoaspekte bei ihrer täglichen Arzneimitteltherapie zu berücksichtigen. Durch die Publikation wird der Ärzteschaft zudem die Möglichkeit gegeben, sich zu den entsprechenden Themen zu äußern. Entsprechende Kommentare werden von der AkdÄ an die betreffende Bundesoberbehörde weitergeleitet. Leider ist dieses Verfahren derzeit durch die einstweilige Anordnung im Zusammenhang mit der beabsichtigten Publikation eines Stufenplanverfahrens der Stufe II zu Cordichin von seiten der AkdÄ von dem dieses Arzneimittel vertreibenden pharmazeutischen Unternehmens, der Knoll AG aus Ludwigshafen, unterbunden worden. Die AkdÄ hat sofort Beschwerde eingelegt. Das Verfahren wird zur Zeit vom Oberverwaltungsgericht in Münster bearbeitet[5]. Die Knoll AG stößt mit ihrer Meinung, daß Stufenplanverfahren eine nicht öffentliche Angelegenheit seien, selbst bei ihren Spitzenverbänden auf Kritik.

Neben den Informationen zum Stufenplan geben die beiden Bundesoberbehörden Arzneimittel-Schnellinformationen heraus. Die Arzneimittel-Schnellinformationen verfolgen das Ziel, im Vorfeld eines konkreten Hinweises auf ein Arzneimittelrisiko die Ärzteschaft aufmerksam zu machen und zu bitten, aus ihrer Tätigkeit heraus gemachte Erfahrungen zu dem jeweiligen Betreff an die AkdÄ bzw. an die Bundesoberbehörde zu melden. Erkenntnisse aus diesen Meldungen können ggf. zu einem Stufenplanverfahren führen.

UAW-Ereignisse

An folgenden beiden Beispielen soll verdeutlicht werden, welchen Beitrag die AkdÄ im Rahmen ihrer Arbeit im spontanen Erfassungssystem von UAW leisten kann:

[5] Anmerkung der Schriftleitung: Das OVG Münster, PharmaR 1996, 140, hat die sofortige Beschwerde zurückgewiesen.

1. Polyneuropathien – Muzolimin

Im Deutschen Ärzteblatt 84, Heft 21 vom 21.5.1987 publizierte die AkdÄ eine Bekanntgabe mit dem Thema Muzolimin – Polyneuropathie bei Dialysepatienten? In dieser Bekanntgabe wurde der Verdacht geäußert, daß Muzolimin (Edrul) möglicherweise Polyneuropathien bei Dialysepatienten auslöst. Am12.6.1987 versandte die Zyma GmbH, eine Tochtergesellschaft des schweizer Pharmakonzerns Ciba-Geigy[6], einen „Rote Hand-Brief" an die Ärzte, mit einem Warnhinweis zu Edrul 240 (Muzolimin 240 mg). In diesem Schreiben wurden die Ärzte darüber informiert, daß in jüngster Zeit mehrere Fälle mit polyneuropathischer Symptomatik (Paresthesien, Paresen, Spastik und Ataxien) bei Patienten mit fortgeschrittener Niereninsuffizienz, die Edrul 240 erhalten hatten, bekannt geworden sind. Weiter wurde dann abschwächend mitgeteilt, daß bekannt sei, daß infolge terminaler Niereninsuffizienzen Polyneuropathien auftreten könnten und daß ein kausaler Zusammenhang zwischen Edrul 240 und der beschriebenen Symptomatik noch nicht als gesichert angesehen werden könnte. Dennoch empfahl die Zyma GmbH bis zur endgültigen Klärung eines möglichen Zusammenhangs Edrul 240 vorerst nicht mehr anzuwenden.

Am 7.7.1987 folgte ein weiterer „Roter Hand Brief" der Zyma GmbH. In diesem Schreiben, das sich auch auf Edrul 20 und Edrul 30 (Muzolimin 20 mg, Muzolimin 30 mg) bezog, wurden die Ärzte aufgefordert, nicht nur Edrul 240, sondern auch die beiden anderen Darreichungsformen in allen Packungsgrößen ab sofort nicht mehr zu verwenden. Die Zyma GmbH schrieb weiter, daß der Vertrieb von Edrul vorläufig eingestellt wurde. Der pharmazeutische Großhandel, die Apotheken und die Krankenhausapotheken wurden aufgefordert, dort lagernde Ware zurückzuschicken. Das Bundesgesundheitsamt (heutiges Bundesinstitut für Arzneimittel- und Medizinprodukte) und die weiteren Behörden seien verständigt. Am 8.7.1987 erschien eine Pressemitteilung des Bundesgesundheitsamtes, in dem die Öffentlichkeit informiert wurde, daß auf Veranlassung des Bundesgesundheitsamtes die Muzolimin-haltigen Arzneimittel nicht mehr in den Verkehr gebracht werden dürfen. Die Notwendigkeit dieser Maßnahme ergebe sich, so die Presseerklärung weiter, da in letzter Zeit eingegangene Berichte über verschiedene gravierende neurologische Symptome in Zusammenhang mit Muzolimin-haltigen Präparaten aufgetreten seien. Die Beurteilung der Zusammenhänge erfolgte während der letzten Wochen auf der Basis der vorhandenen Nebenwirkungsberichte durch enges Zusammen-

[6] Anmerkung der Schriftleitung: jetzt Novartis AG

wirken von AkdÄ, pharmazeutischen Unternehmen und Bundesgesundheitsamt.

Abb. 4: UAW- Berichte zu Polyneuropathien in Zusammenhang mit der Therapie mit dem Diuretikum Muzolimin.

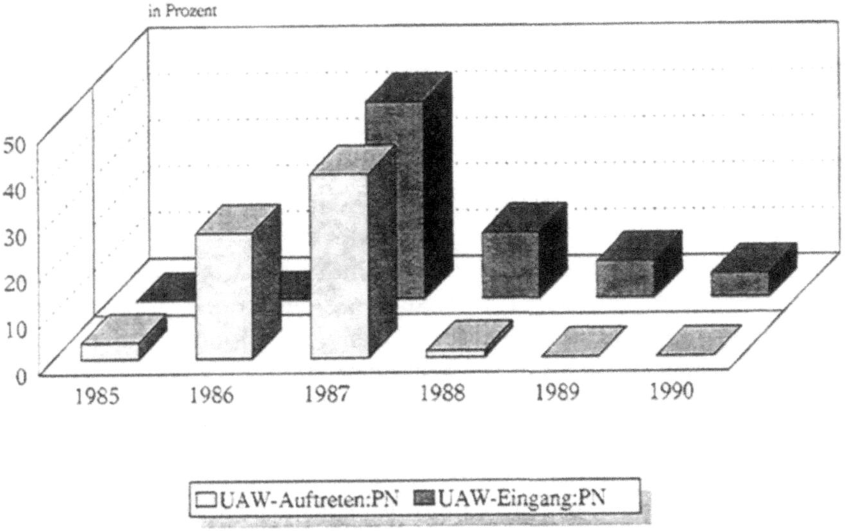

Aus der Abbildung 4 erkennt man deutlich, daß 1987 die ersten UAW-Berichte Polyneuropathie – Muzolimin in der AkdÄ eingegangen sind. Diese bezogen sich aber teilweise auf schon in den Jahren 1985 und 1986 aufgetretenen Polyneuropathien unter Muzolimin. Durch die oben geschilderten Informationsaktivitäten, beginnend mit der Bekanntgabe der AkdÄ, wurden die Ärzte für dieses Problem sensibilisiert und konnten retrospektiv Kausalitäten zwischen dem Auftreten von Polyneuropathien in Zusammenhang mit Muzolimin erkennen. Noch 1988 bis 1990 wurden an die AkdÄ Berichte zu Polyneuropathien unter Muzolimin gemeldet, obwohl, wie oben geschildert, die Muzolimin-haltigen Präparate vom Markt genommen worden waren. Man erkennt weiter aus der Abbildung 4, daß sich die hier eingegangenen UAW-Berichte weitgehend auf Ereignisse bezogen, die in den Jahren 1985 – 1987 aufgetreten sind. In den Jahren 1985 und 1986 wurde also das Auftreten von Polyneuropathien nicht im Zusammenhang mit den Muzolimin-haltigen Präparaten gebracht. Die AkdÄ fordert daher immer wieder, daß der Arzt zunächst einmal alle ihm verdächtigen oder auffällig gewordenen Ereignisse in Zusammenhang mit der Arzneimitteltherapie an die Arzneimittelkommission melden soll. Was sich für den einzelnen Arzt möglicherweise ohne Kausalzusammenhang darstellt, kann durch das Sammeln an zentraler Stelle eher in einen kausalen Zusammenhang (Ereignis – Arzneimittel) gebracht werden, insbesondere, wenn in einem bestimmten Zeitfenster gehäuft ähnliche Berichte eingehen.

2. Thrombozytopenie – Heparin

Am 4. Mai 1989 informierte die AkdÄ in einer Bekanntgabe im Deutschen Ärzteblatt (86. Jahrgang, Heft 18) die Ärzteschaft über Thrombosen trotz Heparin in niedriger Dosis. Der Untertitel lautete: Unterdosierung, unerwünschte paradoxe Arzneimittelwirkung oder mangelnde Wirksamkeit des Präparates?

U.a. wurde hier diskutiert, daß die Thrombose fälschlicherweise für ein Therapieversagen von Heparin gehalten werden könne. Auch wurde den Ärzten mitgeteilt, daß zwischen zwei Arten von Thrombozytopenien unterschieden werden müsse: nämlich von einer, die vorübergehend und initial nach der Heparin-Therapie auffiele und ungefährlich sei, zum anderen von einer, die mit dem Auftreten eines starken Thrombozytenabfalls nach dem vierten Behandlungstage verknüpft sei, der zum sofortigen Absetzen des Heparin zwänge und zu anderen anti-thrombotischen Maßnahmen führen müsse.

Die AkdÄ kündigte in dieser Bekanntgabe an, daß sie in Absprache mit dem Bundesgesundheitsamt Fragebögen an leitende Ärzte deutscher Krankenhäuser verschickt habe, um weitere Informationen über die Häufigkeit der genannten Ursache von thromboembolischer Komplikation unter niedrigdosierter Heparin-Behandlung zu erhalten.

Im Deutschen Ärzteblatt 1989, Heft 41 vom 9.10.1992 publizierte die AkdÄ in einer Bekanntgabe über UAW durch fraktionierte und unfraktionierte Heparine. Dabei diskutierte sie die Heparin-induzierte Thrombozytopenie des Typs 1 und des Typs 2. Grundlage waren Informationen aus der o.g. Umfrage aus den Krankenhäusern und weitere der AkdÄ zur Kenntnis gegebenen UAW-Berichte. In dieser Bekanntgabe gab die AkdÄ konkrete Empfehlungen zur Überwachung einer Heparin-Therapie und wies die Ärzte darauf hin, daß bei Patienten, die eine Heparin-induzierte Thrombozytopenie des Typs 2 (immunologisch bedingt) gehabt hatten, entsprechende Informationen in einem Allergiepaß festgehalten werden sollten. Die AkdÄ forderte entsprechende Ergänzungen in den Fachinformationen der verschiedenen Heparin-haltigen Präparate. Im Rahmen von zwei Stufenplanverfahren des damaligen Bundesgesundheitsamtes (1992 und 1994) wurden die pharmazeutischen Unternehmer aufgefordert, diese

Ergänzungen vorzunehmen und damit Informationen zur Heparin-induzierten Thrombozytopenie in den betroffenen Fach- und Gebrauchsinformationen in einheitlicher Form dem medizinisch-wissenschaftlichen Erkenntnisstand anzupassen[7].

Im Mai 1995 wurde ein Arbeits- und Expertengespräch (Konsensus-Konferenz) im Auftrage der AkdÄ in Zusammenarbeit mit der Ärztekammer des Saarlandes und den Universitätskliniken Homburg/Saar, Abteilung für Hämostaseologie und Transfusionsmedizin, durchgeführt. Die bedrohliche unerwünschte Arzneimittelwirkung unter Heparintherapie und die optimierte Thromboseprophylaxe mit Heparin wurden diskutiert und entsprechende Mitteilungen für die Ärzteschaft vorbereitet. Auf ihrem Therapie-Symposium 1995 im Dezember 1995 wird die AkdÄ im Anschluß an ihre Mitgliederversammlung über dieses Thema sprechen und Empfehlungen für die Diagnose und Therapie einer Heparin-induzierten Thrombozytopenie des Typs 2 in Form von Ergebnissen aus der o.g. Konsensus-Konferenz an die Ärzteschaft weitergeben. Während in den UAW-Berichten der Jahre 1989 – 1993 immer wieder erkennbar wurde, daß oft zu spät an die Diagnose einer Heparin-induzierten Thrombozytopenie des Typs 2 gedacht wurde, kann man jetzt aus den eingehenden UAW-Berichten zu dieser UAW feststellen, daß die Diagnose früher gestellt wird und daher adäquate therapeutische Alternativen viel früher eingesetzt werden. Die z.T. dramatisch verlaufende Krankheit kann durch die früher einsetzende Therapie effektiver geheilt werden. Die AkdÄ hat durch vielfältige Aktivitäten hierzu einen Beitrag leisten können.

In einer Analyse aus der Datenbank der AkdÄ ergab sich, daß zwischen 1983 – 1991 rund 90 Verdachtsfälle zu Heparin-induzierten Thrombozytopenien gemeldet wurden, davon 55 % mit thromboembolischen Ereignissen. Alleine 1994 wurden 94 Verdachtsfälle zu Heparin-induzierten Thrombozytopenien ermittelt, im ersten Quartal 1995 weitere 34 Verdachtsfälle. Man kann an der spontanen Meldefrequenz ableiten, daß durch die Bekanntgabe der AkdÄ vom Oktober 1992 die Ärzteschaft in einem höheren Maße über diese schwerwiegenden, unerwünschten Arzneiwirkungen unter der Heparin-Therapie berichtet haben (initiierte Spontan-Meldefrequenz). Nach einer Auswertung aus der neuen UAW-Datenbank der AkdÄ (System PHOENIX) werden in dem Zeitraum vom 1.1.1990 bis

---

[7] Arzneimittelkommission der deutschen Ärzteschaft, Abwehr von Arzneimittelrisiken, Stufe II: Heparin-haltige Arzneimittel zur parenteralen Anwendung, Dt. Ärzteblatt, 89, Heft 47, 20. November 1992; Arzneimittelkommission der deutschen Ärzteschaft, Heparinhaltige Arzneimittel (einschließlich Blutprodukte), Bundesgesundheitsamt: Abwehr von Arzneimittelrisiken, Stufe II. Dt. Ärzteblatt 1994, Heft 28/29, 18. Juli 1994.

zum 25.4.1995 rund 28 % aller Thrombozytopenien im Zusammenhang mit fraktioniertem und unfraktioniertem Heparin genannt. Am 17.6.1994 publizierte die AkdÄ im Deutschen Ärzteblatt 91, Heft 24, im Bekanntmachungsteil nochmals ihre 1992 veröffentlichte Mitteilung, ergänzt durch einen Leserbrief einer Autorengruppe. Hier wurden der Ärzteschaft eindeutige Kriterien für die Heparin-Therapie und deren Überwachung in Hinblick auf eine frühzeitige Diagnose der Heparin-induzierten Thrombozytopenie des Typs 2 angeboten.

Statistische Auswertungen aus dem System PHOENIX

Wie schon oben beschrieben, erhält die AkdÄ vom BfArM im Rahmen einer Vereinbarung alle dem Bundesinstitut zur Kenntnis gegebenen UAW-Verdachtsfälle in EDV-technischer Form. Im Jahr 1994 lagen 14.122 Fallberichte vor, davon 1.422 UAW-Berichte von der AkdÄ. Mit dem Programm PHOENIX können diese Daten ausgewertet werden. Insgesamt bezogen sich die rund 14.000 Berichte auf 50 % weibliche und 35 % männliche Patienten. Bei 15 % war das Geschlecht nicht angegeben. Am häufigsten war der Altersbereich von 50 – 70 Jahren betroffen.

Die zehn meist genannten System-Organ-Klassen der WHO bei Auswertung aller UAW-Berichte des Jahres 1994 ergeben folgendes Bild:

Generalisierte Störungen	in 37 %
Verdauungstrakt	in 33 %
Zentrales und peripheres Nervensystem	in 32 %
Vegetatives Nervensystem	in 24 %
Haut- und Hautanhangsgebilde	in 19 %
Psychiatrische Störungen	in 18 %
Respirationstrakt	in 13 %
Herz-Kreislauf-System allgemein	in 11 %
Veränderung der Widerstandskraft	in 11 %
Thrombozytenveränderung, Gerinnungsstörung	in 9 %

Zu den 10 meistgenannten UAW-Terms der WHO bei Auswertung aller UAW-Berichte des Jahres 1994 gehören:

Kopfschmerzen	in 7,9 %
Übelkeit	in 7,8 %

Schwindel	in 6,1 %
Erbrechen	in 4,1 %
Ausschlag, erythematös	in 4,0 %
Dyspepsie	in 3,6 %
HIV-Test positiv	in 3,4 %
Hautjucken	in 3,1 %
Durchfall	in 3,0 %
Ermüdung	in 3,0 %

Zu den 10 meistgenannten Wirkstoffen bei Auswertung aller UAW-Berichte des Jahres 1994 gehören:

Faktor VIII	in 6,0 %
Isosorbid Dinitrat	in 5,1 %
Metallegierung	in 4,3 %
Sumatriptan	in 3,3 %
Clozapin	in 2,7 %
Ethinylestradiol + Desogestrel	in 2,3 %
Heparin	in 1,9 %
Roxithromycin	in 1,9 %
Tramadol	in 1,7 %
Piretanid + Ramipril	in 1,6 %

Betrachtet man die 1.422 Berichte der AkdÄ, die 1994 in der Datenbank vorlagen, so zeigt sich auch hier der Altersbereich zwischen 50 und 70 Jahren als am meisten betroffen. Auch bei der Betrachtung der Aufteilung in die System-Organ-Klassen der WHO liegt eine ähnliche Situation vor. Bei der Reihenfolge der zehn meistgenannten Wirkstoffe ergibt sich aber ein differierendes Bild:

Heparin	in 8,6 %
Omeprazol	in 3,1 %
Diclofenac	in 3,7 %
Terbinafin	in 2,5 %
Ticlopidin	in 1,8 %
Enalapril	in 1,8 %
Phenprocoumon	in 1,7 %
Sulfamethoxazol + Trimethoprim	in 1,7 %
Captopril	in 1,6 %
Carbamazepin	in 1,4 %

Auch bei den zehn meistgenannten UAW-Terms der WHO zeigt sich ein anderes Bild:

Thombozytopenie	in 8,4 %
Ausschlag, erythematös	in 7,7 %
Übelkeit	in 4,1 %
Hautjucken	in 4,0 %
Urtikaria	in 3,9 %
Leukopenie	in 3,4 %
Fieber	in 3,4 %
Dyspnoe	in 3,3 %
Kopfschmerzen	in 3,2 %
Leberenzyme erhöht	in 3,2 %

Man erkennt sehr schön, daß hier andere Wirkstoffe, damit auch andere UAW unter den ersten 10 zu finden sind. Wie oben schon erwähnt, hat sich die AkdÄ in den letzten Jahren intensiv mit der Heparin-induzierten Thrombozytopenie beschäftigt. Das spiegelt sich in der Statistik wieder, in der die Thrombozytopenie bei der Aufführung der 10 häufigsten UAW an erster Stelle steht und Heparin der häufigst genannte Wirkstoff im Jahre 1994 ist.

Ein anderes von der AkdÄ immer wieder diskutiertes Thema sind die anaphylaktischen Reaktionen unter den nichtsteroidalen Antirheumatika. Die anaphylaktischen Reaktionen stehen in der Reihenfolge der meistgenannten UAW der AkdÄ-Fälle auf Rang 11, während sie in der Rangliste der UAW aller 1994 registrierten UAWs nicht unter den ersten 40 zu finden ist. Ebenso findet sich auch das Diclofenac hier nicht unter den ersten 40 genannten Wirkstoffen, aber bezogen auf die AkdÄ-UAW-Berichte auf dem dritten Platz.

Beide Beispiele zeigen, wie sehr das Meldeverfahren im Rahmen des spontanen Meldesystems unerwünschter Arzneimittelwirkungen von entsprechenden publizistischen Aktivitäten abhängen kann. Ausgangspunkt waren aber letztendlich vereinzelte, aber eindrucksvolle Verdachtsfallberichte, die dann zu den entsprechenden Aktivitäten und Publikationen führten. Ärzte werden vigilanter und kritischer bezüglich auftretender Ereignisse bei ihren mit Medikamenten behandelten Patienten. Sie mutmaßen möglicherweise eher einen Zusammenhang mit der Medikation und können daher frühzeitiger die entsprechenden Maßnahmen einleiten.

Die Meldung unerwünschter Arzneimittelwirkungen ist und bleibt auch zukünftig ein wichtiges Instrument, um neue Erkenntnisse zu unerwünschten, insbesondere seltenen UAW zu erhalten. Die Meldung von UAW stellt einen wesentlichen Beitrag im Rahmen der Arzneimitteltherapie dar. Die AkdÄ wird sich auch zukünftig intensiv mit der Sammlung, Analyse und Bewertung von UAW beschäftigen und ihren Beitrag leisten, den Stellenwert des Spontanmeldesystems von UAW als eine qualitätssichernde Maßnahme der rationellen Arzneimitteltherapie auszubauen.

Zwischenfälle mit Arzneimitteln und Medizinprodukten in der Bundesrepublik - eine Bilanz

Axel Thiele

1. Arzneimittel

1.1 Gesetzliche Grundlagen

Bei den auf dem Gebiet der Arzneimittelsicherheit tätigen Bundesoberbehörden, also bei den Stellen, die Arzneimittel- und Medizinprodukte-Zwischenfälle in der Regel als erste registrieren und daraufhin tätig werden, handelt es sich einerseits um das Paul-Ehrlich-Institut, zuständig für Sera, Impfstoffe und Blutprodukte und andererseits um das Bundesinstitut für gesundheitlichen Verbraucherschutz und Veterinärmedizin sowie das Bundesinstitut für Arzneimittel und Medizinprodukte als Nachfolgeinstitute des Bundesgesundheitsamtes, zuständig für Tierarzneimittel bzw. für sonstige Arzneimittel und Medizinprodukte.

Diese Behörden haben neben der Zulassung neuer Arzneimittel den gesetzlichen Auftrag, „*die bei der Anwendung von Arzneimitteln auftretenden Risiken ... zentral zu erfassen, auszuwerten und die nach diesem Gesetz zu ergreifenden Maßnahmen zu koordinieren*" (§ 62 AMG).

Diese Bestimmung wurde mit Inkrafttreten des 2. Arzneimittelgesetzes 1978 wirksam, zusammen mit weiteren Regelungen, z.B. daß ab diesem Zeitpunkt ein Neu-Inverkehrbringen von Arzneimitteln nur nach einer behördlichen Überprüfung von Wirksamkeit und Unbedenklichkeit möglich ist.

Außerdem sind in diesem Arzneimittelgesetz auch detaillierte Bestimmungen über die Haftung bei Arzneimittelschäden enthalten. So definiert § 84 AMG eine Ersatzpflicht dann, wenn zum einen „*das Arzneimittel bei bestimmungsgemäßem Gebrauch schädliche Wirkungen hat, die über ein nach den Erkenntnissen der medizinischen Wissenschaft vertretbares Maß hinausgehen und ihre Ursache im Bereich der Entwicklung oder der Herstellung haben".*

Diese Formulierung entspricht im Wesentlichen derjenigen, die im § 25 Abs. 2 Nr. 5 AMG aufgeführt ist und eine wichtige Eingriffsschwelle für einschränkende behördliche Maßnahmen darstellt, mit dem Unterschied, daß dort bereits der begründete Verdacht auf derartige Wirkungen für Maßnahmen ausreichend ist.

Zum zweiten ist eine Ersatzpflicht dann gegeben, wenn *„der Schaden infolge einer nicht den Erkenntnissen der medizinischen Wissenschaft entsprechenden Kennzeichnung, Fachinformation oder Gebrauchsinformation eingetreten ist"*, d.h. also, daß z.B. eine dem Hersteller bekannte Nebenwirkung, die in der Produktinformation nicht enthalten ist, einen Schaden verursacht hat.

Anlaß für diese Verschärfung der gesetzlichen Grundlage gegenüber dem Fehlen direkter gesetzlicher Vorschriften vor 1961 und dem 1. Arzneimittelgesetz von 1961, das lediglich ein Registrierungsgesetz darstellte, war mit Sicherheit auch die Contergan-Affäre, die bis zum heutigen Zeitpunkt einen der größten Arzneimittelzwischenfälle darstellt. Der in diesem Zusammenhang ergangene Einstellungsbeschluß des Landgerichts Aachen hat derartig grundlegenden Charakter, daß er bis heute in Rechtsverfahren zitiert wird.

Eine Besonderheit, die die Abwicklung von Schadensersatzfällen in diesem Fall möglicherweise erheblich erleichtert hat, ist die Tatsache, daß die aufgetretenen Schäden so spezifisch waren, daß sie dem auslösenden Agens, dem Thalidomid, unmittelbar zugeordnet werden konnten und andere Ursachen nahezu vollständig auszuschließen waren. In vielen anderen Fällen, auf die im Folgenden noch eingegangen wird, war von allen Beteiligten ein großer Aufwand erforderlich, um den Kausalzusammenhang zwischen der Arzneimittelgabe und dem Auftreten der Nebenwirkungen sachgerecht zu beurteilen.

1.2 Erfassung von unerwünschten Arzneimittelwirkungen

Eine wichtige Grundlage für die Aufgabenerfüllung der Bundesoberbehörden im Sinne des gesundheitlichen Verbraucherschutzes ist eine möglichst lückenlose Erfassung von Nebenwirkungsverdachtsfällen, also von beim bestimmungsgemäßen Gebrauch eines Arzneimittels auftretenden unerwünschten Begleiterscheinungen (§ 4 Abs. 13 AMG). Hierbei können sie sich auf die Bestimmungen des § 29 AMG stützen, die in der Vergangenheit des öfteren geändert wurden und in der jetzigen Form für den pharmazeutischen Unternehmer eine umfassende Meldepflicht bekanntgewordener Nebenwirkungen festlegen. Ich möchte jedoch darauf hinweisen, daß es sich hierbei mehrheitlich um spontan von Ärzten beobachtete Fälle (sog. Spontanmeldungen) handelt und nicht um in systematischen Untersuchungen gewonnene Erkenntnisse, wie sie z.B. in Zulassungsverfahren gefordert sind. Daraus folgt, daß mit einer erheblichen Dunkelziffer gegenüber den tatsächlich aufgetretenen Fällen gerechnet werden muß. Schätzungen über den Prozentsatz der gemeldeten Fälle sind kaum möglich, da dieser von den verschiedensten Faktoren, wie z.B. auch öffentlicher Aufmerksamkeit, abhängig ist, es ist jedoch ein Erfahrungswert, daß schwerere Nebenwirkungen prozentual häufiger gemeldet werden als z.B. leichte Befindlichkeitsstörungen.

Abb. 1 Berichtsformular über unerwünschte Nebenwirkungen

BERICHT ÜBER UNERWÜNSCHTE ARZNEIMITTELWIRKUNGEN (auch Verdachtsfälle)
an das Bundesgesundheitsamt, Postfach 33 00 13, 14191 Berlin, Telefon (030) 4502-0

Schraffierte Felder nicht ausfüllen

bga

Firmen Code Nr.	Pat. Init.	Geburtsdatum	Geschlecht m ☐ w ☐	Größe	Gewicht	Tätigkeit	ethnische Zugh.	Schwangerschaftsmonat:

Beobachtete unerwünschte Wirkungen | aufgetreten am | Dauer

Arzneimittel / Darreichungsform	Tagesdosis	Applikation	gegeben von/bis	wegen	BGA-Nr.*
1.					
2.					
3.					
4.					

Vermuteter Zusammenhang mit Arzneimittel Nr 1 2 3 4 | dieses früher gegeben ja ☐ nein ☐ | vertragen ja ☐ nein ☐ | ggf. Reexposition neg. ☐ pos. ☐

Grunderkrankung: | Begleiterkrankungen:

Anamn. Besonderheiten: Nikotin ☐ Alkohol ☐ Kontrazeptiva ☐ Schrittmacher ☐
Implantate ☐ Strahlentherapie ☐ physikal. Therapie ☐ Diät ☐ Allergien* ☐
Stoffwechseldefekte* ☐ Arzneimittelabusus* ☐ Sonstige:
* weitere Erläuterungen:

Veränderung von Laborparametern in Zusammenhang mit der unerwünschten Arzneimittelwirkung: (ggf. Befund beifügen)

Verlauf und Therapie der unerwünschten Arzneimittelwirkung: | lebensbedrohend ja ☐ nein ☐

Ausgang der unerwünschten Arzneimittelwirkung:
wiederhergestellt ☐ bleibender Schaden ☐ noch nicht wiederhergestellt ☐ unbekannt ☐
Exitus ☐ Sektion ja ☐ nein ☐ (ggf. Befund beifügen)
Todesursache:

a) beh. Arzt b) Hersteller c) Arznm.-Komm.
Beurteilung des Kausalzusammenhanges: gesichert ☐ wahrscheinlich ☐ möglich ☐ unwahrscheinlich ☐ unbeurteilt ☐ nicht zu beurteilen ☐
Weitere Bemerkungen:
(ggf. Anlage verwenden)

Wer wurde informiert: BGA ☐ Hersteller ☐ Arznm.-Komm.-Ärzte ☐ Sonstige:

Name des Arztes: | Hersteller: | Datum:
Fachrichtung:
PLZ:
Klinik ja ☐ nein ☐ (ggf. Stempel) | Unterschrift:

* Registrierungs-Nr., Zulassungs-Nr. oder Eingangs-Nr. (soweit bekannt)

Abbildung 1 zeigt den Bogen, auf dem die Nebenwirkungen vorzugsweise gemeldet werden sollen, er enthält alle Angaben, die zur Beurteilung des Einzelfalles erforderlich sind. Auf dieser Basis wird sowohl vom pharmazeutischen Unternehmer als auch in der Bundesoberbehörde eine

Bewertung des Einzelfalles vorgenommen, die nach verschiedenen Algorhythmen eine Kausalitätsbeurteilung für das oder die angewendeten Arzneimittel festlegt, die angeschuldigten Nebenwirkungen verursacht zu haben. Diese Beurteilung reicht von „gesichert“ bis „nicht zu beurteilen“, wobei die Kategorie „gesichert“ nur in Ausnahmefällen vergeben werden kann.

Abb. 2 Anzahl der Berichte über unerwünschte Arzneimittelwirkungen

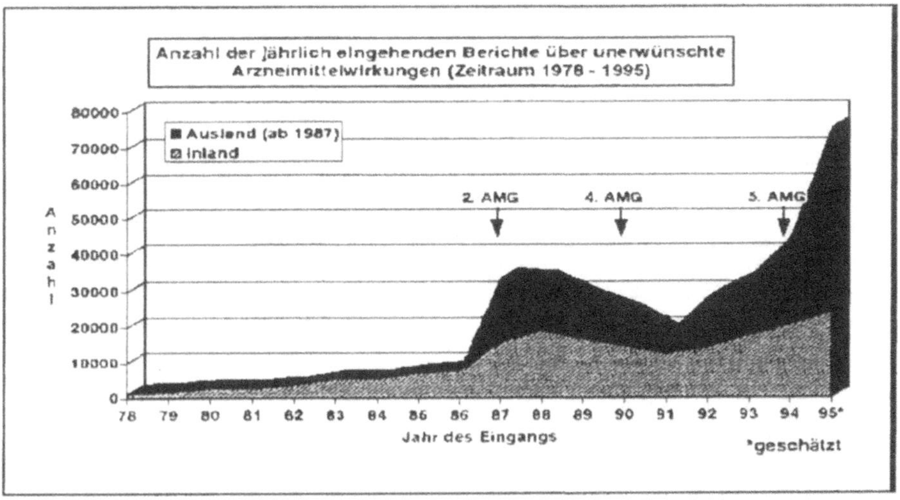

Abbildung 2 zeigt eine Statistik der in den letzten Jahren eingegan-genen Meldungen. Deutlich ist die Abhängigkeit der Meldefrequenz vom jeweiligen Status der Arzneimittelgesetzgebung zu erkennen. Diese muß man im Verhältnis zur Anzahl der auf dem Markt befindlichen Arzneimittel (derzeit ca. 50.000) sehen, eine direkte Korrelation zu Schadensersatzfällen ist nicht möglich.

Nicht jeder gemeldete Nebenwirkungsverdachtsfall kann schon als Arzneimittelzwischenfall bezeichnet werden, hierzu gehört schon eine gewisse Häufung von Meldungen, die dann in der Regel dazu führen, daß ein offizielles Risikoabwehrverfahren (sog. Stufenplanverfahren) eingeleitet wird.

Die Aufmerksamkeit des betroffenen Patienten auf einen möglichen Zusammenhang eines aufgetretenen Schadens mit einer Arzneimittelgabe wird, sofern ihn nicht der behandelnde Arzt darauf aufmerksam macht, am ehesten durch Publikation in der Laienpresse geweckt. Diese erfolgt erfahrungsgemäß dann, wenn die auftretenden Schäden von einer gewissen Schwere sind, also etwa bei Todesfällen oder wenn die behördlichen Maßnahmen einen erheblichen Eingriff darstellen, wie z.B. bei einer Marktrücknahme. Das Institut wird in vielen Fällen auch erst beispielsweise durch Magazinsendungen im Fernsehen über Haftungsansprüche und somit ggf. über weitere Nebenwirkungen in Kenntnis gesetzt.

Der geschädigte Patient versucht in der überwiegenden Zahl der Fälle, seine Ansprüche gegenüber der herstellenden Firma durchzusetzen. Es sind aber auch Verfahren bekannt, die sich im Rahmen einer Amtshaftungsklage gegen eine Bundesoberbehörde richten. Es gibt sogar Fälle, in denen Patienten versucht haben, auf Wiederzulassung eines aus Risikogründen verbotenen Arzneimittels zu klagen.

Zu einem aktiven Tätigwerden bei individuellen Schadensfällen fehlen den Bundesoberbehörden neben einem gesetzlichen Auftrag und den personellen Möglichkeiten auch die erforderlichen Angaben wie z.B. die genaue Identifikation der betroffenen Patienten, die aus Datenschutzgründen nicht angegeben werden. Die Behörden werden dann tätig, wenn sie in konkreten Verfahren zu gutachterlichen Aussagen aufgefordert werden.

Aus der großen Zahl von Risikoverfahren werden im folgenden einige ausgewählte Beispiele dargestellt, die aufgrund der Schwere der unerwünschten Ereignisse von einem besonderen Interesse der Öffentlichkeit begleitet werden.

1.3 L-Tryptophan

Bei L-Tryptophan handelt es sich um eine für den Körper unbedingt notwendige (essentielle) Aminosäure. Um so überraschender war es, als die orale Gabe derartiger als Schlafmittel vertriebener Arzneimittel 1989 mit dem Auftreten schwerwiegender Nebenwirkungen in Zusammenhang gebracht wurde. Es handelte sich um das sogenannte Eosinophilie-Myalgie-Syndrom (EMS), einem Zusammentreffen von starken Muskelschmerzen mit Blutbildveränderungen, einem sehr charakteristischen Krankheitsbild. Die Ursache ist bis heute noch nicht abschließend geklärt, eine Theorie ist, daß Änderungen im gentechnischen Herstellungsverfahren Verunreinigungen bewirkt haben, die Auslöser der Nebenwirkungen waren. Die Arzneimittel sind bis heute nicht wieder auf dem Markt, aus gerichtlichen Beweisbeschlüssen ist bekannt, daß Schadensersatzprozesse anhängig sind[1].

---

[1] Anm. der Schriftleitung: In den USA sind etwa 1.500 Klagen anhängig, z.T. auch entschieden (s. dazu die über das Internet abrufbaren Informationen des National Eosimophilia-Myalgia Syndrome Network)

1.4 Altimol

Bei dem Alkoholentwöhnungsmittel Altimol waren 1984 kurzfristig etwa 80 Verdachtsfälle von unerwünschten Arzneimittelwirkungen auf die Leber und das blutbildende System bekanntgeworden, davon einige mit tödlichem Ausgang. Das Arzneimittel, bei dem im Zulassungsverfahren derartige Risiken nicht auffällig geworden waren, wurde daraufhin sofort vom Markt genommen, nachträglich stellte sich eine Gesamtzahl von 15 Verdachtsfällen mit tödlichem Ausgang heraus.

Problematisch für die Kausalitätsbeurteilung war in diesem Fall, daß auch die Grunderkrankung, der Alkoholabusus, häufig zu Leberschäden und damit verbundenen Todesfällen führen kann. Hier ist uns ein konkretes Schadensersatzverfahren bekannt, zu dem ein Sachverständiger des BGA geladen war.

1.5 Cronassial

Cronassial enthält Hirnextrakte von Rindern und wird zur Behandlung von Nervenstörungen, u.a. alkoholbedingten, eingesetzt.1989 wurden eine Anzahl von Guillain-Barré-Syndromen im Zusammenhang mit der Anwendung von Cronassial bekannt. Hierbei handelt es sich um eine aufsteigende Lähmung der Gliedmaßen, die zum Tode führen kann. Wie bei dem vorherigen Beispiel besteht auch hier eine mögliche Überschneidung der auftretenden unerwünschten Wirkungen mit der Grunderkrankung, was eine Kausalitätsbeurteilung bei den ersten auftretenden Einzelfällen sehr erschweren kann und erst bei einer gewissen Häufung zu gesicherten Erkenntnissen führt.

Auch dieses Arzneimittel wurde unverzüglich vom Markt genommen. Aus Anfragen ist bekannt, daß auch hier offensichtlich Schadensersatzverfahren laufen.

1.6 Nomifensin

Nomifensin ist ein antidepressiv wirksamer Stoff, der in mehreren Arzneimitteln (Alival, Psyton) enthalten war. Im Zusammenhang mit der Anwendung dieser Arzneimittel wurden im Jahre 1985 Nebenwirkungsmeldungen bekannt, die verschiedene Organe betrafen, u.a. das Auftreten von hämolytischen Anämien. Auf Veranlassung des Amtes wurden daraufhin die Risikoaussagen in den Packungsbeilagen verschärft, eine nach damaligem Kenntnisstand erforderliche und angemessene Maßnahme.

Nachdem vorwiegend in Großbritannien weitere schwere Nebenwirkungsfälle aufgetreten waren, nahm die Firma diese Arzneimittel 1986 weltweit vom Markt.

In der Folgezeit war dieser Risikofall von staatsanwaltlichen Ermittlungen und gerichtlichen Verfahren begleitet.[2]

1.7 Benoxaprofen

Bei Benoxaprofen handelt es sich um ein entzündungshemmendes Rheumamittel. Anfang der 80er Jahre reihte es sich in Deutschland mit seinem Nebenwirkungsspektrum in die Gruppe der Antirheumatika ein, ohne Auffälligkeiten zu zeigen. 1982 erfolgte ein plötzlicher Marktrückzug, nachdem aus Großbritannien eine Fülle von Nebenwirkungen auf Leber und Niere mit 61 Todesfällen bekannt wurden (in Deutschland 1 Todesfall). Es wird vermutet, daß die in Großbritannien anderen Verschreibungsgewohnheiten mit für das Auftreten der Risiken verantwortlich zu machen sind.

1.8 Blutprodukte

Bei den Verfahren zu den Blutprodukten handelt es sich um einen zweiten Themenkomplex der letzten Jahre, der letztendlich auslösend für die Auflösung des BGA war. Auf diesen Bereich soll etwas detaillierter eingegangen werden.

Die Anwendung von Blutzubereitungen stellt regelmäßig einen schwerwiegenden Eingriff in die körperliche Integrität des Patienten dar und kann zu erheblichen gesundheitlichen Komplikationen führen. Die Sicherheit der Hämotherapie wird dabei nicht nur durch die im folgenden dargestellten HIV-Übertragungen oder andere transfusionsassoziierte Infektionen, sondern auch durch immunologische Reaktionen, metabolische Störungen sowie technische und menschliche Fehlleistungen gefährdet. Durch Fehler bei der blutgruppenserologischen Bestimmung kam es wiederholt zu Verwechslungen und damit zu Übertragungen ungeeigneten Blutes. Neben den in der Öffentlichkeit stark beachteten arzneimittelbedingten HIV-Übertragungen sind auch andere Infektionen als Folge der Übertragung von in den Blutprodukten enthaltenen Krankheitserregern nicht zu vernachläs-

---

[2] Anm. der Schriftleitung: s. BGH, NJW 1991, 2351

sigen. Hier sei insbesondere die Möglichkeit der Übertragung von Hepatitis-Erregern erwähnt.

Das Risiko, daß mit der Blutübertragung auch Krankheitserreger übertragen werden können, ist für die Rechtsprechung nicht neu. Bereits im Jahre 1952 hatte sich der 2. Zivilsenat des BGH[3] mit der Frage zu beschäftigen, ob die Verwendung von Blutkonserven, die mit einer ansteckenden Krankheit infiziert sind, zu einer Schadensersatzverpflichtung führt. Im damaligen Fall wurde die Mutter der Klägerin durch eine Blutübertragung mit Lues infiziert. Infolge dieser Ansteckung kam die zu einem späteren Zeitpunkt geborene Klägerin mit angeborener Lues zur Welt.

Um die Risiken bei der Bluttransfusion auf ein Minimum zu reduzieren und außerdem die Erkenntnisse und Erfahrungen der wissenschaftlichen Forschung allen im Blutspende- und Bluttransfusionswesen beschäftigten Ärzten zugänglich zu machen, wurden bereits im Jahre 1961 vom Bundesgesundheitsamt und im Jahre 1968 vom Wissenschaftlichen Beirat der Bundesärztekammer in Zusammenarbeit mit dem Bundesminister für Gesundheit Richtlinien mit Informationen zur Blutgruppenbestimmung und Bluttransfusion erlassen. Die Richtlinien aus dem Jahre 1968 wurden zwischenzeitlich vom Wissenschaftlichen Beirat der Bundesärztekammer gemeinsam mit dem Bundesgesundheitsamt mehrfach überarbeitet und damit dem jeweiligen Stand des Wissens angepaßt.

Derartige Bemühungen konnten nicht verhindern, daß etwa 1.500 Personen – insbesondere Anfang der 80er Jahre – durch Blutprodukte mit dem Erreger von AIDS infiziert wurden.

Besonders betroffen ist dabei die Gruppe der streng substitutionspflichtigen Hämophilen (Bluter), die im großen Umfang mit Gerinnungsfaktorenkonzentraten therapiert werden.

Dabei ist anzumerken, daß in Deutschland der Umfang der Therapie mit Gerinnungsfaktorenkonzentraten z.T. weit über das in anderen Industriestaaten übliche Maß hinausging. Die Tatsache, daß der überwiegende Anteil von dem für die Herstellung von Gerinnungsfaktorenkonzentraten verwendeten Blutplasmas aus den USA stammte, beschleunigte das Vordringen des zu dem damaligen Zeitpunkt noch unbekannten Krankheitserregers.

Im Jahre 1987 fanden verschiedene Gespräche der Hämophilieverbände mit dem Verband der Haftpflichtversicherer statt, in denen Rechts- und Verfahrensfragen einer Abfindung intensiv erörtert wurden. Der Rechtsmeinung der Haftpflichtversicherer, daß eine Entschädigung auf Grundlage der Verschuldenshaftung des BGB nicht zu begründen war, stand die

---

[3] Anm. der Schriftleitung: BGHZ 5, 321 = AHRS 0170/3

Auffassung der Bluter auf Schadensersatz einschließlich Schmerzensgeld gegenüber. Es wurde ein außergerichtlicher Kompromiß gesucht, um nicht zur Klärung der Tatsachen oder Rechtsfragen den – u.U. sehr langwierigen – prozessualen Weg wählen zu müssen, da die Bluter wegen des tragischen Verlaufs der AIDS-Infektion das Ende des Prozesses sonst nicht erleben könnten.

Unter diesem Gesichtspunkt entschlossen sich die Haftpflichtversicherer trotz einer Vielzahl ungeklärter Fragen im Interesse der Geschädigten zu einer schnellen und unkonventionellen Lösung. Über die von den Blutern beauftragten Rechtsanwälte erfolgte eine Regulierung gegen Abfindungserklärung. Die Entschädigungsbeträge waren sehr unterschiedlich; sie bewegten sich zwischen den höchsten Entschädigungen von 500.000 DM (Haftungshöchstgrenze nach dem AMG) bis zum Betrag von 4.250 DM.

Anfang der 90er Jahre verstärkten die Hämophilen – insbesondere im politischen Raum – ihre Bemühungen um weitergehende Entschädigungen. Im Dezember 1993 wurde durch eine Richtlinie dem BMG ein Programm „Humanitäre Soforthilfe“ etabliert. Durch die Mittel des Programms wurde ein Beitrag zum Ausgleich von immateriellen Beeinträchtigungen der durch Blutprodukte HIV-Infizierten geleistet.

So erhielten HIV-Infizierte monatlich aus den Mitteln des Fonds 1.000 DM und AIDS-Erkrankte 2.000 DM.

Parallel erhoben ab 1993 mehrere HIV-infizierte Patienten Klage gegen die Bundesrepublik Deutschland auf Schadensersatz aufgrund von Amtspflichtsverletzungen. Soweit bisher entschieden, wurden diese Klagen ausnahmslos abgewiesen.

Ein Teil der Verfahren ist noch anhängig, andere Verfahren ruhen und zwei Kläger haben davon Abstand genommen, ihre Interessen auf dem Klagewege weiter zu verfolgen.

Im Ergebnis der – insbesondere aufgrund der Beschlußempfehlungen des 3. Untersuchungsausschusses nach Art. 44 GG „HIV-Infektionen durch Blut und Blutprodukte“ geführten – politischen Diskussion wurde im Juli 1995 ein Gesetz über die humanitäre Hilfe für durch Blutprodukte HIV-infizierte Personen verabschiedet; das HIV-Hilfegesetz – HIVHG[4]. Mit Inkrafttreten dieses Gesetzes entstand eine Stiftung des öffentlichen Rechts unter dem Namen „Humanitäre Hilfe für durch Blutprodukte HIV-infizierte Personen“.

Zweck der Stiftung ist es, aus humanitären und sozialen Gründen und unabhängig von bisher erbrachten Leistungen Personen, die durch Blutprodukte unmittelbar oder mittelbar mit dem HIV infiziert bzw. infolge daran

---

[4] Anm. der Schriftleitung: BGBl. I S. 972

an AIDS erkrankt sind und an deren unterhaltsberechtigte Angehörige finanzielle Hilfe zu leisten. Stifter sind der Bund, der 100 Millionen DM in die Stiftung einbringt, 6 pharmazeutische Unternehmer, die 90,8 Millionen DM bereitstellen, das Deutsche Rote Kreuz, das sich zur Zahlung von 9,2 Millionen DM verpflichtet hat und die Länder, die 50 Millionen DM zur Verfügung stellen. Somit stehen insgesamt 250 Millionen DM für die finanzielle Hilfe zur Verfügung.

Die Länder sind aufgrund der verfassungsrechtlichen Kompetenzverteilung zwischen Bund und Ländern keine Stifter. Das Gesetz sieht aber eine Entleihung der Stiftung durch die Länder als Organ vor. Auf diese Weise wird eine einheitliche und effiziente Auszahlung aller zur Verfügung gestellten Mittel erreicht.

Einen Anspruch auf Leistung der Stiftung haben Personen, die in dem Gebiet der heutigen Bundesrepublik Deutschland durch in diesem Gebiet in Verkehr gebrachte Blutprodukte vor dem 1. Januar 1988 unmittelbar mit dem HIV infiziert worden sind.

Der Stichtag 1.1.1988 erklärt sich daraus, daß Personen, die danach infiziert wurden, andere, d.h. bessere Voraussetzungen zur Durchsetzung von umfassenden Schadensersatzansprüchen gem. BGB haben. Ab 1988 bestanden hinreichende Voraussetzungen für die Herstellung von Blutprodukten, die eine HIV-Übertragung mit ziemlicher Sicherheit ausschließen. Diese Auffassung des Gesetzgebers basiert auch auf der Rechtsprechung zu den im Jahre 1990 erfolgten 11 HIV-Infektionen durch PPSB der Fa. Biotest.

Leistungen aus der Stiftung erhalten auch Personen, die als Ehepartner, Verlobte oder Lebenspartner durch eine der o.g. Personen infiziert worden sind. Anspruchsberechtigt sind ebenso nicht infizierte unterhaltsberechtigte Kinder und Ehepartner von Personen, die infiziert oder erkrankt sind.

HIV-infizierte Personen erhalten eine monatliche Leistung in Höhe von 1.500 DM, AIDS-erkrankte Personen von 3.000 DM, ohne Prüfung der Einkommens- oder der sonstigen wirtschaftlichen Verhältnisse.

Verschiedentlich wurde in der Öffentlichkeit der Eindruck erweckt, daß aus der Etablierung einer Stiftung „Humanitäre Hilfe für durch Blutprodukte HIV-infizierte Personen" ein öffentliches Schuldanerkenntnis des Bundes oder der in die Stiftung involvierten pharmazeutischen Unternehmen abzuleiten sei.

Diese Interpretation der mit der Stiftung intendierten sozialstaatlichen Hilfslösung ist falsch. Hier sei auf die Gesetzesbegründung hingewiesen, in der es heißt: „*Die weitgehend unvermeidbare Arzneimittelkatastrophe hat in ihrer Einzigartigkeit großes Leid verursacht. Deshalb ist eine humanitäre und sozialstaatliche Hilfe erforderlich, weil anders eine Vielzahl der*

Betroffenen keine angemessene finanzielle Absicherung gegen die Folgen des erlittenen Schicksals erlangen kann. Für diese sozialstaatliche Lösung spricht, daß vielen Betroffenen aus verschiedenen Gründen die gerichtliche Durchsetzung von Ansprüchen verwehrt ist. Der Hauptgrund dafür ist, daß ein großer Teil der Betroffenen infiziert war, ehe die für entsprechende Sicherheitsmaßnahmen notwendigen Erkenntnisse über den Erreger von AIDS und die Virussicherheit von Blutprodukten vorhanden war.“

Mittels der Stiftung wird also ein von allen Rechtspflichten unabhängiges Leistungsmodell und kein Schuldanerkenntnis umgesetzt.

Ansprüche von Personen, die nach dem HIV-Hilfegesetz Leistungen erhalten, gegen die Stifter sowie die Bundesländer erlöschen nach Maßgabe des Gesetzes.

Zur Möglichkeit der weiteren Verfolgung von Rechten ist festzustellen, daß in diesem Zusammenhang strafrechtliche Bestimmungen nicht berührt werden. Es wird niemand daran gehindert, in einem möglichen strafrechtlichen Verfahren als Nebenkläger aufzutreten.

Weiterhin bleiben Rechte auf der Grundlage der §§ 84 ff. AMG unberührt, auch für diejenigen, die Leistungen aus der Stiftung in Anspruch nehmen.

Es bleibt im übrigen die Möglichkeit, für den einzelnen Betroffenen zu entscheiden, für den Fall, daß er seine prozessualen Erfolgsaussichten als gut einstuft, diese Rechte gegen einzelne Stifter weiter zu verfolgen. Es ist also denkbar, daß in einem Einzelfall, in dem jemand den gesicherten Nachweis erbringen kann, daß er im Jahre 1985 infiziert worden ist, er sich höhere Schadensansprüche nach geltendem Recht verspricht und insoweit auch seine Recht gemäß BGB geltend macht; d.h. es ist nur ausgeschlossen, gleichzeitig die Stiftung in Anspruch zu nehmen und Rechte nach bürgerlichem Recht gegen die Stifter weiter zu verfolgen.

Ausgehend von der politischen Diskussion über HIV-Infektionen durch Blutprodukte werden Veränderungen des deutschen Arzneimittelhaftungsrechts erörtert. Danach sind Beweiserleichterungen bei Arzneimittelschäden und die Einbeziehung von Schmerzensgeld in die – bisher nur Sachschäden umfassende – Entschädigung gem. AMG geplant.

1.9 Amalgam

Das Verfahren zu Amalgam-haltigen Zahnfüllmaterialien zeigt deutlich, wie schwierig es im Einzelfall sein kann, zu einer wissenschaftlich belegbaren Risikobeurteilung zu kommen, was letztendlich für eine Behörde, deren Maßnahmen verwaltungsgerichtlich überprüft werden können und auch immer häufiger werden, unabdingbar ist.

Abb. 3 Anamnesebogen zu Amalgamverdachtsfällen

ANAMNESEBOGEN

Bitte in Druckschrift deutlich lesbar ausfüllen

Name | Vorname: Geb:

Wohn.

Beruf: Gewicht: Größe:

Ihr Zahnarzt ist "verpflichtet" Ihnen den Hersteller und den Namen der verwendeten Legierungen mitzuteilen !!!!! Die mit einem * gekennzeichneten Felder müssen unbedingt ausgefüllt werden, da ansonsten keine Auswertung der Beschwerdeauslösenden Legierung erfolgen kann. Vielen Dank.

(X) Palladium-Basis-Kronen *Hersteller/Name der Legierung/en:
von: bis:

( ) Sonstige Metall-Kronen *Hersteller/Name der Legierung/en:
von: bis:

( ) Gold-Kronen (X) Amalgamfüllungen
von: bis: von bis:

[H]aben Sie eines der folgenden Krankheitszeichen ?
(X) Bitte ankreuzen !
(X) Mund,-Rachen,-Magenschmerzen:
(X) Metallgeschmack: (X) Strom im Mund:
( ) Viel Urin:
( ) Kein Urin:
(X) Reizhusten:
(X) Atemnot:
( ) Bronchitis:
( ) Lungenentzündung:
(X) Frösteln:
( ) Gewichtsverlust:
(X) Allgemeine Schwäche: ( ) Muskelerschlaffung:
(X) Gelenkschmerzen: (X) Muskelschmerzen:
(X) Kopfschmerzen: (X) Migräne:
(X) Schwindel: (X) Sehstörungen:
(X) Nervosität:
(X) Merkfähigkeit reduziert:
(X) Zittern, feines:
(X) - an Augenliedern:
( ) - an der Zunge:
( ) - verstärkt bei beabsichtigten Bewegungen:
( ) Zitterschrift:
( ) Zittern im Kopf:
(X) Sprechen stammelnd:
(X) Aussprache verwaschen:
( ) Mundzucken:
( ) Speichelfluß:
( ) Zahnfleischentzündung:
( ) Mundschleimhaut kupferfarben: (X) gerötet:
(X) Blauvioletter Saum an den Zahnhälsen:
( ) Zahnausfall:
( ) Schnupfen, hartnäckiger:
(X) Nasennebenhöhlenentzündung, ~~übrige~~:
(X) Herzrythmusstörungen:
(X) Nervosität:
(X) Reizbarkeit:
( ) Kältegefühl im Mund:
( ) Brennen der Schleimhäute:
(X) Geschwollene Zunge:
( ) Geschwollene Lymphdrüsen am Hals:
( ) Taubheitsgefühle im Gesicht:
( ) Neuralgien: (Trigeminus)
(X) Das Gefühl nicht atmen zu können:

EINGEGANGEN
01. JUNI 1993
Eried. ....

Bitte Rückseite beachten !! *070393*

Dem Institut liegen eine Vielzahl von Meldungen über Nebenwirkungsverdachtsfälle im Zusammenhang mit Amalgam vor. Überwiegend folgen sie dem in Abbildung 3 gezeigten Muster, auf dem bestimmte Symptome vorgedruckt sind und nur angekreuzt werden müssen. Die Erfahrung hat nun gezeigt, daß derartige Vorgaben kaum ein realistisches Bild liefern können, weil sie zu einer erheblichen Verzerrung (Bias) der Aussagen führen. Es gibt im Zusammenhang mit der Anwendung von Amalgam kaum ein Organ, was laut diesen Meldungen nicht Schaden genommen haben soll.

Das Institut hat in einem umfangreichen Verfahren, das auch eine Anhörung vieler Beteiligten und Experten einschloß, Maßnahmen verfügt, die eine Einschränkung der derzeitigen Anwendung von Amalgamen vorsehen. Ein vollständiges Verbot wurde nicht ausgesprochen, da es zwar weitgehend unstrittig ist, daß sich Quecksilber nach Amalgam-Anwendung im Körper ablagert, der begründete Verdacht auf schwerwiegende negative Gesundheitsfolgen aber nicht nachgewiesen werden konnte.

Unabhängig von den behördlichen Maßnahmen haben einige pharmazeutische Unternehmer ihre Produkte eigenverantwortlich vom Markt genommen. Es ist nicht auszuschließen, daß dafür haftungsrechtliche Gründe ausschlaggebend waren.

In die öffentliche Diskussion sind auch andere in der Zahnheilkunde gebräuchliche Metallegierungen, wie z.B. die Palladiumbasislegierung, gekommen. Insgesamt stehen den Zahnärzten etwa 930 verschiedene Legierungen zur Verfügung, die jetzt verstärkt nach neuen Prüfverfahren untersucht werden, um gesundheitsrelevanten Aspekten vermehrt Rechnung zu tragen. Ein offizielles Risikoverfahren seitens des Institutes ist bislang nicht eingeleitet worden.

2. Medizinprodukte

2.1 Gesetzliche Grundlagen

Die genannten Maßnahmen zu den Amalgamen wurden noch nach dem Arzneimittelrecht angeordnet. Amalgame unterliegen Übergangsbestimmungen zum Medizinprodukterecht und werden spätestens zum 13. Juli 1998 dem Medizinproduktegesetz unterstellt sein.

Das 1994 in Kraft getretene Medizinproduktegesetz enthält im Gegensatz zum Arzneimittelgesetz keine besonderen Bestimmungen zur Haftung in Schadensfällen. Hier gelten die Bestimmungen des Produkthaftungsgesetzes, das im Zusammenhang mit der Vergabe von CE-Zeichen an die entsprechenden EG-Richtlinien angepaßt wurde. Ansonsten stellt das MPG eine Umsetzung der verschiedenen EG-Richtlinien in ein vereinheitlichtes nationales Recht dar und folgt in der Risikobeurteilung weitgehend dem Arzneimittelgesetz (z.B. §§ 4, 28 ff. MPG).

Aufgrund des relativ kurzen Zeitraums seit dem Inkrafttreten verfügt das Bundesinstitut noch nicht über umfassende Erfahrung mit dieser rechtlichen Grundlage, obwohl jetzt schon vermehrt Nebenwirkungen nach dieser Rechtsgrundlage gemeldet werden. Die Medizinprodukte, deren genaue Zahl mangels bisheriger Registrierungspflicht nicht bekannt ist und auf mehrere Hunderttausend geschätzt wird (Medikal-Produkte, Medical Devices, med.-technische Erzeugnisse und Geräte, Diagnostika und Labortechnik, fiktive Arzneimittel) kommen jedoch nicht aus dem rechtsfreien Raum. Auch vorher hat sich das Institut – bei fiktiven Arzneimitteln auf der Basis des AMG – in Risikofällen mit ihnen beschäftigen müssen. Die direkte Zuständigkeit für die Umsetzung von Maßnahmen lag zwar bei den einzelnen Länderbehörden, die Bundesoberbehörde konnte jedoch im Rahmen ihrer Koordinierungsfunktion Empfehlungen für Maßgaben abgeben.

2.2 Silikongel-haltige Brustimplantate

Ein Beispiel hierfür ist das Verfahren zu Silikongel-haltigen Brustimplantaten. Hier wurde aufgrund der – vorwiegend aus den USA, aber in Folge auch in Deutschland – bekanntgewordenen Risiken wie Kaspelverhärtung, Undichtigkeiten der Hülle mit den daraus folgenden Risiken etc. eine Musterproduktinformation erarbeitet, die eine Einschränkung der Anwendung auf eine strenge medizinische Indikation bedeutet und die rein kosmetische Anwendung nicht mehr vorsieht. Außerdem wurde den Länderbehörden empfohlen, Polyurethan-beschichtete Implantate aufgrund konkreter Risiken und illegalem Inverkehrbringens ohne die erforderliche Zulassung völlig im Markt zu nehmen.

Öffentliche Aufmerksamkeit hat dieses Verfahren insbesondere dadurch erlangt, daß im Rahmen einer weltweiten Ausgleichsregelung, angestoßen durch einen Gerichtsbeschluß aus Birmingham, Alabama, Geschädigte die Möglichkeit erhielten, sich über verschiedene Rechtsanwälte im Rahmen einer Gemeinschaftsklage diesem Verfahren anzuschließen und Ansprüche anzumelden bzw. auf diese zu verzichten. Darüber hinaus sieht ein weiterlaufendes Entschädigungsprogramm Entschädigungen an diejenigen Gemeinschaftsklägerinnen vor, bei denen innerhalb von 30 Jahren nach Implantation Schädigungen auftreten, die derzeit noch nicht manifest sind. Entsprechend der amerikanischen Rechtsprechung geht es hier um erhebliche Summen, anfänglich war von ca. 2,5 Milliarden Dollar die Rede, jetzt wird von einer erheblich höheren Summe ausgegangen. Für Betroffene aus Deutschland, von denen sich über 500 beim Institut gemeldet haben, war ein geringer Prozentsatz dieser Summe vorgesehen. Nach neuesten Presseberichten muß man jedoch davon ausgehen, daß offenbar Frauen außerhalb der Vereinigten Staaten derzeit nicht in den Vergleich einbezogen werden sollen.[5]

Ein Spezifikum bestimmter Risiken infolge technischen Versagens von Medizinprodukten wie z.B. Brüche infolge von Materialfehlern, kann sein, daß die Folgen derartiger nachträglich leicht festzustellender Defekte unmittelbar eintreten und u.U. lebensbedrohend sind. Der Nachweis der Kausalität ist in derartigen Fällen leicht zu führen.

2.3 Herzklappen

So hat es ein Verfahren gegeben, in dem eine bestimmte Art von Herzklappen wegen produktionsbedingter Mängel plötzlich versagt haben, mit schwerwiegenden Folgen für den Träger. Mehren sich derartige Zwischenfälle, werden in der Regel die Produkte, die noch nicht implantiert wurden, unverzüglich zurückgerufen. Problematisch ist es in derartigen Fällen zu entscheiden, ob implantierte Produkte ersetzt werden müssen. Hier ist in jedem Fall das Risiko einer derartigen Operation (Explantation) gegen die Wahrscheinlichkeit des Auftretens des technischen Versagens abzuwägen.

---

[5] Anm. der Schriftleitung: Der für die Koordinierung der gegen die silikongelhaltigen Brustimplantathersteller anhängigen Rechtsstreite (class actions) zuständige Richter Sam C. Pointer Jr. stimmte dem zwischen den Parteien der verschiedenen Verfahren gefundenen Vergleich zu. Der Vergleich sieht Zahlungen in einer Größenordnung von 4,22 Mrd. US-$ über einen Zeitraum von 30 Jahren vor. Anspruchsberechtigt sind alle Frauen, die bestimmte formale Voraussetzungen erfüllt haben. Ein Nachweis eines Kausalzusammenhangs zwischen Brustimplantat und Krankheit ist nicht erforderlich. Konsequenz dieser Verfahren in den USA ist u.a., daß Brustimplantate auch für Patientinnen mit Brustkrebs nicht mehr verfügbar sind *(vgl. In re Silicone Gel Breast Implant Prods. Liability Litig.*, 1994 U.S. Dist. Lexis 12521 [N.D. Ala. Sept. 1, 1994], Berufungsverfahren ist anhängig, Nos. 94-6853 et al. [11th Cir.]). Ob es bei diesem Vergleich bleiben wird, ist derzeit ungeachtet der richterlichen Zustimmung ungewiß. Die hauptsächlich betroffene Firma Dow Corning hat ein sog. chapter 11 Konkursverfahren eingeleitet, um der Gefahr der vielen außerhalb des Vergleichsverfahrens anhängigen Prozesse zu entgehen. Weitere Information lassen sich unter der Adresse http://www.citizen.org/public_citizen/litigation/briefs/class_act.html aus dem Internet herunterladen.

Auf jeden Fall ist jedoch ein engmaschiges Überwachungsprogramm der betroffenen Patienten erforderlich, um etwaige Mängel frühzeitig zu erkennen. Nach unserer Erfahrung hat es in derartigen Fällen seitens der Hersteller, die überwiegend aus den USA kommen, keine Probleme gegeben, die Schäden, die allerdings auch unstrittig waren, zu regulieren.[6]

Darüber hinaus wurde ein weltweites Register über Träger von derartigen Produkten in Angriff genommen, um bei evtl. auftretenden Risiken schnell reagieren zu können.

2.4 Schrittmacher-Elektroden

Eine ähnliche Situation zeigte sich bei einem Defekt an Herzschrittmacher-Elektroden. Hier kam es bei ca. 13 % der Patienten nach gewisser Zeit zu einem Bruch des Formdrahtes der Elektrode, wodurch die Gefahr der Perforation des Blutgefäßes bestand. Anders als bei Arzneimitteln, wo die Gefahr der Nebenwirkung in der Regel durch Absetzen des Produktes minimiert wird, ist dieses hier naturgemäß, wie auch bei den Herzklappen, nicht möglich. Seitens der Firma ist in Abstimmung mit der amerikanischen Gesundheitsbehörde FDA ein erheblicher Aufwand erforderlich geworden, um weitere Schäden durch derartige Brüche zu vermeiden und Arzt und Patienten ausreichend zu informieren. Auch hier war in jedem Einzelfall abzuwägen, ob eine Explantation durchzuführen war. Ob seitens der betroffenen Firma über die medizinisch notwendigen Maßnahmen hinaus Schadensersatz geleistet wurde, ist nicht bekannt.[7]

2.5 Weitere Medizinproduktrisiken

Auch bei nichtaktiven Implantaten wie z.B. Gelenkprothesen aus Metall ist es infolge von Materialermüdung oder produktionsbedingter Fehler zu Brüchen gekommen, was dann jedesmal umfangreiche materialtechnische Untersuchungen der genauen Ursachen nach sich zog.

---

[6] Anm. der Schriftleitung: Die class action mit 40.000 Klägern wurde verglichen. Der Vergleich sieht Zahlungen von 500.000 – 2 Mio. US-$ und Zahlungen in differenzierter Höhe für Nicht-US-Bürger vor. Bürger der Bundesrepublik Deutschland erhielten alles in allem etwa 250.000 US-$ (s. Bowling v. Pfizer, 143 F.R.D. 141 (S.D. Ohio 1992).

[7] Anm. der Schriftleitung: Am 26.6.1996 hat der US Supreme Court im Verfahren Medtronic v. Lohr (116 S.Ct. 2240) die Möglichkeiten für eine Klage gegen den Hersteller dieser fehlerhaften Produkte vor Gerichten der amerikanischen Bundesstaaten freigemacht.

Andere Beispiele für unerwartete Zwischenfälle mit Medizinprodukten sind z.B.

- erhöhte Aluminiumfreisetzung aus Dialysekonzentraten mit der Folge einer erhöhten Aluminiumbelastung bei Dialysepatienten
- eine defekte Verpackung bei Glukoseteststreifen mit der Gefahr falscher Glukosebestimmungen
- Fehlfunktion von speziellen Injektionsnadeln für Insulininjektoren, dadurch ist eine ungenaue Insulininjektion möglich
- Inkompatibilität von Narkosegasen mit den entsprechenden Verdampfergeräten mit der Folge schwerwiegender Narkosezwischenfälle.

3. Fazit

Als Bilanz läßt sich festhalten, daß schwerwiegende Zwischenfälle mit Arzneimitteln oder Medizinprodukten sich auch in Zukunft – trotz der umfangreichen Prüfungen im Zulassungsverfahren – nie ganz vermeiden lassen werden, insbesondere bei selten auftretenden Risiken. Es ist jedoch Aufgabe der Bundesoberbehörden, durch intensive Beobachtung und Auswertung derartige, nur bei der Behandlung großer Kollektive auffallende Risiken so frühzeitig zu erkennen und die erforderlichen Maßnahmen umzusetzen, daß den Patienten weitestgehend sichere und wirksame Arzneimittel zur Verfügung stehen.

AIDS und Arzneimittelsicherheit[1]

Matthias Teichner

Einleitung

Am 29. Juni 1995 hat der Deutsche Bundestag das Gesetz über die humanitäre Hilfe für durch Blutprodukte HIV-infizierte Personen (HIV-Hilfegesetz – HIVHG) beschlossen[2]. Das Gesetz ist am 31. Juli 1995 in Kraft getreten. Die in § 3 HIVHG vorgesehene Stiftung „Humanitäre Hilfe für durch Blutprodukte HIV-infizierte Personen" hat ihre Arbeit aufgenommen. Als Mittel für die finanzielle Hilfe stehen der Stiftung insgesamt 250 Mio. Deutsche Mark zur Verfügung. Dieser Gesamtbetrag setzt sich aus einer Zahlung des Bundes in Höhe von 100 Mio. Deutsche Mark, einer Zahlung von weiteren 100 Mio. Deutscher Mark durch verschiedene pharmazeutische Unternehmen und durch die Blutspendedienste des Deutschen Roten Kreuzes sowie schließlich aus weiteren 50 Mio. Deutscher Mark zusammen, die die Länder zur Verfügung stellen. Das Inkrafttreten des Gesetzes wurde gemäß § 26 HIVHG davon abhängig gemacht, daß die finanziellen Mittel der Stiftung als Teilbetrag für das Jahr 1995 zur Verfügung gestellt sein mußten. Diese Voraussetzung ist anscheinend erfüllt, denn es werden zwischenzeitlich Zahlungen an Anspruchsteller vorgenommen.

Das HIV-Hilfegesetz

In § 15 HIVHG werden die anspruchsberechtigten Personen aufgeführt. Gemäß § 15 Abs. 1 HIVHG haben Personen einen Anspruch auf Leistungen der Stiftung, die in dem Gebiet der heutigen Bundesrepublik

[1] Das Manuskript wurde am 11. Dezember 1995 fertiggestellt. Die Publikation ist meinem am 27. November 1995 verstorbenen Freund, Dr. med. Andreas Krüger, gewidmet.

[2] BGBl I. S. 972 – 975; vgl. AIFO 1995, 593 ff.

Deutschland durch in diesem Gebiet in Verkehr gebrachte Blutprodukte vor dem 1. Januar 1988 unmittelbar entweder mit dem HIV infiziert worden sind oder mit dem HIV infiziert wurden und als Folge davon an AIDS erkrankt sind. In § 15 HIVHG werden auch Sekundärinfizierte und Hinterbliebene im Sinne von § 844 Abs. 2 BGB als Anspruchsberechtigte aufgeführt.

In § 16 HIVHG sind die einzelnen Leistungen geregelt, die das Gesetz vorsieht. Danach erhalten HIV-infizierte Personen eine monatliche Leistung in Höhe von 1.500 DM. AIDS-erkrankte Personen erhalten demgegenüber eine monatliche Zahlung in Höhe von 3.000 DM. Die Zahlungen erfolgen ohne Prüfung der Einkommens- oder sonstigen wirtschaftlichen Verhältnisse der Betroffenen. Kinder von verstorbenen Betroffenen erhalten monatlich eine Zahlung in Höhe von 1.000 DM, und zwar bis zum Abschluß ihrer Berufsausbildung. Die Zahlung erfolgt längstens bis zum Ablauf des 25. Lebensjahres des Anspruchstellers. Ehepartner erhalten für einen Zeitraum von 5 Jahren eine monatliche Zahlung in Höhe von 1.000 DM, wenn die infizierte Person im Zeitpunkt des Inkrafttretens des Gesetzes verstorben ist. Gemäß § 7 HIVHG sind die Leistungen einkommenssteuerfrei und dürfen nicht auf andere Leistungen angerechnet werden. Die Ansprüche können gem. § 17 Abs. 3 HIVHG nicht übertragen, verpfändet oder gepfändet werden. Die Leistungen werden gem. § 18 HIVHG durch Bescheid gewährt. Schließlich sieht § 19 HIVHG vor, daß nach einem erfolglosen Widerspruchsverfahren der Verwaltungsrechtsweg gegeben ist.

In der Zeit vor Inkrafttreten des HIVHG, nämlich seit dem 1. Januar 1994, hatten Betroffene grundsätzlich die Möglichkeit, Leistungen aus dem Programm „Humanitäre Soforthilfe" zu erhalten. Die dazugehörigen Richtlinien wurden durch § 25 HIVHG aufgehoben. Das Programm „Humanitäre Soforthilfe" sah für Anspruchsberechtigte bei einer nachgewiesenen arzneimittel- oder transfusionsbedingten HIV-Infektion die Zahlung von monatlich 1.000 DM vor. Bei dem Vorliegen des nachgewiesenen Vollbildes AIDS wurde ein monatlicher Betrag in Höhe von 2.000 DM gezahlt.

Der Verabschiedung des HIVHG durch den Deutschen Bundestag ging die Arbeit des 3. Untersuchungsausschusses „HIV-Infektionen durch Blut- und Blutprodukte" voraus. Der 12. Deutsche Bundestag hatte in seiner 186. Sitzung am 29. Oktober 1993 auf Beschlußempfehlung des Ausschusses für Gesundheit vom 28. Oktober 1993 gem. Art. 44 GG den aus 7 Mitgliedern bestehenden 3. Untersuchungsausschuß eingesetzt. Bereits am 21. Oktober 1994 – also 1 Jahr später – legte der 3. Untersuchungsausschuß dem Deutschen Bundestag einen Schlußbericht vor, der 672 Seiten umfaßt[3]. Unter der Rubrik „Schlußfolgerungen und Empfehlungen" wird darin unter anderem ausgeführt: *„Nach eingehender Beweisaufnahme ist der Untersuchungsausschuß zu der Auffassung gelangt, daß für einen Großteil der HIV-Infektionen durch Blut und Blutprodukte ein schuldhaftes Verhalten der Beteiligten ursächlich war"*[4].Aus diesen und weiteren Gründen sprach sich der Untersuchungsausschuß für eine sozialstaatliche Entschädigungslösung für alle Betroffenen aus. Es wurden drei Alternativen zur Umsetzung einer Hilfe für die Betroffenen aufgezeigt, und die Bundesregierung wurde aufgefordert, eine der Alternativen umzusetzen. Oberstes Ziel sollte dabei sein, eine schnellstmögliche Hilfe im Interesse der Betroffenen herbeizuführen. Eine der 3 Alternativen sah eine gesetzliche Regelung nach dem Vorbild der Versorgung der Contergan-Opfer vor. Dieser Vorschlag wurde vom Ausschuß ausdrücklich als vorzugswürdige Lösung bezeichnet. Der Bundestag hat schließlich mit der Verabschiedung des HIVHG dieser Beschlußempfehlung des 3. Untersuchungsausschusses entsprochen.

Zwei Regelungen, die im HIVHG enthalten sind, müssen besonders kritisch gesehen werden. Zum einen handelt es sich hierbei um § 15 Abs. 1 HIVHG und den darin genannten Stichtag: 1. Januar 1988.

Bei den anspruchsberechtigten Personen, die Anspruch auf Leistungen aus dem HIVHG haben, handelt es sich vor allem um Hämophile. Diese Gruppe von chronisch Kranken ist häufig auf den lebenslangen Konsum von Gerinnungspräparaten angewiesen. Mit der Einführung des HIV-Antikörpertests im Jahre 1985 war es grundsätzlich möglich, eine HIV-Infektion nachzuweisen. Von daher wären an sich alle Empfänger von Blut und Blutprodukten in der Lage gewesen, bis zum Stichtag (1.1.1988) abzuklären, ob bei ihnen eine HIV-Infektion vorliegt oder nicht. Die Praxis und damit meine ich auch die anwaltliche Praxis zeigt aber, daß bei Empfängern von Blut oder Blutprodukten häufig mehrere Jahre zwischen dem Konsum der Produkte und der HIV-Diagnose liegen. In einem Bluterfall, den ich persönlich bearbeite, wurde z.B. die HIV-Diagnose erst 1992 gestellt, obwohl die Infektion höchstwahrscheinlich bis spätestens 1985 verursacht worden war. Zum Teil mag dieses nicht selten erhebliche Zeitintervall auch damit zusammenhängen, daß Betroffene Angst vor der HIV-Diagnose haben und es von daher vorziehen, insoweit in Unkenntnis zu leben und gleichwohl Dritte vor Ansteckung zu schützen. Auch wenn in einem solchen Fall bei einem Bluterkranken vieles dafür sprechen mag,

---

[3] BT-Drs. 12/8591 vom 25.10.1994, zitiert: UA-Bericht; vgl. hierzu Hart, MedR 1995, 61 ff.; Rübsaamen, AIFO 1995, 305 ff.

[4] UA-Bericht, S. 269

daß die HIV-Infektion vor dem 1. Januar 1988 verursacht wurde, läßt sich dies jedoch nicht ohne weiteres nachweisen, zumal häufig Rückstellproben nicht vorhanden sind. Von daher wird die Stichtagsregelung meines Erachtens zwangsläufig in Einzelfällen zu ungerechten Ergebnissen führen.

Aber auch die amtliche Begründung dieser Stichtagsregelung klingt wenig überzeugend. Die getroffene Stichtagsregelung wird damit begründet, daß nach dem 1. Januar 1988 durch Blutprodukte HIV-Infizierte Personen aufgrund der heutigen Erkenntnisse andere Voraussetzungen zur Durchsetzung von Schadensersatzansprüchen vorfinden würden[5]. Mit anderen Worten geht der Gesetzgeber anscheinend davon aus, daß es einer durch Blutprodukte nach dem 1. Januar 1988 HIV-infizierten Person leichter, wenn nicht sogar ohne weiteres gelingen würde, Schadensersatzansprüche gegen die jeweils Verantwortlichen durchzusetzen. Bei dieser Begründung dürfte es sich in Wahrheit um einen Vorwand handeln, denn die Beweisschwierigkeiten sind häufig dieselben, gleichgültig, ob die HIV-Infektion durch Blut oder Blutprodukte vor oder nach dem 1. Januar 1988 verursacht wurde. Bereits der Zeitpunkt der Infektion allein ist häufig überhaupt nicht exakt zu eruieren, geschweige denn zu beweisen. Die Stichtagsregelung ist aber auch deshalb unverhältnismäßig, weil bei einer arzneimittelbedingten HIV-Infektion mit einer großen Gegenwehr der möglichen Regreßpflichtigen und von daher mit einem langen gerichtlichen Verfahren gerechnet werden muß. Abgesehen von den damit verbundenen Kosten ist ein derartiges Verfahren für eine durch Blutprodukte HIV-infizierte Person allein aus Zeitgründen unzumutbar. Der wahre Grund für die Stichtagsregelung dürfte einerseits darin liegen, daß die Mittel der Stiftung mit 250 Mio. Deutsche Mark begrenzt sind und – mit Stichtagsregelung – voraussichtlich bis Ende des Jahres 2002 aufgebraucht sein werden. Andererseits sollen mit dem HIVHG Versäumnisse der Verantwortlichen, dabei vor allem auch die des Bundes, ausgeglichen werden, die sich nach Meinung des Gesetzgebers im wesentlichen bis zum Ende des Jahres 1987 ereignet haben. Die Praxis und Umsetzung des HIVHG wird zeigen, ob der Stichtag in Einzelfällen zu unzumutbaren Ungerechtigkeiten führen wird.

Zum anderen müssen auch die in den §§ 20 und 23 HIVHG getroffenen Regelungen kritisch gesehen werden. Darin heißt es, daß Ansprüche von Personen, die vorgesehene Leistungen erhalten, gegen die Stifter und die Länder wegen einer von diesem Gesetz erfaßten HIV-Infektion oder AIDS-Erkrankung erlöschen. Diese Ausschlußklauseln sind unverhältnismäßig und verfassungsrechtlich höchst bedenklich. Sie stießen deshalb

---

[5] Begründung zum Gesetzentwurf, beim Autoren

anläßlich der öffentlichen Anhörung des Gesetzesentwurfs am 1. Juni 1995 bei mehreren der geladenen Sachverständigen auf heftige Kritik. Einerseits richtete sich die Kritik dagegen, daß vor allem die Bluterkranken, soweit diese bereits von den jeweiligen pharmazeutischen Unternehmen bzw. deren Versicherern abgefunden worden sind und Vergleiche gegen Generalquittung geschlossen haben, erneut mit dem vorliegenden Gesetz unter einen ähnlichen, unzumutbaren psychischen Druck gesetzt werden. Andererseits gelangte z.B. der Sachverständige Prof. Brüggemeier (Bremen) zu dem Ergebnis, daß diese Regelung verfassungsrechtlich deshalb bedenklich wäre, weil die Leistungen aus dem HIVHG nicht in einem angemessenen Verhältnis zum Verzicht auf weitere Ansprüche stehen würden. Prof. Brüggemeier sieht in den Ausschlußregelungen einen unzulässigen enteignungsgleichen Eingriff und vermißt insoweit eine angemessene Entschädigungsregelung[6].

Schließlich muß die amtliche Begründung des Gesetzesentwurfes kritisiert werden, wenn darin von einer „weitgehend unvermeidbaren Arzneimittelkatastrophe" die Rede ist. Weiter wird ausgeführt, daß der Hauptgrund dafür darin zu erblicken sei, daß ein großer Teil der Betroffenen infiziert wurde, ehe die für entsprechende Sicherheitsmaßnahmen notwendigen Erkenntnisse über den Erreger von AIDS und die Virussicherheit von Blutprodukten vorhanden gewesen wären. Diese Ausführungen stehen in einem eklatanten Widerspruch zu den Ergebnissen, zu denen der 3. Untersuchungsausschuß in seinem Schlußbericht vom 21. Oktober 1994 gekommen ist.

Die vom Untersuchungsausschuß durchgeführte Beweisaufnahme hatte nämlich zur Überzeugung der Mitglieder des Untersuchungsausschusses ergeben, daß Versäumnisse sowohl der beteiligten pharmazeutischen Unternehmen und Blutspendedienste sowie der verantwortlichen Ärzte und Krankenhäuser und schließlich der zuständigen Behörden und Ämter auf Bundes- und Landesebene zum Ausmaß der AIDS-Katastrophe in Deutschland entscheidend beigetragen haben. Anhand von vier Vorfällen, mit denen sich der Untersuchungsausschuß auseinandergesetzt hat, soll diese Beurteilung des Ausschusses verständlich und nachvollziehbar gemacht werden.

---

[6] Votum Prof. Brüggemeier, beim Autoren

Der „Bonner Patient“[7]

Am 30. April 1983 teilte ein Arzt der Universitäts-Nervenklinik Bonn dem Bundesgesundheitsamt (BGA) schriftlich mit, daß auf seiner Station vor ca. einem Jahr ein Patient mit Hämophilie A nach einem knapp 4-monatigen Krankheitsverlauf an den Folgen einer opportunistischen Infektion verstorben war. Der Arzt bat um die Zusendung von Informationsmaterial und äußerte die Befürchtung, daß wegen der zahlreichen Hämophiliepatienten am Bluterzentrum der Bonner Universität (im Durchschnitt 800) mit ähnlichen Fällen zu rechnen sei. Eine Mitarbeiterin des BGA sandte dem Arzt in Bonn daraufhin einen Erfassungsbogen zu und bat darum, diesen ausgefüllt zurückzusenden. Als in der Folgezeit eine Rückmeldung ausblieb, nahm die Mitarbeiterin des BGA mit dem betreffenden Arzt in Bonn telefonisch Kontakt auf. Dieser teilte fernmündlich mit, daß ihm sein Chefarzt untersagt hätte, weitere Angaben zum Fall zu machen. Von Seiten der BGA wurden die Ermittlungen in diesem Fall in der Folgezeit eingestellt.

Der Leiter des Hämophilie-Zentrums Bonn, Prof. Egli, sowie der Leiter der Hämophilieambulanz, Dr. Brackmann, problematisierten zwar diesen Fall in Fachkreisen. Es wurden sog. Rundtischgespräche mit Kollegen auf internationaler Ebene abgehalten. Auch dabei wurde dieser Fall besprochen. Die verantwortlichen Ärzte vertraten dabei aber stets die Ansicht, daß der Patient nicht an den Folgen einer arzneimittelbedingten Infektion verstorben wäre. Die Witwe des Patienten wurde auf den Verdacht, daß ihr Ehemann an AIDS verstorben war, erst durch einen Anruf der Deutschen Hämophiliegesellschaft (DHG) im Jahre 1994 aufmerksam gemacht.

Die DHG war vom Untersuchungsausschuß gebeten worden, Auskünfte über diesen Schadenfall zu erteilen. Die verantwortlichen Ärzte hatten es also nicht einmal bis 1994 für notwendig erachtet, die Witwe ihres an einer arzneimittelbedingten HIV-Infektion verstorbenen Patienten sowie deren Sohn zu informieren. Zum Glück ist weder bei der Witwe noch bei ihrem Sohn eine HIV-Infektion nachgewiesen worden.

Der „Mutlangen-Fall“[8]

Im September 1986 wurde eine Mitarbeiterin des BGA telefonisch darüber informiert, daß in der Universitätsklinik Frankfurt bei einer Patientin eine

---

[7] UA-Bericht, S. 125 ff.

[8] UA-Bericht, S. 152 ff.

HIV-Infektion nachgewiesen worden war. Diese Patientin hatte im August 1985 eine einmalige Injektion eines Gerinnungspräparates (Prothrombinkomplex-PPSB) erhalten. Bei ihrer Zeugenvernehmung vor dem Untersuchungsausschuß berichtete die Mitarbeiterin des BGA, daß sie über die Dimension des Problems damals sehr aufgeregt gewesen wäre. Es wäre nämlich den Mitarbeitern des BGA nicht bekannt gewesen, daß solche Präparate an Nicht-Bluter gegeben wurden. Man habe sich erst hinterher „schlau" gemacht und dabei erfahren, daß dieses Präparat auch in Notsituationen an Nicht-Bluter verabreicht wird, wenn starke Blutungsprobleme auftreten. Es dauerte bis Dezember 1986, bis feststand, welche pharmazeutische Firma das fragliche Gerinnungspräparat produziert hatte. Das BGA eröffnete ein Stufenplanverfahren und forderte das Unternehmen auf, verschiedene Fragen, insbesondere zum angewandten Inaktivierungsverfahren sowie die Chargennummern mitzuteilen. Das betreffende pharmazeutische Unternehmen erteilte daraufhin schriftlich Auskünfte und stellte eigene Ermittlungen an. Im Februar 1987 teilte das Unternehmen dem BGA mit, daß eine Auswertung des Krankenblattes ergeben hätte, daß diesem keine genaue Definition des eingesetzten Präparates zu entnehmen sei. Rückfragen bei dem behandelnden Arzt hätten ergeben, daß dieser sich nicht daran erinnern konnte, welches Präparat er dem Kühlschrank entnommen hatte. Eine Chargennummer wäre nicht notiert worden. Die fragliche Chargennummer des Präparates konnte auch deshalb nicht ermittelt werden, weil die betreffende Firma damals noch nicht über eine Chargennummer verfügte und weil auch den Rechnungsunterlagen keine Chargennummern zu entnehmen waren. Das BGA stellte seine Ermittlungen ein, ohne sich z.B. mit dem Krankenhaus in Verbindung zu setzen, in dem das fragliche Präparat verabreicht worden war. Ein ordnungsgemäßer Abschluß dieses Stufenplanverfahrens konnte vom Untersuchungsausschuß nicht eindeutig festgestellt werden. Im Februar 1987 teilte dasselbe pharmazeutische Unternehmen dem BGA einen weiteren Verdachtsfall mit. Die bereits erwähnte Mitarbeiterin des BGA gab gegenüber dem Untersuchungsausschuß an, daß ihr dieser Fall vorenthalten worden wäre. Auch diese zweite Meldung wurde von dem BGA nicht zum Anlaß genommen, Ermittlungen anzustellen oder Maßnahmen zu treffen. Lediglich die erwähnte Mitarbeiterin des BGA versuchte intern, allerdings vergeblich, Abwehrmaßnahmen des BGA in der PPSB-Problematik zu veranlassen.

Die sogenannte PPSB-Problematik[9]

Als das BGA im Zusammenhang mit der Produktion von Gerinnungspräparaten im Herbst 1983 ein Stufenplanverfahren einleitete, wurde dieses auf das Gerinnungspräparat Faktor VIII beschränkt. Andere Gerinnungspräparate, wie z.B. die sog. PPSB-Präparate, die u.a. in der Herz- und Unfallchirurgie und z.B. bei inneren Blutungen nach Verkehrsunfällen und in der Geburtshilfe, also vor allem in Nicht-Bluter-Bereich, eingesetzt werden, wurden sowohl bei den Ermittlungen als auch bei den Maßnahmen nicht berücksichtigt. Lediglich in Bezug auf Faktor VIII-Präparate wurden genaue Verbrauchszahlen ermittelt, nicht jedoch solche über den Verbrauch von PPSB, insbesondere auch außerhalb der Behandlung von Bluterkranken. Die Ermittlungen des Untersuchungsausschusses haben ergeben, daß in den Jahren 1985 – 1990 jährlich bis zu 20.000mal PPSB an Patienten außerhalb der Hämophilie im Bereich der Bundesrepublik Deutschland verabreicht wurde. In einem PPSB-Präparat können sich Merkmale von bis zu 10.000 Blutspendern befinden. Therapieempfehlungen oder gar Indikationseinschränkungen, wie sie im Jahre 1984 für Faktor VIII-Präparate gegeben wurden, gab es nach den Erkenntnissen des Untersuchungsausschusses zumindest bis 1988 nicht. Dabei lagen dem BGA bereits 1986 Warnungen von Fachleuten vor, die auf die gefährliche Ungleichbehandlung von Nonfaktor VIII-Präparaten hinwiesen. Über die Anzahl von HIV-Infektionen, die auf den Konsum von PPSB-Präparaten zurückzuführen sind, gibt es keine Statistik. Es muß befürchtet werden, daß viele Infizierte bis zum heutigen Zeitpunkt nichts über ihre Infektion mit dem HIV wissen und von daher möglicherweise Dritte gefährden. Dies hängt auch damit zusammen, daß die Gabe von PPSB-Präparaten während stationärer Krankenhausbehandlungen häufig in der Vergangenheit nicht dokumentiert wurde.

Die Biotest-Charge Nr. 1601089[10]

Mit der Charge Nr. 1601089 des PPSB-Präparates der Fa. Biotest wurden 1990 mindestens 12 Menschen mit dem HIV infiziert. Im April 1990 nahm das Unternehmen nach Bekanntwerden dieser Infektionskette das Präparat vom Markt. Das BGA ordnete das Ruhen der Zulassung an. Ermittlungen ergaben, daß in der Charge mindestens vier Spenden von Spendern

---

[9] UA-Bericht, S. 166 ff.
[10] UA-Bericht, S. 158 ff.

verarbeitet worden waren, die sich nachträglich als HIV-positiv erwiesen hatten. Das mit dem HIV verseuchte Blut war diesen Spendern in der Zeit von Januar bis März 1989 abgenommen worden. Zwischen März und Mai 1989 wurde die Fa. Biotest darüber informiert, daß es bei diesen Spendern zu einer nachträglichen Serokonversion gekommen war. Die Herstellung der Charge erfolgte im August 1989. Ausgeliefert wurde diese Charge im Oktober 1989. Das bedeutet, daß die Fa. Biotest zum Zeitpunkt der Produktion und des Vertriebes der Charge seit Monaten Kenntnis darüber hatte, daß mit dem HIV verseuchtes Blut verwandt worden war. Gegenüber dem Untersuchungsausschuß wurde das Verhalten der Firma damit erklärt, daß man nicht verpflichtet gewesen wäre, die sog. Look-Back-Meldung überhaupt zu beachten. Ein derartiges Verfahren sei damals in Deutschland und in Europa nicht vorgeschrieben gewesen. Da man über ein effektives Virusinaktivierungsverfahren verfügt hätte, habe man solche Meldungen ignorieren können. Für die Sicherheit der Produkte sei deshalb allein das Virusinaktivierungsverfahren von entscheidender Bedeutung gewesen. Diese Auffassung wurde vom Untersuchungsausschuß nicht geteilt. Vielmehr erblickte man in dem vorliegenden Verhalten der Fa. Biotest einen Verstoß gegen § 5 Arzneimittelgesetz (AMG).

Resümee und Schlußfolgerungen

Das Ergebnis der Ermittlungen des 3. Untersuchungsausschusses, die im Schlußbericht vom 21. Oktober 1994 niedergelegt wurden, ist ein deutlicher Beleg dafür, daß die AIDS-Katastrophe im Bereich der Bundesrepublik Deutschland, was ihr Ausmaß betrifft, vermeidbar gewesen wäre. Die Gefahr, die vom HIV-Virus für die Empfänger von Blut und Blutprodukten in der Vergangenheit ausging, wurde leichtfertig unterschätzt. Sowohl die verantwortlichen pharmazeutischen Unternehmen als auch die zuständigen Behörden und Ämter auf Bundes- und auf Landesebene haben mit erforderlichen Ermittlungen viel zu spät reagiert und Schutzmaßnahmen zu spät getroffen bzw. angeordnet. Das BGA bzw. die heute zuständigen Aufsichtsbehörden dürfen sich auch zukünftig nicht auf ein gesetzestreues Verhalten der primär Verantwortlichen verlassen. Vielmehr müssen diese streng überwacht werden und den Nachfolgeorganisationen des BGA müssen Mittel an die Hand gegeben werden, die Verantwortlichen streng überwachen und kontrollieren zu können. Das geltende Recht reicht hierzu nach wie vor nicht aus. Das geltende Recht reicht aber auch nicht dazu aus, eine angemessene Schadenregulierung im Falle einer ähnlichen Arzneimittelkatastrophe zu gewährleisten. Die Tatsache, daß sich der Gesetzgeber dazu veranlaßt sah, das HIVHG zu verabschieden, ist ein eindeutiger Beleg hierfür. Die Forderung des Untersuchungsausschusses, einen Fond für Opfer von ähnlichen Arzneimittelkatastrophen zu bilden, die auch im Falle eines unmöglichen Kausalitätsnachweises entschädigt werden, ist zu begrüßen und zu unterstützen. Mit dem Erreger des Creutzfeldt-Jakob-Syndroms, der von einigen Fachleuten für identisch mit dem Erreger des Rinderwahnsinns gehalten wird, zeichnet sich eine neue Herausforderung für die Arzneimittelforschung und Transfusionsmedizin im Bereich der Bundesrepublik Deutschland ab. Es gilt die Frage zu klären, ob hier ein neues Arzneimittel- und/oder Transfusionsrisiko besteht und wie man mit diesem Risiko verantwortungsbewußt umgeht, damit sich eine ähnliche Katastrophe, wie wir sie im Zusammenhang mit dem HIV und AIDS zu beklagen haben, nicht wiederholt.

Die Reform des Arzneimittelhaftungsrechts

Dieter Hart

Der AMG-Erfahrungsbericht 1993 der Bundesregierung widmet dem allgemeinen Arzneimittelhaftungsrecht keine, der Haftung bei der Durchführung klinischer Arzneimittelprüfungen geringe Aufmerksamkeit[1]. Auch der Regierungsentwurf eines Fünften Gesetzes zur Änderung des Arzneimittelgesetzes[2] befaßt sich nur am Rande mit diesem Thema[3]. Erst in der Stellungnahme des Bundesrates zu diesem Entwurf werden haftungsrechtsändernde Vorschläge von Gewicht unterbreitet[4]. Diese Vorschläge sind aufgrund einer Empfehlung des Rechtsausschusses vom federführenden Gesundheitsausschuß nicht in seine Beschlußempfehlungen aufgenommen worden[5]. Der Gesundheitsausschuß und der Gesundheitsminister erklärten aber übereinstimmend, daß die Reform des Arzneimittelhaftungsrechts hohe Priorität genieße und zum Gegenstand einer eigenen AMG-Novelle gemacht werden müsse[6]. Diese Entwicklungsdynamik ist eine Folge der Arbeit des 3. Untersuchungsausschusses[7] des Deutschen Bundestages „HIV-Infektionen durch Blut und Blutprodukte".

---

1 BT-Drs. 12/5226 v. 22.6.1993.
2 BT-Drs. 12/6480 v. 21.12.1993, Anlage 1
3 Erhöhung von Mindestversicherungssummen für die Probandenversicherung bei der klinischen Prüfung und der Höchstbeträge bei der Arzneimittelhaftung; heutige §§ 40 Abs. 3, S. 2; 88 AMG.
4 BT-Drs. 12/6480 v. 21.12.1993, Anlage 2, S. 32 zu § 84 S. 1 und S. 2 AMG.
5 Bericht des Ausschusses für Gesundheit (15. Ausschuß), BT-Drs. 12/7572 v. 17.5.1994, S. 1, 3.
6 Ebd. und 228. Sitzung des BT, 12. Wahlperiode, 19.5.1994, Plenarprotokoll S. 19777.
7 Erste Beschlußempfehlung und Zwischenbericht des 3. Untersuchungsausschusses nach Art. 44 des Grundgesetzes, BT-Drs. 12/6700 v. 31.1.1994.

Das Arzneimittelhaftungsrecht ist durch den Schlußbericht des 3. Untersuchungsausschusses[8] zum Gegenstand öffentlichen und rechtspolitischen Interesses geworden. Seine Reform soll in einer 6. AMG-Novelle behandelt werden, die gegenwärtig durch eine interministerielle Arbeitsgruppe vorbereitet wird[9].

Eine Reform des AMG-Haftungsrechts kann auf verschiedenen Ebenen ansetzen und unterschiedlich modelliert werden:

1. Änderungen der Haftungsbegründung (z.B. Konzept einer Verdachts- oder Risikohaftung);
2. Änderungen der Beweisanforderungen (z.B. Beweismaßreduzierungen, Beweisvermutungen);
3. Änderungen der Rechtsfolgen (z.B. Schmerzensgeld);
4. Schaffung eines neuen Haftungsschuldners (z.B. Haftungsfonds).

Für jede dieser Änderungsrichtungen lassen sich gute Gründe und Gegengründe vortragen. Jeder Vorschlag muß sich vor den durch den Untersuchungsausschuß sichtbar gemachten Defiziten des AMG-Haftungsrechts verantworten und darlegen, ob überhaupt und ggf. welche ausgleichenden Lösungen gewählt werden sollen. Auf dem Spiel steht ein Kompromiß zwischen Patienten-, Behörden-, Hersteller- und Versicherungsinteressen, zwischen privaten und staatlichen Schutz-, wirtschaftlichen Bestandsschutz- und Innovations- sowie Integrationsinteressen. Politisch sind in einer Reform des Haftungsrechts für Arzneimittel gesundheits-, sozial- und wirtschaftspolitische Ziele zu integrieren. Rechtsintern sind Interessen des Rechtssystems an einer Kohärenz der Haftungsregelungen und an einer Vereinbarkeit nationaler und europäischer Regulierungen zu beachten. Einseitige Interessenten-Lösungen sind weder wünschenswert noch durchsetzbar. Ein Kompromiß wird in diesem komplexen Gefüge von Zielen und Interessen kaum einfach sein können und seine Richtung ist auch deshalb kaum prognostizierbar.

---

[8] Zweite Beschlußempfehlung und Schlußbericht des 3. Untersuchungsausschusses nach Art. 44 des Grundgesetzes, BT-Drs. 12/8591, 672 Seiten (im Folgenden Schlußbericht); dazu Hart, HIV-Infektionen durch Blut und Blutprodukte, MedR 1995, 61 ff.

[9] Mitteilung von Gesundheitsminister Seehofer, BT 13. Wahlperiode, 13. Sitzung am 20.1.1995 (Plenarprotokoll), S. 790.

Ich gebe im folgenden einen Überblick über die seit 1993 durch den Bundesrat und den 3. Untersuchungsausschuß (3. UA) gemachten Vorschläge zur Reform des Arzneimittelhaftungsrechts und berichte knapp über die bisher bekannt gewordene Arbeit eines interministeriellen Ausschusses zu diesem Thema (I.), systematisiere und erörtere die Vorschläge (II.) und ziehe ein Resümee (III.).

I. Vorschläge zur Reform des Arzneimittelhaftungsrechts seit 1993

Sämtliche im folgenden referierte Vorschläge reagieren in unterschiedlicher Weise auf die durch den 3. UA vorgelegte Defizitanalyse (des Haftungsrechts und der Durchsetzung von Ansprüchen), die aus der Sicht des 2. Arzneimittelskandals nach Contergan geschrieben wurde. Es sollen nur einige Stichworte wiederholt werden: Schutzlücke bei den Sekundärinfizierten; Kausalitätsnachweisprobleme; Verursacher-Identifikationsprobleme; Schwierigkeiten, geeignete Sachverständige zu finden; Umfang der Ersatzpflicht.

1. Haftungsrechtliche Vorschläge des 3. UA

Die Empfehlungen des 3. UA betreffen folgende Punkte[10] und verbinden Vorschläge auf verschiedenen der genannten Ebenen:

- Es soll klargestellt werden, daß auch die sekundär Infizierten in den personalen Schutzbereich des § 84 S. 1 AMG einbezogen werden, wenn sie zu dem primär Infizierten in einer personenrechtlichen Beziehung stehen.
- Der Beweis der Vertretbarkeit der schädlichen Wirkungen des Arzneimittels gemäß § 84 S. 2 Nr. 2 AMG soll dem pharmazeutischen Unternehmer auferlegt werden.
- § 86 AMG soll um eine „arzneirechtliche Ausgleichsleistung" ergänzt werden, die ihre Nähe zum Schmerzensgeld nicht leugnen kann.
- Einrichtung einer Solidarhaftung der pharmazeutischen Unternehmer für Fälle ungeklärter „Kausalität" und „Vertretbarkeit" („gemeinnützige Fonds").

[10] Schlußbericht, S. 258 ff.

Das Sondervotum der SPD-Fraktion[11] hat den Charakter einer präzisierenden Ergänzung und teilweisen Erweiterung der Vorschläge des 3. UA:

- Das Sondervotum der SPD geht davon aus, daß Sekundärinfektionen schon nach geltendem Recht ohne Einschränkung in den Schutzbereich der AMG-Haftung fallen[12].
- Die Vertretbarkeit ist bei § 84 S. 2 Nr. 1 AMG durch den pharmazeutischen Unternehmer zu beweisen. Kann er dies nicht, wird die Verursachung der Rechtsgutverletzung durch das Arzneimittel („konkrete Kausalität") widerleglich vermutet. Dasselbe gilt parallel für die Informationsfehler nach § 84 S. 2 Nr. 2 AMG.
- Ein Schmerzensgeld soll in § 87 AMG ersetzt werden. Da es sich bei der AMG-Haftung um eine objektive Fehlerhaftung handele, gäbe es keine präjudiziellen Wirkungen für (andere) Gefährdungshaftungen.

Die Vorschläge erweitern den personalen Schutzbereich der AMG-Haftung[13] (nahe Sekundärinfizierte), erleichtern die Beweisführung und/oder die Beweislast für den Geschädigten, gewähren ein (modifiziertes) Schmerzensgeld und fordern in bestimmten Fällen einen Haftungsfonds. Die Vorschläge sind prinzipiell am Ziel der Verbesserung des Patienten-/Geschädigtenschutzes orientiert, unterscheiden sich aber in Mehrheits- und Minderheitsvotum konzeptionell und hinsichtlich ihrer Reichweite.

2. Vorschlag des Bundesrates

Der Vorschlag des Bundesrates[14] ersetzt die arzneimittelgesetzliche Kausalhaftung durch eine Verdachtshaftung[15], indem er in § 84 S. 1 AMG anstelle

---

[11] Schlußbericht, s. 265 ff.

[12] Ebenso Hart, Rechtsgutachten, Schlußbericht, Anhang S. 52, S. 581 ff.

[13] Das ist nach richtiger Auslegung schon heute der Fall und wohl gleichzeitig der kleinste gemeinsame Nenner aller Vorschläge oder Zugeständnisse.

[14] Nach „nicht unerheblich verletzt" werden zusätzlich die Worte „worden ist" eingefügt; BT-Drs. 12/6480, S. 32; dazu Deutsch, Die fünfte Novelle zum Arzneimittelgesetz – Gesetzgebung im Vermittlungsausschuß, NJW 1994, 2381; Reinelt, Zur Haftung des Arzneimittelherstellers für die Übertragung von Viren durch Blutprodukte – Zur beabsichtigten Änderung des Arzneimittelgesetzes, ZRP 1994, 333; dazu Echo, ZRP 1995, 31 ff. von Gergaut und Stegers.

[15] Wartensleben, Neue Entwicklungen und Tendenzen im Arzt-, Vertragsarzt- und Haftungsrecht der pharmazeutischen Unternehmer, in: Lonsert/Preuß/Kucher (Hrsg.), Hand-

des Wortes „Wird" die Worte „Besteht der begründete Verdacht" einfügt. Diese Bewertung ist aber deshalb nicht unzweifelhaft, weil in der Begründung zu diesem Änderungsvorschlag von „Beweislasterleichterungen im Interesse der Verbraucher" die Rede ist. Es kann also auch gemeint sein, das Beweismaß für den Kausalitätsnachweis zu senken[16]. Über diese Änderung des S.1 hinaus soll auch § 84 S. 2 AMG, nunmehr eindeutig im Sinne einer Beweislastumkehr, neu gefaßt werden. Der Formulierungsvorschlag lautet:

„Die Ersatzpflicht besteht dann nicht, wenn der pharmazeutische Unternehmer beweist, daß

1. *das Arzneimittel bei bestimmungsgemäßem Gebrauch keine schädlichen Wirkungen hat, die über ein nach den Erkenntnissen der medizinischen Wissenschaft vertretbares Maß hinausgehen und ihre Ursache im Bereich der Entwicklung oder der Herstellung haben, und*
2. *der Schaden eingetreten ist, obwohl eine den Erkenntnissen der medizinischen Wissenschaft entsprechende Kennzeichnung, Fachinformation oder Gebrauchsinformation vorgelegen hat."*

Damit wird die Nachweispflicht sowohl für die Vertretbarkeit = Unbedenklichkeit des Arzneimittels, für den Fehlerbereich *und* für die „richtige" Information dem pharmazeutischen Unternehmer auferlegt. Das „und" statt des heutigen „oder" zwischen Nr. 1 und Nr. 2 des Satzes 2 § 84 AMG macht aus den unterschiedlichen, speziellen und zusätzlichen Haftungsvoraussetzungen (unterschiedliche Fehlertypen) einen einheitlichen Haftungsausschließungstatbestand.

Insgesamt ist der Vorschlag durch eine eindeutig patientenschützende Tendenz gekennzeichnet[17]. Als Konzept einer Verdachtshaftung mit begrenzten Entlastungsmöglichkeiten für den pharmazeutischen Unternehmer entfernt es sich unter allen Vorschlägen am weitestgehenden von der gegenwärtigen Rechtslage.

---

buch Pharma-Management, 1995, S. 965 [991] spricht von einer Kausalitätsvermutungshaftung.

[16] So Reinelt, ZRP 1994, 333 [334]; eine solche Version wurde wohl im Vermittlungsausschuß diskutiert, ohne dokumentiert zu sein; vgl. BR-Drs. 690/94 v. 1.7.1994.

[17] Was zu stark interessengeleiteten Gegenstellungnahmen geführt hat; z.B. Reinelt ZRP 1994, 333 [334] und dazu die Gegenäußerungen von Gergaut und Stegers ZRP 1995, 31 [32].

3. Stellungnahme der interministeriellen Arbeitsgruppe (iAG)

Die iAG hat nach inoffiziellen Berichten – und insofern steht dieser Bericht unter Vorbehalt – eine vorläufige Stellungnahme erarbeitet, die vorliegende Vorschläge analysiert, Handlungsalternativen auflistet und jedenfalls Prioritätensetzungen erahnen läßt.

Für die Sekundärgeschädigten erwägt die iAG offenbar neben arzneimittelgesetzlichen Erweiterungen die Öffnung des ProdHaftG, d.h. eine Begrenzung der Reichweite des § 15 ProdHaftG. Im Bereich der Beweiserleichterungen werden generelle (Eignung des Arzneimittels solche schädlichen Wirkungen hervorzurufen) und konkrete Kausalität (dieses Arzneimittel hat die Rechtsgutverletzung in diesem Falle ausgelöst) sowie die Kontaminationsfälle und die Fälle unerkannter Wirkungsmechanismen unterschieden. Bei § 84 S. 2 Nr. 1 AMG „Vertretbarkeit" werden Beweislastprobleme verneint, weil und wenn es sich um eine Normtatsache handele. Hinsichtlich des Fehlerbereichsnachweises werden die Probleme als nicht gravierend angesehen. Dasselbe soll auch bei § 84 S. 2 Nr. 2 AMG gelten. Die iAG spricht sich bei der Erörterung der möglichen Alternativen wohl gegen Senkungen des Beweismaßes aus. Bei der Vertretbarkeit werden ein Auskunftsanspruch (Parallele zu § 9 UmwHaftG) und eine Beweislastverlagerung auf den Unternehmer gegenübergestellt. Eine Anfrage bei der Kommission der EG wegen Vereinbarkeit mit der ProdHaftRiLi wird angeregt. Hinsichtlich des Fehlerbereichs wird auf die Beweislage in Art. 7 b ProdHaftRiLi (Entlastung beim Hersteller) hingewiesen.

Die Arbeit der iAG hat nach dem bisher Bekannten im wesentlichen einen aufbereitenden Charakter, ohne daß bestimmte Lösungen favorisiert werden. Abgelehnt wird aus rechtssystematischen Gründen eine Beweismaßreduzierung.

II. Systematisierung und konzeptionelle Erwägungen

Die durch den Bundesrat vorgeschlagene *Verdachtshaftung* ist eine unternehmensindividuelle Haftung für Arzneimittel*risiken* und für im Risikobereich liegende Schäden an Gesundheit, Körper und Leben. Arzneimittelrisiken sind solche der Unvertretbarkeit und der Fehlinformationen. Kausalitätsanforderungen, und zwar gleich, ob als generelle oder konkrete Kausalität, spielen keine Rolle: Die haftungsbegründende Kausalität wird in beiden Fehlerfällen unwiderlegbar vermutet. Alle *anderen Vorschläge* sind Modifizierungen der arzneimittelgesetzlichen kausalen und objektiven

Fehlerhaftung[18]. Die AMG-Haftung ist keine Gefährdungshaftung für zugelassene gefährliche Produktion[19]; sie hat ihre Parallele im Produkthaftungsgesetz, das ebenfalls eine verschuldensunabhängige Fehlerhaftung normiert[20]. Die Vorschläge verschieben die Nachweislasten für die Erfüllung der Voraussetzungen der Haftungsbegründung gegenüber der bestehenden Regelung und den herrschenden Interpretationen zugunsten von Geschädigten auf den Schädiger und erleichtern die Anspruchsdurchsetzung. Das wichtigste Argument zur Begründung der Änderung ist, daß man den auf der Tatbestandsebene gewährten Schutz nicht auf der Durchsetzungsebene nehmen dürfe, also die Schutzentscheidung auf der Tatbestandsebene auf der Durchsetzungsebene (=Nachweisebene) vollziehen müsse („Waffengleichheit")[21].

In der gegenwärtigen Diskussion um die Reform des Arzneimittelhaftungsrechts stehen sich der Sache nach und im wesentlichen zwei Konzeptionen gegenüber: eine neue Haftungskonzeption für Produktrisiken („Risikohaftung" oder Verdachtshaftung) und Modifizierung der kausalen Fehlerhaftung („prozessualer Ansatz"). Zu letzterem treten „sozialrechtlich" begründete Ergänzungen in Fällen des Scheiterns individueller Zurechnung durch eine Fondshaftung (kompensatorischer Fonds; „sozialrechtlicher Ansatz") hinzu. Insofern ist die Fondshaftung ihrerseits eine Modifikation der Risikohaftung, weil die Fondsfinanzierung an der unternehmerischen Produktion von Arzneimittelrisiken ansetzt, ohne eine individuelle Schadenszurechnung vorzunehmen. Mögliche Varianten des sozialrechtlichen Ansatzes (primäre Haftungsfonds[22]), z.B. Aufopferungs-

---

18 Dazu Hart, Besprechung von Vogel, Die Produkthaftung des Arzneimittelherstellers, RabelsZ 58 (1994), S. 786 ff.; ebenso E. Schmidt, Zurechnung, Zurechnungsprinzipien und Zurechnungszusammenhang, in: E. Schmidt/Weyers (Hrsg.), Liber Amicorum Josef Esser, Zum 85. Geburtstag am 12. März 1995, 1995, S. 137 [151 f.]: „weiterhin auf der Spur der Verhaltenshaftung" und nicht Gefährdungshaftung.

19 E. Schmidt, S. 137 [142 ff., 151 f.]

20 Brüggemeier, Deliktsrecht, 1986, Rz. 599 f.; Schlechtriem, Schuldrecht Besonderer Teil 3. A., 1993, Rz. 857, 860 „Verschlüsselung verschärfter Verkehrspflichten"; zur Annäherung von Verschuldens- und Gefährdungshaftung siehe Blaschczok, Gefährdungshaftung und Risikozuweisung, 1993, bes. S. 93 ff.; Deutsch, Das neue System der Gefährdungshaftungen: Gefährdungshaftung, erweiterte Gefährdungshaftung, Kausal-Vermutungshaftung, NJW 1992, 73 ff.; Laufs, Unglück und Unrecht, Ausbau oder Preisgabe des Haftungssystems, 1994, bes. S. 20 ff.

21 Zu verfassungsrechtlichen Aspekten der Beweislastumkehr siehe Reinhardt, Die Umkehr der Beweislast aus verfassungsrechtlicher Sicht, NJW 1994, 93 ff.

22 Siehe z.B. in Österreich den Vorschlag von Barta, Medizinhaftung, Innsbruck 1995, („kollektiver Schadensausgleich" auf öffentlich-rechtlicher Ebene unter Ablösung des Durchsetzungsmodells Zivilprozeß).

haftung des Staates, kollektive Schadenstragung nach einem Genossenschaftsmodell oder eine Pflichtversicherung (insbesondere Schadensversicherung), die alle unter dem Gesichtspunkt des Schadensausgleichs gleichwertig ausgestaltet werden können, sind im Arzneimittelbereich bisher nicht in der Diskussion[23]. Fondslösungen treten nur in der Form kompensatorischer, lückenschließender Fonds auf[24].

Diese drei Konzeptionen bzw. Varianten der Reform des Arzneimittelhaftungsrechts sollen im folgenden unter den Aspekten ihrer ökonomischen Analyse (1), der Parallelisierung von öffentlichem Sicherheits- und privatem Haftungsrecht (2), der europarechtlichen Verträglichkeit (3) und haftungsrechtlichen Systemverträglichkeit (4) behandelt werden. Unter allen Aspekten können pro- und contra-Argumente für die verschiedenen Ansätze formuliert werden.

1. Ökonomische Analyse des Haftungsrechts

Die ökonomische Analyse des Haftungsrechts (öAH) versucht, die Frage nach dem effizientesten Haftungsregime zu beantworten und enthält daher implizit oder explizit regelmäßig auch Bewertungen wirtschaftlicher Interessen und politischer Ziele. In der Literatur zur öAH[25] wird unter dem Gesichtspunkt einer effizienten Gewährleistung eines angemessenen Qualitäts- und Sicherheitsniveaus von Produkten (Prävention) der objek-

---

[23] Vgl. für die Umwelthaftung Rehbinder, Der Beitrag von Versicherungs- und Fondslösungen zur Verhütung von Umweltschäden aus juristischer Sicht, in: Endres/Rehbinder/Schwarze (Hrsg.), Haftung und Versicherung für Umweltschäden aus ökonomischer und juristischer Sicht, 1992, S. 120 [124 ff.]

[24] Schlußbericht, S. 258 [259 f.]; vgl. zur Begrifflichkeit Rehbinder, Der Beitrag von Versicherungs- und Fondslösungen, in: Endres/Rehbinder/Schwarze (Hrsg.), Haftung und Versicherung, S. 120 [143 ff.]

[25] Vgl. z.B. allgemein fürs Haftungsrecht und speziell fürs Umwelthaftungsrecht Endres, Haftpflichtrecht und Verhütung von Umweltschäden: Ökonomische Aspekte, in: Endres/Rehbinder/Schwarze (Hrsg.), Haftung und Versicherung, S. 1 ff., Rehbinder, Haftpflichtrecht und Verhütung von Umweltschäden aus juristischer Sicht, ebd, S. 34 ff.; Endres, Umwelthaftung zur Harmonisierung von unternehmerischer Risikopolitik und Internalisierung externer Effekte, in: Wagner (Hrsg.); Ökonomische Risiken und Umweltschutz, 1992, S. 303 ff; allgemein Adams, Ökonomische Analyse der Gefährdungs- und Verschuldenshaftung, 1985; Endres, Ökonomische Grundlagen des Haftungsrechts, 1991; Schäfer/Ott, Lehrbuch der ökonomischen Analyse des Zivilrechts, 1986, S. 107 ff., 208 ff.

tiven Fehlerhaftung[26] der Vorzug der (individuellen[27]) Verschuldenshaftung und unter bestimmten Bedingungen, nämlich bei unvermeidbaren Schäden, also nicht planbarer Schadensvermeidungsaktivität auch der Gefährdungshaftung gegeben[28]. Der Grund liegt in dem wünschenswerten Haftungsvermeidungsanreiz, den die Fehlerhaftung präventiv zu setzen vermag[29]. Dieser ist für die (individuelle) Verschuldenshaftung gering, für die Gefährdungshaftung[30] bei Unvermeidbarkeit der Schäden nur unzureichend[31]. Voraussetzung solcher Präventionswirkungen der Haftung[32] ist allerdings, daß die Kosten der Schadensvermeidungsaktivität geringer sind als die der Schadensersatzleistung, daß Schadensersatzverpflichtung und Schaden übereinstimmen[33], die Geschädigten ihre Ansprüche tatsächlich durchsetzen (können) und ein entsprechend unterstützendes Verhalten des Versicherungssystems, soweit das Haftungsrisiko dem potentiellen Schädiger durch die Zahlung von Versicherungsbeiträgen abgenommen wird.

---

26 Eine objektive Fehlerhaftung, wie die Arzneimittelhaftung entspricht eher der durch Literatur und Rechtsprechung entwickelten heutigen Produzentenhaftung als einer auf der Gefahrzulassung basierenden Gefährdungshaftung, die gerade nicht am Fehler ansetzt. Unter dem Aspekt der Objektivierung der Unrechtshaftung und dem der Begrenzung der Gefährdungshaftung kann man allerdings Annäherungen konstatieren; vgl. Brüggemeier, Die Gefährdungshaftung der Produzenten nach der EG-Richtlinie – ein Fortschritt der Rechtsentwicklung?, in: Ott/Schäfer (Hrsg.), Allokationseffizienz in der Rechtsordnung, 1989, S. 228 [240 ff.]; Rehbinder, Haftpflichtrecht, S. 34, 45 f.; Blaschczok Gefährdungshaftung, S. 124 ff. argumentiert eher in Richtung einer Gefährdungshaftung.

27 Eine solche existiert heute weder im Bereich der zivilen Berufs- noch Produkthaftung. Die Sorgfaltsanforderungen werden durch rollenbezogene, objektiverte Pflichtenstandards festgelegt; vgl. nur für die Produzentenhaftung Brüggemeier, Deliktsrecht, Rz. 106 ff.; für die Dienstleistungshaftung Giesen, Arzthaftungsrecht, 4.A., 1995, Rz. 69 ff.

28 Vgl. nur Schäfer/Ott, Lehrbuch, S. 107 ff., 155, 208 ff.

29 Vgl. Blaschczok, Gefährdungshaftung, S. 170 ff.

30 Das gilt insbesondere für die deutsche Gefährdungshaftung, die wegen der immanenten Limitierungen (Haftungshöchstbeträge, keine Haftung für immaterielle Schäden) spezifischen Effizienzgrenzen unterliegt.

31 Joerges/Brüggemeier, Europäisierung des Vertragsrechts und Haftungsrechts, in: Müller-Graff (Hrsg.), Gemeinsames Privatrecht in der Europäischen Gemeinschaft, 1993, s. 233, 264 f.

32 Vgl. Rehbinder, Haftpflichtrecht, S. 34, 54 ff.

33 Was bei der deutschen Gefährdungshaftung durch die Begrenzung der Ersatzpflicht (Höchstsummen, kein Ersatz immaterieller Schäden in Geld) nicht der Fall ist. Zur Identität zwischen Schaden und Höhe der Schadensersatzzahlungen, vgl. Endres, Umwelthaftung, S. 303, 308 ff. Unter diesem Gesichtspunkt erscheint es auch ökonomisch geboten, den Ersatzumfang der Arzneimittelhaftung auf Schmerzensgeld auszudehnen.

Voraussetzung einer effizienten Fehlerhaftung ist selbstverständlich die Klarheit und Berechenbarkeit der Haftungsstandards[34], die die Fehlervermeidungsaktivitäten der Unternehmen anleiten, und die Durchsetzbarkeit der Haftungsansprüche[35], die nicht an unüberwindlichen Beweisschwierigkeiten für den Geschädigten oder sonstigen Begrenzungen scheitern darf. Diese Anforderungen werden durch die prozessuale Lösung erfüllt, wenn die „Pflichten"-Standards hinreichend klar sind. Das Unternehmen kann sich auf die Nachweispflichten einstellen und diese stimmen mit den öffentlich-rechtlichen, d.h. sicherheitsrechtlichen Pflichten des pharmazeutischen Unternehmens weitgehend überein[36]. Ob die Pflichtenstandards hinreichend klar sind, mag bezweifelt werden. Sicher ist jedoch, daß das „Entdeckungsverfahren" Rechtsprechung sowohl im Sicherheits- wie im Haftungsrecht eine solche Verläßlichkeit im Verlaufe der Zeit gewährleistet und bessere Alternativen nicht zur Verfügung stehen.

Unter diesen Aspekten sind eine Risikohaftung (Bundesrat) bzw. eine diese ergänzende (Risiko-)Fondslösung mindestens problematisch, weil sie keine oder nur unzureichende Anstrengungen beim Schädiger auslösen, Haftung zu vermeiden. Wer sowieso haftet, vermeidet nicht das Risiko, sondern nur die „hohe" Versicherungsprämie. Gründe für eine solche Haftungskonzeption müssen also primär jenseits von ökonomischer Effizienz, etwa in sozialen Schutzgründen gesucht werden. Effizienz ist insofern ein Argument in der Abwägungsentscheidung für oder gegen ein Haftungssystem.

Die Argumente der ökonomischen Analyse sprechen unter dem Aspekt der Prävention bzw. der Erreichung eines angemessenen Aktivitätsniveaus der Schadensvermeidung insgesamt eher für eine objektive Fehlerhaftung als für eine Risikohaftung oder einen sozialrechtlichen Ansatz. Der Eintritt von Innovationswirkungen hinsichtlich der Schadensvermeidung, also des Arzneimittelsicherheitsniveaus ist bei dieser Art Fehlerhaftung eher wahrscheinlich[37].

---

[34] Vgl. Endres, Haftungsrecht, s. 1, 23 ff, 27 ff.

[35] Vgl. Endres, Umwelthaftung, S. 303, 308 ff.

[36] Dazu gleich anschließend 2.

[37] Auch dazu Blaschczok, Gefährdungshaftung, S. 165 ff, der allerdings auf eine mögliche „Lähmung" von Innovationsanstrengungen auf der Opferseite hinweist. Dieser Aspekt scheint mir allerdings für die Arzneimittelhaftung faktisch eher bedeutungslos.

2. Parallelisierung von Sicherheits- und Haftungsrecht

Sowohl dem Vorschlag einer Risikohaftung wie dem prozessualen Ansatz ist eine wenn auch unterschiedliche Parallelisierung von Haftungsrecht und Sicherheitsrecht gemein. Das *Arzneimittelsicherheitsrecht* zielt auf Gefahrenabwehr bzw. Risikovorsorge[38], indem es beim begründeten Verdacht unvertretbarer schädlicher Arzneimittelwirkungen ein gesetzliches Verkehrsverbot konstatiert und behördliche Maßnahmen erfordert[39]. Um dieses Ziel zu erreichen, stellt das AMG für den pharmazeutischen Unternehmer Risikomanagementpflichten auf:

- Sammeln von Risikoinformationen
- Abschätzen von Risikopotentialen
- Bewerten von Risiken
- Reaktions- = Entscheidungspflichten.

Diese Pflichten gelten sowohl im Vormarkt, also vor der Zulassung des Arzneimittels während seiner klinischen Prüfung, als auch nach Markteinführung (Überwachungspflichten, Nachmarktkontrollpflichten). Aufgrund dieser gesetzlichen Verpflichtung hat der pharmazeutische Unternehmer eine *permanente Nutzen/Risiko-Bilanzierung und –Bewertung auf der Basis sämtlicher verfügbarer Risikoinformationen vorzunehmen*. D.h., das Unternehmen muß ständig in der Lage sein, eine positive Nutzen/Risiko-Bewertung zu dokumentieren. Kann es das nicht, sind die öffentliche und die private Gesundheit gefährdet und es muß reagieren (z.B. durch Information, Warnung, Rückruf). Jede Verdachtsmeldung, also die Assoziation eines Zusammenhangs zwischen Arzneimitteleinnahme und dem Auftreten schädlicher Wirkungen beim Patienten, verlangt eine erforschende Risikoabschätzung und –bewertung. Insofern besteht also sicherheitsrechtlich bereits eine Risikoaufklärungspflicht des Unternehmens. Das AMG zieht daraus auch organisatorisch Konsequenzen und verpflichtet den pharmazeutischen Unternehmer, einen Informationsbeauftragten (§ 74a AMG) und einen Stufenplanbeauftragten (§ 68a AMG) zu beschäftigen. Letzterem obliegt die verantwortliche Erfüllung der aufgezeigten sicherheitsrechtlichen Pflichten; ersterer hat die dem Stand der Wissenschaft entsprechende Information über das Arzneimittel zu prästieren. Die Erfüllung

---

[38] Hart, Die Sicherheit von Blutarzneimitteln, Rechtsgutachten für den 3. UA, BT-Drs. 12/8591, S. 510, 520 ff., 530 ff.

[39] DiFabio, Risikoentscheidung im Rechtsstaat, 1994, S. 237 ff., 254 ff.; Hart, Rechtsgutachten, BT-Drs. 12/8591, S. 536 ff, 539, bes. 544 ff.

der sicherheitsrechtlichen Pflichtenpositionen wird durch ihre organisationsrechtliche Flankierung gewährleistet.

Das Konzept einer Risikohaftung vollzieht den Anschluß des Haftungsrechts an das Sicherheitsrecht. Schon beim begründeten Verdacht einer unvertretbaren schädlichen Wirkung und entsprechendem, im Verdachtsbereich liegenden Schaden wird gehaftet. *Der prozessuale Ansatz zieht auf der Pflichtenebene eine Parallele:* Der Nachweis der Kausalität durch den pharmazeutischen Unternehmer entspricht der Sache nach der sicherheitsrechtlichen Verpflichtung zum permanenten Risikomanagement. Haftungsrechtlich wird vom Schädiger verlangt, wozu er sicherheitsrechtlich bereits verpflichtet ist. Wer zur Vertretbarkeitsbewertung verpflichtet ist, der hat gleichzeitig alle Informationen, die ihn zur Kausalitätsbewertung befähigen.

Alle Argumente, die von einer unvertretbaren Belastung der Unternehmen durch eine Verschärfung der Haftung sprechen[40], übersehen diesen Zusammenhang von öffentlichem Sicherheits- und privatem Haftungsrecht. Damit ist aber nicht begründet, daß aus der Perspektive des Sicherheitsrechts eine Risikohaftung geboten wäre.

3. Europarechtliche Verträglichkeit

Gegen sämtliche Vorschläge ist in Verbandsstellungnahmen mit einer europarechtlichen Unvereinbarkeit argumentiert worden[41]. Die Produkthaftungsrichtlinie stehe jeder Fortentwicklung des nationalen Arzneimittelhaftungsrechts entgegen.

Vorab ist zu bemerken, daß dieses Argument weder den rein prozeßrechtlichen (Beweismaßregelungen) noch den sozialrechtlichen Lösungen (Fondslösungen) entgegengesetzt werden kann, weil die Richtlinie weder das eine noch das andere regelt und regeln will. Eine Sperrwirkung kann selbstverständlich nur im Anwendungsbereich der Richtlinie entstehen. Deshalb behindert die Produkthaftungsrichtlinie keinesfalls eine prozessuale Beweis*maß*lösung oder eine sozialrechtliche Fondslösung; Fondslösungen waren zwar Gegenstand früherer Überlegungen zur Richtlinie[42]; die Richtlinie regelt aber alleine die individuelle Haftung für fehlerhafte

---

[40] Z.B. Reinelt ZRP 1994, 333 [334].
[41] Z.B. Verband Forschender Arzneimittelhersteller.
[42] Vgl. Krämer, EWG-Verbraucherrecht, 2. A., 1991, Rz. 321.

Produkte und kann deshalb für Fondslösungen jedenfalls zusätzlich zur Individualhaftung keine Sperrwirkung entfalten[43].

Darüber hinaus geht der Streit um den Umfang der Sperrwirkung, der am weitesten durch die vereinzelt vertretene sog. Versteinerungstheorie[44] gesteckt wird[45]. Dem stehen Positionen gegenüber, die an der Zielsetzung der Richtlinie als Minimumrichtlinie orientiert sind[46]. Eine evtl. bestehende Sperrwirkung kann jedenfalls nur das Konzept der Risikohaftung oder den „prozessualen Ansatz" (Beweis*last*regelung) betreffen. Die Sperrwirkung ist allgemein eine Folge des „Verlusts"[47] der nationalen Regelungskompetenz, weil und wenn der EG-Gesetzgeber abschließend tätig geworden ist und insofern die Regelungskompetenz an sich gezogen hat[48]. Für die Reichweite einer möglichen Sperrwirkung einer Richtlinie sind deren Charakter als EG-Rechtsakt (Ziel-Bindung, nicht hinsichtlich Form und Mittel), ihre Zielsetzung und deren autonom europarechtliche Interpretation bestimmend. Insgesamt ist die Richtlinie als Minimumrichtlinie[49] ausgestaltet, die den Mitgliedsstaaten innerhalb dieser Zielsetzung zusätzlich gewisse Optionen einräumt (Einbeziehung von Entwicklungsfehlern, Regelung von Schmerzensgeld). Von Bedeutung sind innerhalb der ProdHaftRiLi die Art. 4, 7, 9, 13 und 15, wobei Art. 13 als zentraler und das Bindungsproblem behandelnder und entscheidender Norm die wegweisende Bedeutung zukommt. Nur wenn Art. 13 ProdHaftRiLi eine Sperrwirkung festlegt, können die weiteren Normen die Bindungswirkung präzisieren.

---

43 A.A. Taschner, Produkthaftung, 1986, Art. 1, Rz. 12, 13.

44 Siehe die Nachweise bei Brüggemeier, Produkthaftung und Produktsicherheit, ZHR 152 (1988), 511 [531 FN 82]; in diese Richtung geht auch Taschner/Frietsch, Produkthaftungsgesetz und EG-Produkthaftungsrichtlinie, Kommentar 2. A., 1990, Einf. Rz. 165.

45 Vgl. allgemein zur Sperrwirkung Furrer, Die Sperrwirkung des sekundären Gemeinschaftsrechts auf die nationalen Rechtsordnungen, 1994; speziell für das europäische Umweltrecht Gellermann, Beeinflussung des bundesdeutschen Rechts durch Richtlinien der EG – dargestellt am Beispiel des europäischen Umweltrechts, 1994. Insbesondere Furrer entwickelt einen ausgefeilten Prüfkatalog hinsichtlich einer möglichen Sperrwirkung, a.a.0., S. 213 ff. mit Prüfschemata, S. 215 und S. 275.

46 Brüggemeier, ZHR 152 (1988), 511 [531].

47 Ob es sich um eine Derogation der nationalen Kompetenz oder eine „obligatorische" Unterlassungspflicht („obligatorische" Sperrwirkung) handelt, interessiert in diesem Zusammenhang nicht; dazu Gellermann, Beeinflussung, S. 90 ff.

48 Beutler/Bieber/Pipkorn/Streil, Die Europäische Union, 4.A. 1993, S. 197; Daig/Schmidt in Groeben/Thiesing/Ehlermann, Kommentar zum EWG-Vertrag, 4.A. 1991, Art. 189 Rz. 7; Gellermann, Beeinflussung, S. 89 ff; Furrer, Die Sperrwirkung, S. 90 ff.

49 Brüggemeier, ZHR 152 (1988), 511 [531 f.]; Koch, Internationale Produkthaftung und Grenzen der Rechtsangleichung durch die EG-Richtlinie, ZHR 152 (1988), 537 [560]; Hart/Reich, Integration und Recht des Arzneimittelmarktes in der EG, 1990, S. 127, 154 f.; Hart, Rechtsgutachten, BT-Drs. 12/8591, S. 510, 606.

Der deutsche Transformationsgesetzgeber hat Art. 13 ProdHaftRiLi in § 15 I ProdHaftG als grundsätzliche[50] Ausnahme der Arzneimittelschäden von der Richtlinienregelung interpretiert. Wäre das richtig, so hinderte die Richtlinie in keinem Falle eine Reform des Arzneimittelhaftungsrechts. Arzneimittelschäden lägen nicht im Anwendungsbereich der ProdHaftRiLi. Jede Sperrwirkungsargument muß also implizit oder explizit die fehlerhafte Transformation der Richtlinie durch den nationalen Gesetzgeber behaupten! Tut sie das nicht, wird die Argumentation unschlüssig. Nun spricht vieles für eine solch fehlerhafte Transformation: Der Richtliniengeber wollte nicht die Arzneimittelschäden aus dem Anwendungsbereich der Richtlinie herausnehmen, sondern nur über die Richtlinie hinausgehende, besser verbraucherschützende Regelungen insbesondere für Arzneimittel neben der ProdHaftRiLi erhalten (im Sinne von begünstigen)[51]. Dafür spricht eindeutig der Wortlaut der Richtlinie. Damit ist allerdings noch nicht entschieden, ob auch die Veränderung solcher weitergehender Verbraucherschutznormen gestattet werden sollte[52]. Eindeutig ist nur und darüber besteht Einigkeit: Eine Veränderung solcher Regelungen unter das Schutzniveau der Richtlinie wäre unzulässig; sie schreibt die untere Grenze des zu harmonisierenden Verbraucherschutzes bei fehlerhaften Produkten fest[53]. Aus den Begründungserwägungen der Richtlinie läßt sich eine eindeutige Antwort auf die Frage nicht entnehmen, wenn auch deren Wortlaut eher für als gegen eine Veränderbarkeit *zugunsten* des Verbraucherschutzes spricht, wenn dort davon gesprochen wird, daß „sie von dieser Richtlinie nicht beeinträchtigt werden" dürfen (Begründungserwägung 13). Das läßt den Schluß auf eine Veränderungsmöglichkeit durch den nationalen Gesetzgeber zugunsten der Verbraucher zu. Dieser Schluß wird durch die Textgeschichte und Motive zu Art. 13 ProdHaftRiLi gestützt. Die ursprüngliche Fassung des Richtlinienvorschlages von 1976 lautete[54]:

---

[50] Das ProdHaftG gilt dagegen für nicht zulassungspflichtige (z.B. Prüfarzneimittel, Rezepturarzneimittel) Arzneimittel. Durch Rechtsverordnung von der Zulassung befreite (§ 36 AMG Standardzulassung) Arzneimittel unterliegen genauso wie zulassungspflichtige der Haftung nach AMG.

[51] So u.a. auch Buchner, Neuorientierung des Produkthaftungsrechts? Auswirkungen der EG-Richtlinie auf das deutsche Recht, DB 1988, 32 [36]; Hart/Hilken/Merkel/Woggan, Recht des Arzneimittelmarktes, 1988, S. 165 f.; Meyer, Zur Konkurrenz von Produkthaftungsgesetz und Arzneimittelgesetz, MedR 1990, 70 [72].

[52] Dagegen Taschner/Frietsch, Produkthaftungsgesetz, Einf. Rz. 165.

[53] Vgl. Reich, Europäisches Verbraucherschutzrecht, 2.A. 1993, Rz. 196 ff.

[54] Zitiert nach Schmidt-Salzer/Hollmann, Kommentar EG-Richtlinie Produkthaftung, Bd. 1, 1986, Art. 13, Rz. 1

„Ansprüche auf Ersatz des durch eine fehlerhafte Sache verursachten Schadens aus einem anderen Rechtsgrund als dem, der aufgrund dieser Richtlinie vorgesehen ist, werden durch diese nicht berührt."

Die damalige Begründungserwägung lautete[55]:

„Der Geschädigte kann nach einzelstaatlichen Vorschriften einen Ersatzanspruch haben, der auf einen anderen Rechtsgrund als dem beruht, welcher aufgrund der Richtlinie vorgesehen ist. Diese Vorschriften dienen ebenfalls dem Ziel des Verbraucherschutzes. Daher läßt die Richtlinie diese Vorschriften unberührt."

Im Interesse eines hohen Schutzniveaus sollen Ansprüche aus anderen Rechtsgründen unberührt bleiben, was unter teleologischen Ansprüchen nur bedeuten kann, daß *jede* Beeinträchtigung durch die Richtlinie vermieden werden soll, was konsequenterweise auch das Schutzniveau steigernde Veränderungen erlaubt. Art. 13 ProdHaftRiLi ist deshalb gerade nicht in erster Linie vom Ziel der Vermeidung von Wettbewerbsverfälschungen, sondern vom Verbraucherschutzziel getragen, so daß die erstere nicht gegen die letztere ins Feld geführt werden darf. Insofern überläßt Art. 13 ProdHaftRiLi es den Mitgliedsstaaten, ihre zum Zeitpunkt des Erlassens der Richtlinie bestehenden weitergehenden Vorschriften zu erhalten und weiterzuentwickeln[56]. Dies gilt auch deshalb, weil die nationalen Reformziele als Gewährleistungen eines hohen Schutzniveaus im Bereich des Gesundheitsschutzes resp. Verbraucherschutzes primärrechtlich gesichert sind (Art. 36 EGV) und gerade diese Zielsetzung durch Art. 13 der Richtlinie befördert werden sollte[57]. Die restriktive Interpretation hinsichtlich der Sperrwirkung der Richtlinie erfährt eine primärrechtliche Legitimation.

Selbst wenn man dieser Interpretation nicht folgt, ergibt sich aus dem Ziel und den einzelnen Regelungen der Richtlinie keine Sperrwirkung hinsichtlich der arzneimittelgesetzlichen Einbeziehung der Sekundärgeschädigten, der Einführung eines Schmerzensgeldersatzes und der Veränderung der Beweislastverteilung. Die Richtlinie gewährt unstreitig auch Sekundärgeschädigten Schadensersatzansprüche[58]. Art. 9 S. 2 ProdHaftRiLi berührt

---

[55] Ebd., Rz. 2

[56] Ebenso Rolland, Produkthaftungsgesetz, 1990, § 15 Rz. 8; Pfeifer, Produkthaftung oder Fehlverhalten des Produzenten, 1987, S. 253.

[57] In diese Richtung geht die allgemeine Überlegung von Furrer, Die Sperrwirkung, S. 161 ff., 183 ff, 213 ff.

[58] Siehe nur Taschner/Frietsch, Produkthaftungsgesetz, § 1 Rz. 27; Sekundärgeschädigte sind in eigenen Rechtsgütern verletzt.

die Rechtsvorschriften der Mitgliedsstaaten bezüglich immaterieller Schäden nicht und kann deshalb auch keine Sperrwirkung entfalten. Im Hinblick auf die Beweislast sind Art. 4 und 7 ProdHaftRiLi einschlägig. Für *Entwicklungsfehler* – und das ist der Schwerpunkt der Arzneimittelhaftung – sieht die Richtlinie die Einbeziehung und die Entlastung durch den Hersteller (Art. 7e) und den Ausschluß des Entlastungsbeweises optional vor. Von der Option ist in Deutschland kein Gebrauch gemacht worden. Wenn in der Reform der Arzneimittelhaftung eine Beweislast des Unternehmens für die Vertretbarkeit vorgesehen wird (= kein Entwicklungsfehler), dann entspricht dies der Regelung in der Richtlinie, soweit Entwicklungsfehler betroffen sind. Dasselbe gilt für den Fehler*bereichs*nachweis (Fehler liegt nicht im Bereich der Entwicklung oder Herstellung). Auch hier sieht die Richtlinie in Art. 7b den Entlastungsbeweis des Herstellers vor und entspräche einer entsprechenden Beweislastumkehr in § 84 S. 2 AMG. Problematisch ist unter dem Aspekt der Sperrwirkung damit allein Art. 4 ProdHaftRiLi, soweit es sich nicht um Entwicklungsfehler handelt. Aber auch insoweit ist zu beachten, daß es sich um keine abschließende, sondern nur um eine punktuelle Regelung handelt und daß es Sache des nationalen Rechts ist, jenseits der Grundsatznorm Beweiserleichterungen bis zur Umkehr der Beweislast anzuerkennen[59]. Auch insofern gilt, daß Art. 4 ein Regelungsminimum festlegt, hinter das die Mitgliedsstaaten nicht zurückfallen dürfen[60].

Insgesamt ist festzuhalten, daß es keine *allgemeine* Sperrwirkung der ProdHaftRiLi gibt. Dagegen spricht die autonome Interpretation des Art. 13 der Richtlinie. Es gibt aber auch keine *spezielle* Sperrwirkung, die sich aus Einzelvorschriften der Richtlinie als Teil eines Regelungssystems begründen ließe. Das gilt sowohl für die Einbeziehung der Sekundärgeschädigten, die Gewährung von Schmerzensgeld und die möglichen Änderungen der Beweisverteilung. Die „sozialrechtliche" Fondslösung fällt ebensowenig in den Anwendungsbereich der Richtlinie wie eine rein prozessuale Veränderung des Beweismaßes bei Nachweisregeln. Eine Sperrwirkung kann nur im Anwendungsbereich der Richtlinie entstehen.

---

[59] Reich, Förderung und Schutz diffuser Interessen durch die Europäischen Gemeinschaften 1987, Rz. 109; ders. Europäisches Verbraucherschutzgesetz, Rz. 196; Schmidt-Salzer/Hollmann, (FN 54), Art. 4, Rz. 23.

[60] Brüggemeier, ZHR 152 (1988), 511 [531]; Koch, ZHR 152 (1988) 537 [560]; Hart/Reich, Integration und Recht, S. 127, 154 f; Hart, Rechtsgutachten, BT-Drs. 12/8591, S. 510, 606.

4. Haftungsrechtliche Systemverträglichkeit

Systematische Argumente werden teilweise gegen die Einführung einer Schmerzensgeldregelung ins Feld geführt. Es ist auch eine Folge der Europäisierung des Privatrechts, daß das deutsche Märchen der Unvereinbarkeit von Gefährdungshaftung und Schmerzensgeld seltener erzählt wird[61]. Deshalb erscheint das Argument heute in der Abwandlung einer Folgenbetrachtung: Wer im Arzneimittelhaftungsrecht einen Schmerzensgeldanspruch gewährt, wird das auch in anderen Gebieten nicht mehr vermeiden können. Das übersieht die Unterschiedlichkeit der „Gefährdungshaftungen" im deutschen Recht[62]. Arzneimittelhaftung ist Fehlerhaftung; Umwelthaftung ist Anlagenhaftung; Gentechnikhaftung[63] ist Verfahrens- und Produkt-, aber nicht nur Fehlerhaftung. Insofern gibt es durchaus Differenzierungsgründe für unterschiedliche Lösungen. Arzneimittelhaftung ist insofern einmalig, als Nutzen/Risiko-Abwägungen auch im Haftungsrecht zentral sind, ein Merkmal, das für alle anderen Haftungsregelungen nicht gilt. *„Arzneimittel (zielen) wie kein anderes Produkt auf unmittelbare körperliche Einwirkung ab und (beanspruchen) wie kein anderes Produkt Hoffnung und Vertrauen in die gesundheitliche Unbedenklichkeit..."*[64]. Die Rechtsfolgeanordnung Schmerzensgeld ist deshalb eine rechtspolitische Entscheidung, die durch kein Unvereinbarkeitsdogma oder durch Folgenautomatismen präjudiziert wäre[65].

Unvertretbare wirtschaftliche Folgekosten oder eine Ausuferung des Haftungsumfanges sind nicht zu befürchten. Den Pharmaversicherern und dem Pharmapool (Pharma-Rückversicherungs-Gemeinschaft) liegen inzwischen ausreichende Erfahrungen vor, dieses Haftungsrisiko zu kalkulieren und damit versicherbar zu machen. Gerade die Geschichte des Pharmapools offenbart, daß die früheren Argumente von der Untragbarkeit des Risikos und der Ausuferung des Haftungsumfanges keine Basis in der Versicherungswirklichkeit finden[66].

---

[61] So auch Deutsch, NJW 1994, 2381 [2383]; Gergaut, Zur Haftung des Arzneimittelherstellers für die Übertragung von Viren durch Blutprodukte, ZRP (Echo) 1995, 31 f.

[62] Siehe die Übersicht von Reiling bei Laufs, Unglück und Unrecht, S. 36 ff; insgesamt zur Unterschiedlichkeit der Gefährdungshaftungslehren und zum Fehlen eines einheitlichen „Paradigmas" Blaschczok, Gefährdungshaftung, S. 45 ff.

[63] Vgl. Damm, Das Beweisrecht des Gentechnikgesetzes, N+R 1992, 1 ff.

[64] Schlußbericht BT-Drs. 12/8591, S. 259.

[65] Ebenso Deutsch, zitiert nach Schlußbericht, 12/8591, S. 209; ders. Die fünfte Novelle zum Arzneimittelgesetz – Gesetzgebung im Vermittlungsausschuß, NJW 1994, 2381 [2383].

[66] Schlußbericht BT-Drs. 12/8591, S. 216 ff., 227 ff.

III. Resümee

Aufgrund der vorangehenden Überlegungen ergibt sich ein Vorrang zugunsten einer effektuierten und damit effizienteren objektiven Fehlerhaftung. Der prozessuale Ansatz reagiert optimal auf die Defizitanalyse des geltenden Arzneimittelhaftungsrechts, ist unter dem Aspekt der ökonomischen Analyse wünschenswert und weder aus rechtssystematischen noch europarechtlichen Gründen „gesperrt". Die damit verbundene gegenseitige Abstimmung zwischen Sicherheits- und Haftungsrecht kann einen systematischen Effekt zugunsten des Arzneimittelsicherheitsniveaus entwickeln, der aufgrund der bisher bestehenden Unterschiede jedenfalls nicht befördert wurde. Der Parallellauf von sicherheits- und haftungsrechtlichen Pflichten gewährleistet auch die Zumutbarkeit des Vorschlags für die pharmazeutischen Unternehmen: Sie werden haftungsrechtlich verpflichtet, die sicherheitsrechtliche Schuld einzulösen.

Gegenüber diesem individuell zurechnenden Haftungsansatz können die kollektiv zurechnenden Fondslösungen als Alternative zur individuellen Haftung oder ergänzend lückenfüllend (sog. Kompensationsfonds[67]) konzipiert sein. Im letzten Falle sollen sie Arzneimittelschäden kompensieren, die individuell nicht mehr zugerechnet werden können (z.B. Langzeitwirkungen von Arzneimitteln, Summationsschäden [Wechselwirkungen]). Fondslösungen als Alternative zur individuellen Haftung werden gegenwärtig nicht diskutiert. Unter dem Aspekt der Prävention scheint letztere den ersteren überlegen zu sein, unter dem Aspekt der Schadensdistribution umgekehrt[68]. Je effizienter und effektiver allerdings die objektive Fehlerhaftung als individuelle Haftung ausgestaltet ist, desto geringer ist der rechtspolitische Bedarf an einer kompensierenden Fondslösung. Insoweit relativiert der prozessuale Ansatz der Beweiserleichterung zugunsten des Geschädigten im Arzneimittelbereich den Handlungsdruck für kollektive Schadensausgleichssysteme.

Die Defizitanalyse des 3. Untersuchungsausschusses hat die Notwendigkeit einer Reform des individuellen Arzneimittelhaftungsrechts erwiesen und Gründe für kompensatorische Fondslösungen vorgetragen. Ein durch Beweismaß- und Beweislastregelungen effizient und effektiv reformiertes individuelles Arzneimittelhaftungsrecht vermag diese Gründe für

---

[67] Rehbinder, Der Beitrag von Versicherung- und Fondslösungen, in: Endres/Rehbinder/Schwarze (Hrsg.), Haftung und Versicherung, S. 120 [143 ff.]

[68] Je nach Ausgestaltung im einzelnen erhält der Geschädigte in jedem Falle Ausgleich auch in Fällen, in denen die individuelle Haftung nicht mehr greift (Langzeitschäden, ungeklärte Kausalität, Insolvenz des Schuldners).

kompensatorische Fondslösungen in Zweifel zu ziehen. Im Blutprodukteskandal hätten Nachweiserleichterungen der vorgeschlagenen Art und eine konsequent gehandhabte ärztliche Dokumentationspflicht[69] den 1995 gesetzlich etablierten Hilfsfonds[70] sehr wahrscheinlich erübrigt. Insofern ist eine Reform des individuellen Arzneimittelhaftungsrechts einer primär sozialrechtlichen Lösung vorzuziehen. Ein kompensatorischer Fonds, der durchaus von einer fiduziarisches Handeln zugunsten öffentlicher Gesundheit in Anspruch nehmenden Arzneimittelindustrie freiwillig vereinbart werden könnte, sollte für Langzeitschäden entwickelt werden.

---

[69] Vgl. Hart, Rechtsgutachten, BT-Drs. 12/8591, S. 510, 570 ff.

[70] Hier standen allein sozialstaatliche Ausgleichsziele zur Diskussion; Gesetz über die humanitäre Hilfe für durch Blutprodukte HIV-infizierte Personen v. 24.7.1995, BGBl I. S. 972 ff.

Neue Entwicklungen in der Haftung für Medizinprodukte aus zahnärztlicher Sicht

Ludger Figgener

Die berufsrechtlichen Rahmenbedingungen für die zahnärztliche Tätigkeit entwickeln sich zur Zeit in eine wenig erfreuliche Richtung. Das ohnehin in den letzten Jahren rapide in seiner Bedeutung gestiegene Berufshaftpflichtrecht droht ebenfalls diesem Trend zu unterliegen. Die Diskussion um zahnärztliche Materialien hält an. Kontroverse Standpunkte zur Bio-(un)verträglichkeit und zum Teil obskure Meinungen zur haftungsrechtlichen Verantwortlichkeit vermengen sich zu einem undurchdringlichen Nebel und tragen Orientierungs- und Ratlosigkeit in die Zahnärzteschaft. Wissenschaftlich gut untersuchte und bewährte Werkstoffe werden als Wurzel allen Übels inkriminiert, während neue Materialien, die noch längst nicht entsprechend erforscht sind, als besonders verträglich und biokompatibel propagiert werden. Die Verunsicherung bei allen Beteiligten hat ein unerträgliches Ausmaß erreicht. Wer hoffte, daß mit Inkrafttreten des neuen Medizinproduktegesetzes eine europaweit einheitliche Regelung geschaffen würde, die für sachlich klare und rechtlich verläßliche Verhältnisse bei der Anwendung zahnärztlicher Werkstoffe sorgt, der sieht sich enttäuscht. Das Gesetz besteht in erheblichen Teilen aus Verordnungsermächtigungen, die erst die eigentliche Regelung erbringen werden bzw. sollen. Ansonsten enthält es über Seiten zum Teil quälende, dem Verständnis alles andere als förderliche Begriffsbestimmungen bzw. Definitionen von Produkten, Zubehör, Personen, Tätigkeiten, etc. Der Rechtswissenschaftler *Deutsch* fragt ironisch, ob der Andrang zum Jurastudium nicht nachließe, wenn man den ersten Semestern diese Kost vorsetzen würde[1].

[1] Deutsch, Das Gesetz über Medizinprodukte von 1994, NJW 1995, 752.

Als Quelle offizieller Anhaltspunkte und Vorgaben dient dem Zahnarzt einstweilen das Bundesinstitut für Arzneimittel und Medizinprodukte, Nachfolgebehörde des ehemaligen Bundesgesundheitsamtes. Diese Behörde ist zuständig für die Erfassung unerwünschter Arzneimittelnebenwirkungen, sowie für Maßnahmen zur Abwehr entsprechender gesundheitlicher Risiken für Mensch und Tier. In diesem Zusammenhang spielt das sogenannte Stufenplanverfahren eine Rolle, das seine rechtliche Grundlage im Arzneimittelgesetz hat. Dieses Stufenplanverfahren unterscheidet zwei Gefahrenstufen. Die Stufe 1 liegt vor, wenn z.B. wegen einer Häufung von Nebenwirkungsmeldungen zu einem Arzneimittel oder aufgrund klinischer oder toxikologischer Untersuchungen Arzneimittelrisiken als möglich erscheinen, die eine neue Abwägung des Nutzen-Risiko-Verhältnisses erforderlich machen.

Die Gefahrenstufe 2 liegt dann vor, wenn der begründete Verdacht auf ein gesundheitliches Risiko besteht, d.h., wenn das Risiko zwar noch nicht sicher auf das Arzneimittel zurückzuführen ist, der Verdacht aber plausibel erscheint.

Entsprechend den Gefahrenstufen werden abgestufte Maßnahmen eingeleitet, wobei diese sich bei Stufe 1 insbesondere auf den Erkenntnisaustausch zwischen dem Bundesinstitut und den betroffenen pharmazeutischen Unternehmen erstrecken. An der Bewertung der gewonnenen Erkenntnisse orientiert sich das weitere Vorgehen.

Ziel der Stufe 2 ist die Verhängung konkreter Maßnahmen zur Beseitigung von Arzneimittelrisiken. Möglich sind Maßnahmen wie z.B. das Ruhen oder der Widerruf der Zulassung, eine Unterstellung unter die Verschreibungspflicht oder eine Änderung der Fach- und Gebrauchsinformation, wie jetzt beim Amalgam. Und da beginnen die Ungereimtheiten: Seit dem 1.1.1995 unterliegt nämlich Amalgam dem Medizinproduktegesetz, das die EG-Richtlinie 93/42/EWG in nationales Recht umsetzt. Die nunmehr vom Bundesinstitut erlassene Änderung der Fach- und Gebrauchsinformation, die eine Anwendung von Amalgam noch weiter als bisher schon einschränkt, kann demnach eigentlich nur für die Amalgame gelten, die vor dem 31.12.1994 zugelassen wurden und die in einer Übergangsfrist bis zum 13.6.1998 weiterhin dem Arzneimittelrecht unterstellt bleiben. Die groteske Konsequenz wäre, daß für alte und neue Amalgame auch unterschiedliche Gebrauchsinformationen bzw. Indikationsbereiche bestünden. Sich darauf zu verlassen, wäre allerdings außerordentlich unvorsichtig, so daß die derzeitig vom Bundesinstitut dekretierte Gebrauchsinformation faktisch als Vorgabe für alle Amalgame wirkt.

Es sind deshalb massive Vorwürfe seitens der Kommission an das Bundesinstitut gerichtet worden, weil die Übergangssituation sozusagen ausgenutzt und trotz fehlender Eilbedürftigkeit im nationalen Alleingang eine einseitige, präjudizielle Entscheidung getroffen worden sei. Das Bundesinstitut kam hier in arge Begründungsnot; die Eilbedürftigkeit wurde schließlich mit parlamentarischen Diskussionen und Druck der Grünen und der SPD begründet. Es wurde gleichwohl kompromißlos angekündigt, daß im Falle erleichterter europäischer Regelungen für Amalgam als Medizinprodukt Deutschland die europäische Regelung nicht übernehmen und im Wege eines Schutzklauselverfahrens die Entscheidungen nach dem Arzneimittelgesetz auf Medizinprodukte übertragen werde.

Aus dem Gesamtzusammenhang wird klar, daß politisches Kalkül und politische Nachgiebigkeit gegenüber Zeitgeist und Trend bei dieser präjudiziellen Entscheidung Pate gestanden haben, die von den auf europäischer Ebene Verantwortlichen nur als Bevormundung empfunden werden konnte und offensichtlich auch wurde.

Was die Begründungen für die weitgehende Anwendungsbeschränkung für Amalgam anlangt, so ist festzustellen, daß diese von wissenschaftlicher Seite nicht mitgetragen werden. Den Umgang mit der Wissenschaftlichkeit beschreibt *Heners* in einem ebenso anschaulichen wie bitteren Editorial der Deutschen Zahnärztlichen Zeitschrift (DZZ), indem er darauf hinweist, daß gesellschaftliche Phobien und Verdächtigungen an die Stelle wissenschaftlicher Argumente getreten sind[2]. Vorbeugender Gesundheitsschutz ohne wissenschaftliche Grundlage ist aber für die Bewertung eines Arzneimittels oder Medizinproduktes untauglich und birgt darüber hinaus die subtile Gefahr, die Zahnheilkunde aus ihrer vom Gesetzgeber im Zahnheilkundegesetz vom 31.3.1952 explizit festgelegten Verpflichtung zur Wissenschaftlichkeit herauszulösen.

Eine solche Situation führt allenthalben zu einer großen Verunsicherung. Andererseits birgt sie aber auch große Versuchungen: Auf den Trend sattelt so mancher auf und versucht, unter Hinweis auf das ständig steigende Haftungsrisiko für zahnärztliche Materialien, mit Begriffen wie „ganzheitliche“ oder „ästhetische Zahnheilkunde“ mit „biologischen“ oder „natürlichen“ alternativen Restaurationsverfahren neue Betätigungsfelder und Einnahmequellen zu etablieren. *„Der Zahnarzt trägt die volle Verantwortung für die Legierungsauswahl“*, hieß kürzlich gar eine Schlagzeile in einer Dentalgazette, die sich offensichtlich als Wegbereiter alternativer Verfahren in der Zahnheilkunde versteht. Es ist grotesk und mutet geradezu masochistisch an, wenn aus eigenen Reihen eine solche ebenso dumme wie gefährliche Devise ausgegeben wird. Bei der ohnehin vorherrschenden

---

[2] Heners, Ausstieg aus der Amalgamtherapie?, DZZ 1995, 339.

Verunsicherung kann es doch das Anliegen der Zahnmedizin nicht sein, solch abwegige Rechtsfolgen herbeizureden.

Statt aber nun in diese von handfesten kommerziellen und anderen Partikularinteressen beeinflußte und dadurch bereits verbogene Diskussion amtlicherseits Ordnung zu bringen und die Schräglage durch wissenschaftlich fundierte und rechtlich verbindliche Richtlinien zu ebnen, wirft das genannte Bundesinstitut weitere Nebelkerzen und gibt in seinem Bescheid Negativparolen aus, was alles der Zahnarzt *nicht* soll. Hilfreich und im Hinblick auf den Grundsatz der Rechtssicherheit und Rechtsklarheit notwendig wären aber allein rechtsverbindliche Richtlinien des Bundesinstituts für Arzneimittel- und Medizinprodukte, die positiv und unzweideutig klarstellen, mit welchen Materialien restaurative Zahnheilkunde im Rahmen der vertragszahnärztlichen Versorgung durchgeführt werden soll. Die Rechtssicherheit ist ein wesentlicher Grundwert unserer Rechtsordnung. Sie soll dem einzelnen durch die Beständigkeit der für ein Verhalten eintretenden Rechtsfolgen eine geordnete Planung seiner Handlungen und Verhaltensweisen ermöglichen[3]. Diesem Grundsatz der Rechtssicherheit werden die Empfehlungen des Bundesinstitutes mitnichten gerecht. In der nunmehr geltenden Anordnung zur Fach- und Gebrauchsinformation für Amalgam liegt vielmehr die für den Zahnarzt perfide Konsequenz, daß er entweder ein Material (Amalgam) verwendet, welches *„aus Gründen des vorbeugenden Gesundheitsschutzes"* als nicht unbedenklich angesehen wird, oder daß er sich mit einer alternativen Versorgungsart (Kunststoff) nicht auf dem Boden des aktuellen wissenschaftlichen Erkenntnisstandes bewegt (und dabei zusätzlich sehr schnell mit dem unseligen Konstrukt der Gewährleistung in Konflikt geraten kann), oder aber daß er eine dem wissenschaftlichen Erkenntnisstand gemäße, aber aufwendige alternative Versorgungsart (Einlagefüllungen) wählt, diese aber beim Kassenpatienten nicht vergütet erhält[4].

Auf eine weitere Gefahr der Fach- und Gebrauchsinformation in der aktuellen Fassung muß hingewiesen werden: Bei Streitigkeiten um die zahnmedizinische Geeignetheit eines Materials stellt die Rechtsprechung jedenfalls bislang immer noch auf den wissenschaftlichen Erkenntnisstand zur Zeit der Behandlung ab, wie es noch im Amalgamurteil des Landgerichts Augsburg vom 8.7.1994 – 9 0 310/93 – vor kurzem deutlich wurde[5]. Wenn aber nun von offizieller Seite der wissenschaftliche Erkenntnisstand

---

[3] Münchener Rechtslexikon in 3 Bänden, Bd. 3

[4] Anm. der Schriftleitung: Der zuletzt angesprochene Fall ist nunmehr in § 28 Abs. 2 Satz 3 SGB V ausdrücklich geregelt.

[5] LG Augsburg, VersR 1994, 1478

ignoriert oder zumindest aber bewertet wird, so ist nicht ausgeschlossen, daß auch ein Gericht zukünftig die Anwendung eines wissenschaftlich zwar anerkannten, amtlicherseits aber in Ungnade gefallenen Materials anders einschätzt. Der Zahnarzt, der sich wissenschaftlich korrekt, zugleich aber haftungsrechtlich vorbeugend verhalten will, sitzt also in einer Zwickmühle. Wie soll er sich dem Patienten gegenüber verhalten, bei dem Kunststoffüllungen im Kaudruck tragenden Bereich kontraindiziert sind, der Gold- oder andere Einlagefüllungen nicht bezahlen kann, der aber gleichwohl Amalgam ablehnt? In dieser Situation, die keineswegs konstruiert ist, sondern den Praxisalltag widerspiegelt, erhält die besagte Fach- und Gebrauchsinformation einen geradezu zynischen Beigeschmack.

In dieser Situation dürfen sich die Zahnärzte nicht in selbstbemitleidender Larmoyanz dem paradoxen Imperativ „wasch mir den Pelz, aber mach mich nicht naß" unterordnen, sondern sie müssen immer, überall und offensiv darauf hinweisen, daß sie *nicht* dafür verantwortlich sind, daß es den Baum mit den verschiedenen körpereigenen Materialien, von dem man nach Bedarf pflücken könnte, nicht gibt. Wenn der liebe Gott bei der Erschaffung des Menschen kein passendes Ersatzteillager mitgeliefert hat, so mag das einen höheren Sinn haben, jedenfalls ist dies nicht dem Zahnarzt anzulasten. Der Schaden entsteht primär in der Risikosphäre des Patienten entweder durch Verletzung, durch Krankheit oder durch Selbstverschulden. Diesen Schaden versucht der Zahnarzt zu kompensieren. Dabei ist er auf Fremdmaterialien angewiesen, bei denen es denknotwendig nie ganz auszuschließen ist, daß ihnen auch unerwünschte Nebenwirkungen anhaften. Würde er für ein solches Risiko verantwortlich gemacht werden können, bestünde die einzige Alternative, diesem Risiko aus dem Wege zu gehen darin, den Patienten gar nicht erst zu behandeln. Spätestens hier wird das Parodoxon offenbar.

Ständig werden Selbstbestimmungsrecht des Patienten und Aufklärungspflicht des Zahnarztes beschworen und angemahnt. Selbstbestimmungsrecht heißt aber immer auch Selbstverantwortung! Der Patient muß über die möglichen Materialien aufgeklärt werden – er muß sich dann gemeinsam mit dem Zahnarzt entscheiden und trägt für diese Entscheidung auch Verantwortung! Anders kann es gar nicht sein. Das Selbstbestimmungsrecht beim Patienten anzusiedeln, die Verantwortung für die Entscheidung aber allein dem Zahnarzt zu übertragen, wäre ebenso zynisch wie rechtlich unhaltbar. Selbstverständlich ist es unsere Pflicht, den Patienten bei der Materialwahl entsprechend dem aktuellen wissenschaftlichen Erkenntnisstand kompetent zu beraten. Das kann und muß vom Zahnarzt verlangt werden. Nicht weniger, aber auch nicht mehr! Unser Behandlungsvertrag ist Dienstvertrag, so hat es unser höchstes Zivilgericht entschieden. Damit sind wir nicht auf den Erfolg verpflichtet und auch nicht darauf, daß alle von uns verwendeten Materialien bis in alle Ewigkeit über jeden Zweifel erhaben sein werden[6]. Verpflichtet sind wir zur Sorgfalt. Die Sorgfalt bei der Beratung des Patienten über die zu verwendenden Materialien kann als Maßstab aber nur den jeweils aktuellen Stand wissenschaftlicher Erkenntnis haben; nicht hingegen, was die Regenbogenpresse propagiert, nicht, was dem Patienten auf der Suche nach den Ursachen seiner Befindlichkeitsstörungen oder Unpäßlichkeiten gerade gefällt und auch nicht, was einige selbsternannte „Spezialisten“ propagieren.

Sowohl dem Patienten wie auch dem Zahnarzt müssen Wege eröffnet werden, auf denen weder Eigenverantwortung, vorbeugender Gesundheitsschutz und Wissenschaftlichkeit, noch Wirtschaftlichkeit und Bezahlbarkeit in Widerstreit geraten. Ebenso wie jeder für sich entscheiden muß, wie er es mit einer guten Lebensführung hält, ob er raucht oder nicht, ob er Übergewicht hat oder nicht usw., so muß sich auch jeder Patient fragen, welche Bedeutung für ihn die Vermeidung gewisser Restaurationsmaterialien hat, einen wie hohen Stellenwert die Frage nach den potentiellen und nicht mit letzter Sicherheit ausschließbaren negativen Eigenschaften beispielsweise des Amalgams für ihn einnimmt. Hat sie für ihn eine zentrale Bedeutung und rangiert sie gleich hoch oder gar höher als etwa eine Urlaubsreise, Auto, Genußgifte oder Luxusartikel, so muß der einzelne sein Investitionsverhalten danach einrichten und für die die Grundversorgung übersteigenden Kosten einer höherwertigen Versorgung einstehen. Neben der Tatsache, daß dies die einzige realistische und praktikable Lösung ist, wäre sie darüber hinaus auch der Förderung von Gesundheitsbewußtsein und Eigenverantwortlichkeit zuträglich, die in zum Teil erschreckendem Maße unterentwickelt sind. Daß eine solche Handhabung des Problems auch vom weit überwiegenden Teil unserer Bevölkerung bevorzugt würde, wenn sie die freie Wahl hätte, geht aus einer aktuellen Umfrage des Allensbach-Instituts hervor, welche kürzlich für die Zahnärztekammer Westfalen-Lippe durchgeführt wurde. Danach legen 70 % der Bürger Wert darauf, bei der Auswahl des Materials mitentscheiden zu können und nicht von den Krankenkassen beispielsweise die Füllungstherapie vorgeschrieben zu bekommen. Entsprechend zeigten sie sich auch bereit, einen Teil der Kosten zu übernehmen. Das immer noch bestehende Verbot der Zuzahlung und der Kostenerstattung in der Gesetzlichen Krankenversicherung wirkt sich für eine solche sinnvolle Regelung natürlich geradezu kontraproduktiv aus[7].

---

[6] Figgener, Kann es in der Zahnheilkunde Garantien geben?, DZZ 1995, 105

[7] Anm. der Schriftleitung: siehe FN 4.

Regelungen, die die aufgezeigten Probleme und die Interessen aller Beteiligten berücksichtigen, wären unter Einbeziehung der Eigenverantwortung des Patienten möglich. Wenn Bismarck recht hatte und Politik die Kunst des Möglichen ist, dann ist sie hier gefordert. Für die Annehmlichkeiten und Errungenschaften unseres Staatswesens zeichnen die Politiker gerne verantwortlich. Dem Bürger die unbequemen und aus populistischem Blickwinkel wenig attraktiven Fakten und Notwendigkeiten seiner Mitverantwortung ehrlich, ungeschönt und ohne argumentativen Eiertanz klarzumachen, ist dann aber auch Aufgabe der Politiker. Der Zahnarzt kann und will seinen Patienten fachlich beraten und ihn dem wissenschaftlichen Kenntnisstand entsprechend behandeln, aber keinen gesundheitspolitischen Disput mit ihm austragen und auch keine Verantwortung für von ihm nicht zu beeinflussende Risiken übernehmen. Ihm das unterzuschieben, wäre absurd und spräche jeglichem Gerechtigkeitsempfinden hohn.

Es entspräche der Aufgabe und Verantwortung des Bundesinstitutes und der ihm vorgeordneten Politiker, auf der Grundlage des wissenschaftlichen Erkenntnisstandes für positive, verläßliche Regelungen Sorge zu tragen und den Spekulationen und der Rechtsunsicherheit ein Ende zu bereiten. Videant consules!

Für den einzelnen Zahnarzt ergibt sich aus der gegenwärtigen Situation die Notwendigkeit, noch sorgfältiger und penibler als bisher schon den Patienten über die verschiedenen in Betracht kommenden Materialien mit ihren Vor- und Nachteilen aufzuklären, und vor allem auch die Aufklärung und die daraufhin mit dem Patienten gemeinsam erfolgte Materialwahl zu dokumentieren.

Auf der rechtlich (hoffentlich) sicheren Seite bewegt sich der Zahnarzt wohl auch, wenn er von dem in den Gebrauchsinformationen vorgegebenen Indikationskatalog, ungeachtet einer wissenschaftlich vielleicht ganz anderen Einschätzung, selbst dann nicht abweicht, wenn er vom Patienten die Einwilligung dazu hätte (z.B. Wunschbehandlung mit Amalgam in einem nach der Gebrauchsinformation nicht indizierten Fall).

Dabei kann er natürlich sehr schnell mit der Situation konfrontiert sein, daß der Patient Einlagefüllungen nicht bezahlen kann oder will, Kunststoff aber nicht lege artis wäre. Dann bleiben ihm als Alternativen nur noch die lediglich provisorische Versorgung oder die Ablehnung der Behandlung überhaupt (falls es sich nicht um eine Notfallbehandlung handelt, deren Ablehnung möglicherweise den Vorwurf unterlassener Hilfeleistung nach sich zöge).

Abschließend sei noch folgende Bemerkung erlaubt: Es entbehrt nicht einer gewissen Pikanterie, daß angesichts zahlreicher wissenschaftlicher

Bedenken gegenüber Kunststoff[8] (die DGZMK hält nach offizieller Verlautbarung Kunststoff für nicht weniger „giftig" als Amalgam) gleichwohl bisher kein Stufenplanverfahren in Gang gesetzt worden ist. Dieser Widerspruch harrt noch seiner Aufklärung. Man darf also gespannt sein auf den nächsten argumentativen Spagat.

[8] Staehle, Gesundheitsrisiken durch zahnärztliche Materialien? Deutsches Ärzteblatt 1994, 348

Der „begründete Verdacht“ in § 5 AMG und § 4 MPG

Thomas Ratajczak

I. Einführung

1. Arzneimittel dürfen nach § 5 Abs. 1 AMG[1] nur in Verkehr gebracht werden, wenn sie unbedenklich sind. Bedenklich sind nach der in § 5 Abs. 2 AMG enthaltenen gesetzlichen Definition Arzneimittel, bei denen nach dem jeweiligen Stand der wissenschaftlichen Erkenntnisse der *begründete Verdacht* besteht, daß sie bei bestimmungsgemäßem Gebrauch *schädliche Wirkungen* haben, die über ein nach den Erkenntnissen der medizinischen Wissenschaft vertretbares Maß hinausgehen.

2. Gleichsinnig bestimmt § 4 Abs. 1 Nr. 1 MPG[2] für Medizinprodukte, daß diese nicht in den Verkehr gebracht werden, errichtet, in Betrieb genommen, betrieben oder angewendet werden dürfen, wenn der *begründete Verdacht* besteht, daß sie die Sicherheit und die Gesundheit der Patienten, der Anwender oder Dritter bei sachgemäßer Anwendung, Instandhaltung und ihrer Zweckbestimmung entsprechender Verwendung über ein nach den Erkenntnissen der medizinischen Wissenschaft vertretbares Maß hinausgehend *gefährden.*

3. An die Bedenklichkeit von Arzneimitteln und Medizinprodukten knüpft der Gesetzgeber entscheidende Sanktionen.

---

[1] Gesetz über den Verkehr mit Arzneimitteln i.d.F. der Bekanntmachung vom 19.10.1994, BGBl. I S. 3018

[2] Gesetz über Medizinprodukte – Medizinproduktegesetz vom 2.8.1994, BGBl. I S. 1963

3.1 Arzneimittel, die nach § 21 Abs. 1 AMG einer Zulassung bedürfen[3], dürfen nicht zugelassen werden, wenn und solange der begründete Verdacht besteht, daß sie bei bestimmungsgemäßem Gebrauch *schädliche Wirkungen* haben, die über ein nach den Erkenntnissen der medizinischen Wissenschaft vertretbares Maß hinausgehen[4]. Homöopathische Arzneimittel, die im Regelfall keiner Zulassung, sondern nur einer Registrierung bedürfen[5], ist in diesem Fall die Registrierung zu versagen[6].

3.2 Werden solche Erkenntnisse nachträglich bekannt, ist die Zulassung zurückzunehmen oder zu widerrufen[7]. In diesen Fällen ist die Entscheidung kraft Gesetzes sofort vollziehbar. Widerspruch und Anfechtungsklage haben keine aufschiebende Wirkung[8].

3.3 Ein begründeter Verdacht kann auch Anlaß zu nachträglichen Auflagen nach § 28 AMG sein.

3.4 Bedenkliche Arzneimittel dürfen grundsätzlich weder in Verkehr gebracht noch vom Arzt für diese Indikation verordnet werden. Auch ein Apotheker darf sie nicht abgeben[9].

4. Das am 1.1.1995 in Kraft getretene Medizinproduktegesetz[10] kennt anstelle der Zulassung oder Registrierung die CE-Kennzeichnung[11]. Medizinprodukte dürfen nur in den Verkehr gebracht und in Betrieb genommen werden, wenn sie mit der CE-Kennzeichnung versehen sind. Von dieser Verpflichtung ausgenommen sind

---

3 Also alle Fertigarzneimittel (s. § 4 Abs. 1 AMG und dazu eingehend *BVerwG*, NJW 1985, 1410), die Arzneimittel i.S. des § 2 Abs. 1 oder Abs. 2 Nr. 1 AMG sind oder unter die Vorschrift des § 21 Abs. 1 Satz 2 AMG fallen, ohne nach § 21 Abs. 2 AMG von der Zulassungspflicht befreit zu sein. Homöopathische Arzneimittel unterliegen nach § 38 Abs. 1 AMG nur einer Registrierungspflicht.

4 § 25 Abs. 2 Nr. 5 AMG

5 § 38 Abs. 1 AMG

6 § 39 Abs. 2 Nr. 4 AMG

7 § 30 Abs. 1 Satz 1 AMG

8 § 30 Abs. 3 Sätze 2 und 3 AMG

9 Vgl. Deutsch, Arztrecht und Arzneimittelrecht, 2.A., 1991, S. 346

10 Eine ausführliche Einführung hierzu gibt Schlund, Einzelaspekte zum neuen Medizinproduktegesetz im Überblick, ArztR 1995, 235 ff.

11 § 8 Abs. 1 Satz 1 MPG

- Sonderanfertigungen
- Medizinprodukte gemäß § 11 Abs. 1 MPG sowie
- Medizinprodukte, die zur klinischen Prüfung bestimmt sind.

4.1 Das Medizinproduktegesetz enthält zu einem großem Teil Ermächtigungen zum Erlaß von Rechtsverordnungen[12], die erst noch erlassen werden müssen.

4.2 Konkret ist das Gesetz aber immerhin in einigen den unmittelbaren Schutz des im Gesetz angesprochenen Adressatenkreises betreffenden Aspekten. Nach § 28 Abs. 1 Satz 1 MPG sind Maßnahmen zum Schutz der Gesundheit oder Sicherheit der Patienten, Betreiber, Anwender oder Dritter zu treffen, wenn ein nach den Erkenntnissen der medizinischen Wissenschaft und der Sicherheitstechnik unvertretbares Maß der Gefährdung bestehen kann. Für den Maßnahmenkatalog wird auf § 26 Abs. 4 MPG verwiesen.

Die in § 26 Abs. 4 MPG genannten Maßnahmen können bis zur Schließung eines Betriebes gehen[13]. Das MPG enthält auch ausdrücklich die Möglichkeit, vorläufige Maßnahmen zu treffen[14].

4.3 Besteht unter Berücksichtigung der nach § 5 Abs. 1 MPG als Rechtsverordnung zu erlassenden grundlegenden Anforderungen (lediglich) der begründete Verdacht einer Gefährdung, kann eine Sicherheitsprüfung verlangt werden[15]. Weitergehende Maßnahmen sind im MPG im Gegensatz zur gleichen Interessenlage im AMG nicht vorgesehen[16]. Denkbar ist aber, daß weitergehende Maßnahmen nach Maßgabe des allgemeinen Polizeirechts im Einzelfall in Betracht kommen[17].

---

[12] Kritisch dazu Deutsch, Das Gesetz über Medizinprodukte von 1994, NJW 1995, 752, insbesondere S. 753: *„Man fragt sich, ob der Andrang zum Jurastudium nicht nachlassen würde, wenn man den ersten Semestern diese Kost vorsetzen würde."*

[13] Nöthlichs, Sicherheitsvorschriften für Medizinprodukte, Stand Juni 1995, § 26 MPG, Anm. 5.2

[14] § 26 Abs. 4 Satz 2 MPG

[15] § 28 Abs. 1 Satz 2 MPG

[16] Der Wortlaut des § 28 Abs. 1 Satz 2 MPG muß m.E. in Zusammenhang mit § 4 MPG gelesen werden. Nachdem die Sanktionsmöglichkeiten, die § 28 Abs. 1 Satz 1 MPG i.V.m. § 26 Abs. 4 MPG zuläßt, deutlich über die Sanktion der Sicherheitsprüfung hinausgeht, muß m.E. § 28 Abs. 1 Satz 1 MPG dahingehend interpretiert werden, daß der „begründete Verdacht" noch nicht ausreicht, um Maßnahmen nach § 26 Abs. 4 MPG ergreifen zu können. Offenbar a.A. Nöthlichs, a.a.0., § 28 MPG, Anm. 1

[17] Vgl. dazu Hauke/Kremer, Der bestimmungsgemäße Gebrauch eines Arzneimittels, PharmaR 1992, 162 [166 f.]

Die Rechtsverordnung nach § 5 Abs. 1 MPG ist vom Bundesministerium für Gesundheit noch nicht erlassen worden. Die grundlegenden Anforderungen sind jedoch sehr ausführlich bereits im Anhang I zu der maßgeblichen EG-Richtlinie 93/42/EWG über Medizinprodukte vom 14.6.1993[18] enthalten. Dem nationalen Gesetz- und Verordnungsgeber verbleibt insoweit kaum noch Gestaltungsspielraum.

4.4 Im Gegensatz zu § 30 Abs. 3 AMG haben im MPG Widerspruch und Klage aufschiebende Wirkung, wenn Maßnahmen wegen begründeten Verdachts der *Gefährlichkeit* eines Medizinprodukts getroffen werden. Die zuständige Behörde kann allerdings nach § 80 Abs. 2 Nr. 4 VwGO den Sofortvollzug anordnen[19].

5. Das MPG enthält weitgehend dieselben Anforderungen an Maßnahmen der Behörden wie das AMG, wenn der begründete Verdacht eines bedenklichen Arzneimittels bzw. eines gefährlichen Produktes vorliegt, läßt aber die Eingriffsintensität der Maßnahmen nicht in allen Punkten parallel den Möglichkeiten des AMG folgen. Dies ist erstaunlich, unterliegen doch dem MPG eine große Anzahl von bisher dem AMG unterfallenden (fiktiven) Arzneimitteln[20].

Differenzen zwischen beiden Gesetzen bestehen insoweit, als das AMG nach seinem Wortlaut an die Schädlichkeit von Arzneimitteln, das MPG, an die Gefährlichkeit von Medizinprodukten anknüpft. Inhaltlich bedeutet dies jedoch keinen relevanten Unterschied.

6. Der Bundesrat hat im Rahmen der 5. Novellierung des AMG vorgeschlagen, daß die Arzneimittelhaftung bereits dann eintreten soll, wenn nur der „begründete Verdacht" besteht, daß beim Gebrauch eines Arzneimittels ein Schaden eingetreten ist[21]. Dieser Vorschlag wurde nicht Gesetz, ist aber nach wie vor aktuell und könnte im derzeit anlaufenden 6. Novellierungsverfahren erneut eine Rolle spielen. Der Bundesratsvorschlag bedeutete die Einführung der Haftung für vermutete, eigentlich für eine nur theo-

---

[18] Abl. EG Nr. L 169 S. 1, abgedruckt bei Nöthlichs, a.a.O., Kz. 9412

[19] Nöthlichs, a.a.O., § 26 MPG, Anm. 7.5

[20] Beispiel: Zahnfüllungswerkstoffe waren nach der Rechtsprechung des BVerwG (BVerwGE 71, 318) Arzneimittel i.S. des § 2 Abs. 1 Nr. 5 AMG [a.F.], sind nunmehr aber Medizinprodukte i.S. des § 3 Abs. 1 MPG (vgl. Nöthlichs, a.a.O., § 1 MPG, Anm. 2.1). Das OVG Berlin bezeichnete Zahnfüllungswerkstoffe, die erst nach dem Einbringen in den Zahn aushärten, als Arzneimittel i.S. des § 2 Abs. 2 Nr. 2 AMG (OVG Berlin, Beschluß vom 21.6.1984 – 7 B 15.83 -, nicht veröffentlicht).

[21] BT-Drs. 12/6480, Anlage 2, S. 32

retisch denkbare Kausalität. Nachdem für die Annahme des begründeten Verdachts – wie zu zeigen sein wird – nur geringe Wahrscheinlichkeiten genügen, wäre dies der Sache nach eine Haftung für die Teilnahme am Marktgeschehen. Das ist abzulehnen[22].

II. Anforderungen an die Bedenklichkeit von Arzneimitteln und Medizinprodukten

1. § 5 Abs. 2 AMG definiert als bedenklich ein Arzneimittel, bei dem

(1) nach dem jeweiligen Stand der wissenschaftlichen Erkenntnisse der
(2) begründete
(3) Verdacht besteht, daß es bei
(4) bestimmungsgemäßem Gebrauch
(5) schädliche Wirkungen hat, die über ein nach den
(6) Erkenntnissen der Wissenschaft
(7) vertretbares Maß
(8) hinausgehen.

2. § 4 Abs. 1 Nr. 1 MPG definiert als gefährlich ein Medizinprodukt, wenn der

(1) begründete
(2) Verdacht besteht, daß es die
(3) Sicherheit und die Gesundheit der Patienten, Anwender oder Dritter
(4) bei sachgemäßer Anwendung, Instandhaltung und ihrer Zweckbestimmung entsprechender Verwendung
(5) über ein nach den Erkenntnissen der medizinischen Wissenschaften

[22] Dagegen auch Pfeiffer, Fünftes Gesetz zur Änderung des Arzneimittelgesetzes, VersR 1994, 1377 [1378]; Reinelt, Zur Haftung des Arzneimittelherstellers für die Übertragung von Viren durch Blutprodukte, ZRP 1994, 333 [334]; vgl. auch Kullmann, Die Rechtsprechung des BGH zum Produkthaftpflichtrecht in den Jahren 1992 – 1994, NJW 1994, 1698 [1703] zur damit der Sache nach aufgeworfenen Frage nach der Einführung einer market-share-liability.

(6) vertretbares Maß
(7) hinausgehend
(8) gefährdet.

3. Beide Normen sind Verbotsnormen und stellen Schutzgesetze i.S. des § 823 Abs. 2 BGB dar[23]. Ihre Verletzung ist strafbewehrt[24]. Öffentlich-rechtlich definieren sie die grundlegenden Voraussetzungen für Maßnahmen der Eingriffsverwaltung.

4. Aus der Systematik beider Normen ergibt sich m.E. eine logische Abfolge der für die Feststellung der Bedenklichkeit durchzuführenden Schritte, an deren Anfang der vage Verdacht schädlicher Wirkungen bzw. einer Gefährdung steht und an deren Ende als letzter Schritt zu prüfen ist, ob der Verdacht begründet ist[25].

5. Zunächst ist festzustellen, ob *schädliche Wirkungen* oder eine *Gefährdung* von Sicherheit oder Gesundheit eingetreten sind, die – wenn auch nur vage – in Zusammenhang mit der Applikation eines Arzneimittels oder der Anwendung eines Medizinproduktes stehen könnten.

5.1 Das Bundesgesundheitsamt, der Vorgänger des jetzigen Bundesinstituts für Arzneimittel und Medizinprodukte, hat gestützt auf § 63 AMG eine Allgemeine Verwaltungsvorschrift zur Beobachtung, Sammlung und Auswertung von Arzneimittelrisiken[26] erlassen.

---

[23] BGH, NJW 1991, 2351; OLG Stuttgart, VersR 1990, 631 [633]; LG Traunstein, MedR 1995, 241 [242]; Kullmann, Arzneimittelhaftung bei Blutpräparaten, PharmaR 1993, 162 [168]; Sieger, Probleme der Risiko-Nutzen-Abwägung des § 84 AMG, VersR 1989, 1014; so auch schon BGH, VersR 1969, 155 [159] zu § 6 AMG 1961

[24] Vgl. § 95 Abs. 1 Nr. 1 AMG, § 43 Abs. 1 Nr. 1 MPG

[25] Das in der Verwaltungsvorschrift nach § 63 AMG in Ziffer 6 festgelegte Vorgehen in Gefahrenstufen folgt offenbar dem gleichen Konzept, das nachstehend dargestellt wird. Die Verwaltungsvorschrift ist abgedruckt bei Kloesel/Cyran, Arzneimittelrecht, Stand Januar 1995, A 2.14, s. auch Text zu Fußnote 27.

[26] Vom 10.5.1990, BAnz. S. 2570, abgedruckt bei Kloesel/Cyran, a.a.O., A 2.14, Ziffer 3

5.1.1 Als *Arzneimittelrisiken* sind danach insbesondere anzusehen[27]:

(1) Nebenwirkungen,
(2) Wechselwirkungen mit anderen Mitteln,
(3) Gegenanzeigen,
(4) Resistenzbildung,
(5) Mißbrauch, Fehlgebrauch,
(6) Gewöhnung, Abhängigkeit,
(7) Mängel der Qualität; bei Gegenständen, die als Arzneimittel gelten, auch Mängel technischer Art[28],
(8) Mängel der Behältnisse und äußeren Umhüllungen,
(9) Mängel der Kennzeichnung und Packungsbeilage,
(10) Arzneimittelfälschungen,
(11) nicht ausreichende Wartezeit.

5.1.2 Zum MPG gibt es derartiges noch nicht. Allerdings enthalten die im Anhang I der Richtlinie 93/42/EWG niedergelegten grundlegenden Anforderungen eine umfassende Beschreibung der erforderlichen Risikovorsorge, auf die ggf. zurückgegriffen werden kann[29].

5.2 Als *Nebenwirkungen* werden in § 4 Abs. 13 AMG die beim bestimmungsgemäßem Gebrauch eines Arzneimittels auftretenden unerwünschten Begleiterscheinungen definiert. § 3 Nr. 10 MPG definiert Nebenwirkungen für Medizinprodukte entsprechend als die bei einer bestimmungsgemäßen Verwendung des Medizinproduktes auftretenden unerwünschten Begleiterscheinungen. Unerwünschte Begleiterscheinung ist jeder schädliche oder unbeabsichtigte Effekt, der durch die bestimmungsgemäße Anwendung des Arzneimittels ausgelöst wird. Sie muß aber von einem gewissen Gewicht i.S. einer Störung der Gesundheit sein[30].

---

[27] Aufgegriffen wird dieser Versuch einer Definition in den Empfehlungen für einen Maßnahmenplan bei Beanstandungen (pharmazeutischer und medizinischer Art) von Arzneimitteln des Bundesverbandes der Pharmazeutischen Industrie, abgedruckt bei Kloesel/ Cyran, a.a.0., A 2.17.

[28] Diese Bestimmung ist jetzt überholt, weil diese Produkte alle unter das Medizinproduktegesetz fallen.

[29] Abl. EG Nr. L 169 S. 1, abgedruckt bei Nöthlichs, a.a.0., Kz. 9412

[30] Vgl. z.B. OVG Berlin, VersR 1989, 70; OVG Berlin, PharmaR 1989, 160; VG Berlin, PharmaR 1992, 246; kritisch dazu Kloesel/Cyran, a.a.0., § 25 AMG, Anm. 55a; Hart, Die Unbedenklichkeit von Arzneimitteln – zu zwei Beschlüssen des OVG Berlin, MedR 1989, 15 [18 ff.]

Nebenwirkungen lassen sich praktisch bei keinem wirksamen Arzneimittel ausschließen[31]. Auch unwirksame Arzneimittel können Nebenwirkungen haben, nämlich weil sie unwirksam sind und möglicherweise deshalb den Einsatz wirksamer Arzneimittel verhindern und dadurch einen Schaden verursachen.

5.3 Auch applikationsspezifische Risiken, die zwangsläufig, d.h. auch ohne Fehlgebrauch mit der vom pharmazeutischen Hersteller bestimmten Anwendungsart verbunden sind, gehören nach Ansicht des OVG Berlin zu den schädlichen Wirkungen i.S.d. § 25 Abs. 2 Nr. 5 AMG[32].

5.4 Ob die festgestellten Nebenwirkungen, Wechselwirkungen etc. akzeptabel sind, ist bei der Vertretbarkeitsprüfung zu entscheiden.

6. Die unerwünschten Wirkungen müssen irgendwie in Zusammenhang mit Arzneimitteln oder Medizinprodukten zu bringen sein. Kein Zusammenhang besteht zweifellos, wenn etwa ein Patient seine Gesundheitsschäden auf ein Kopfschmerzmittel zurückführt, das er selbst nie eingenommen hat, oder ein Medizinprodukt, das es zum Zeitpunkt des angeblichen Schadensereignisses noch gar nicht gegeben hat. Abgesehen von solchen Extremfällen ist auf dieser Ebene aber ein Ende der Verdachtsprüfung kaum noch denkbar. Nachdem beide Gesetze vor unmittelbaren wie mittelbaren schädlichen Wirkungen[33] bzw. Gefährdungen schützen, reicht es aus, daß insoweit ein auch noch so vager *Verdacht eines Kausalzusammenhangs* besteht. Ob der Verdacht begründet ist, ist der abschliessenden Prüfung vorbehalten.

7. Besteht der Verdacht der Verursachung unerwünschter Begleiterscheinungen, ist zu prüfen, ob die schädlichen Wirkungen beim *bestimmungsgemäßen Gebrauch* bzw. *sachgemäßer Anwendung* etc. aufgetreten sind. Der bestimmungsgemäße Gebrauch wird vom pharmazeutischen Unternehmer festgelegt. Er ist gehalten, Angaben über das Arzneimittel hinsichtlich des Anwendungsgebietes[34], der Dosis[35], der Gegenanzeigen[36], der

---

[31] Kloesel/Cyran, a.a.0., § 5 AMG, Anm. 7

[32] Vgl. OVG Berlin, Beschluß vom 16.5.1990 – 5 S 124.89 -, nicht veröffentlicht.

[33] Vgl. OLG Koblenz, PharmaR 1981, 247; Pfeiffer, a.a.0., VersR 1994, 1377 [1378]; Stebner, Vorlage von Verträglichkeitsstudien für „Altarzneimittel“ bei der „Nachzulassung“ am Beispiel homöopathischer Arzneimittel, PharmaR 1994, 34 [40]; Kloesel/ Cyran, a.a.0., § 4 AMG, Anm. 9; Nöthlichs, a.a.0., § 4 MPG, Anm. 3.1

[34] § 11 Abs. 1 Nr. 6 AMG, § 11a Abs. 1 Satz 2 Nr. 4 AMG

[35] § 11 Abs. 1 Nr. 11 und 12 AMG, § 11a Abs. 1 Satz 2 Nr. 10 AMG

Nebenwirkungen[37] sowie der Wechselwirkungen mit anderen Mitteln[38] zu machen. Bei Medizinprodukten legt der Hersteller die Zweckbestimmung fest[39].

Inwieweit der pharmazeutische Unternehmer und Hersteller auch vor den Gefahren eines bestimmungswidrigen Gebrauchs warnen muß, soll hier nicht vertieft werden. Die Rechtsprechung des Bundesgerichtshofs steht bislang auf dem Standpunkt, daß davor grundsätzlich nicht gewarnt werden muß. Anders soll es jedoch bei Arzneimitteln sein, die dazu bestimmt sind, in dramatischen Situationen, z.B. Asthmaanfällen, von dem Patienten selbst angewendet zu werden[40].

8. Als weiterer Schritt ist zu prüfen, ob die schädlichen Wirkungen über ein nach den Erkenntnissen der medizinischen Wissenschaft *vertretbares Maß* hinausgehen. Es handelt sich dabei um einen unbestimmten Rechtsbegriff[41].

Die Vertretbarkeitsprüfung ist in der Praxis schwierig. Ob schädliche Wirkungen vertretbar sind, ist eine Frage der Risiko-Nutzen-Abwägung[42]. Schädliche Wirkungen müssen dann in Kauf genommen werden, wenn der therapeutische Wert des Arzneimittels bzw. des Medizinproduktes überwiegt. Die Beurteilung, welche Risiken hinnehmbar sind, unterliegt starken gesellschaftlichen Einflüssen[43]. Die im Rahmen dieser Prüfung erforderlichen Schritte sind im Rahmen dieser Arbeit nicht darzustellen[44].

---

[36] § 11 Abs. 1 Nr. 7 AMG, § 11a Abs. 1 Satz 2 Nr. 5 AMG

[37] § 11 Abs. 1 Nr. 13 AMG, § 11a Abs. 1 Satz 2 Nr. 6 AMG

[38] § 11 Abs. 1 Nr. 9 AMG, § 11a Abs. 1 Satz 2 Nr. 7 AMG

[39] Vgl. dazu § 3 Nrn. 9 und 15 MPG

[40] BGH, NJW 1989, 1542 [1543]; s. dazu eingehend Samson/Wolz, Bedenklichkeit von Arzneimitteln und Gebrauchsinformationen, MedR 1988, 71 [72]; Hager, a.a.O., VersR 1987, 1053 [1055]; Hauke/Kremer, a.a.O., PharmaR 1992, 162

[41] Vgl. Hart, a.a.O., MedR 1989, 15 [19]

[42] Allg. M., vgl. BGH, NJW 1991, 2351 [2352]; LG Kleve, NJW 1991, 761 [762]; Sieger, a.a.O., VersR 1989, 1014; Samson/ Wolz, a.a.O., MedR 1988, 71 [72]; Hart, a.a.O., MedR 1989, 15 [18]; Flatten, Die Haftung nach dem Arzneimittelgesetz, MedR 1993, 463 [465]; Hager, a.a.O., VersR 1987, 1053 [1055]; Hauke/Kremer, a.a.O., PharmaR 1992, 162 [166]; Kloesel/Cyran, a.a.O., § 5 AMG, Anm. 7, § 25 AMG, Anm. 54; Nöthlichs, a.a.O., § 4 MPG, Anm. 3.1; so auch schon LG Aachen, JZ 1971, 507

[43] Es ist, wenn man etwa die nachstehend dargestellte Diskussion um die sog. Mikropille bedenkt, schon erstaunlich, daß im Bereich der Arzneimittelsicherheit Risiken nicht akzeptiert werden, die z.T. um mehrere 10er-Potenzen niedriger liegen, als z.B. die mit dem Autofahren (aktiv wie passiv) verbundenen allgemeinen Lebensrisiken schwerer und schwerster Verletzungen, bis hin zum Tod.

[44] Vgl. dazu etwa Samson/Wolz, a.a.O., MedR 1988, 71 f.

Anzumerken ist, daß der in Contergan® enthaltene Wirkstoff Thalidomid als Arzneimittel auf dem Markt ist, obwohl die teratogenen Wirkungen unverändert sind. Thalidomid hat sich als ein potentes Lepramittel erwiesen. Bei dieser Indikation überwiegen die therapeutischen Wirkungen, die für diese Patientengruppe mit der teratogenen Wirkung verbundenen, aber bei diesen Patienten praktisch wohl kaum relevant werdenden Nebenwirkungen deutlich.

9. Wenn die Nutzen-Risiko-Abwägung negativ ausfällt, ist als letzter – und nicht wie es das OVG Berlin[45] in einem Beschluß anspricht, als erster – und entscheidender Schritt zu prüfen, ob der *Verdacht nach dem jeweiligen Stand der wissenschaftlichen Erkenntnisse begründet* ist.

9.1 Der unbestimmte Rechtsbegriff des begründeten Verdachts dient der Gefahrenabwehr und Vorsorge. Ist er erfüllt, dann ist bei der Risiko-Nutzen-Abwägung von einer *Kausalitätsfiktion* auszugehen. Es wird unterstellt, daß das Arzneimittel kausal für die eintretenden bzw. eingetretenen Gesundheitsschäden ist[46].

9.2 Diese Kausalitätsfiktion hat bislang Bedeutung nur für die eingangs dargestellten öffentlich-rechtlichen Eingriffsbefugnisse. Für die Haftung gilt diese Kausalitätsfiktion nicht. Insoweit haben § 5 AMG und § 4 MPG nur die Funktion einer Verbotsnorm. Sowohl die Haftung nach § 84 Nr. 1 AMG wie nach § 823 Abs. 1 und 2 BGB erfordert den vollen Kausalitätsnachweis[47]. Ein Geschädigter kann daher aus dem Schutzgesetzcharakter der §§ 5 AMG, 4 MPG keine Vorteile gegenüber dem Anspruch aus § 84 AMG bzw. § 823 Abs. 1 BGB ziehen[48].

9.3 Unter Berücksichtigung der Funktion des Merkmals „begründeter Verdacht“ kann man analytisch zwischen „theoretischer“ und „praktischer“ Begründetheit des Verdachts unterscheiden[49].

9.3.1 Im Rahmen der Zulassungsprüfung bzw. der für die Erteilung des CE-Kennzeichens durchzuführenden Prüfung wird man im Regelfall eher mit theoretischer Begründung operieren müssen, weil die in die klinische

---

45 OVG Berlin, VersR 1989, 70

46 Hart, a.a.O., MedR 1989, 15 [18]

47 Vgl. BGH, NJW 1991, 2351; OLG Stuttgart, VersR 1990, 631

48 So auch Kullmann, a.a.O., PharmaR 1993, 162 [168]

49 S. Hart, a.a.O., MedR 1989, 15 [18]

Prüfung einbezogenen Probandenzahlen in der Regel viel kleiner sind, als die als unvertretbar angesehenen Risiken. Wenn während der klinischen Prüfung unvertretbare Risiken auftreten, kommt der Wirkstoff als Arzneimittel entweder gar nicht auf den Markt, oder jedenfalls nicht für ein Indikationsgebiet, für das die Vertretbarkeitsprüfung negativ ausfällt.

9.3.2 Bei der Nachkontrolle wird man sich eher um die praktische Begründung von Bedenken kümmern. Eine strikte Trennung ist jedoch nicht möglich. Es ist ohne weiteres vorstellbar, daß neu gewonnene theoretische Erkenntnisse nachträglich einen begründeten Verdacht ergeben können[50].

9.4 Die Problematik soll anhand des aktuellen Beispiels der Mikropille (Pille der 3. Generation) erläutert werden, wo es – ungeachtet mancher Meldungen in der Presse, die von 27 Todesfällen und 900 Notfällen berichtete[51] - um die vermutete Erhöhung des Thromboserisikos geht.

9.4.1 Nach einer Meldung in FOCUS[52] sollen eine Komplikation durch eine Thrombose erleiden:

- ohne Pille: 3 von 100.000 Frauen (Risikofaktor: 0,00003),
- Raucherinnen: 15 von 100.000 Frauen (Risikofaktor: 0,00015),
- Pille 1. und 2. Generation: 8 von 100.000 Frauen (Risikofaktor 0,00008),
- Pille 3. Generation: 17 von 100.000 Frauen (Risikofaktor: 0,00017),
- Schwangere: 60 von 100.000 Frauen (Risikofaktor: 0,0006),
- Rauchen + Pille erhöht das Risiko um das 10- bis 15-fache im Vergleich zum Normalrisiko (Risikofaktor also 0,0003 – 0,00045).

9.4.2 Die Entscheidung der Frage, ob die Erhöhung des Risikos von 3 auf 8 pro 100.000 hinzunehmen ist, die weitere Erhöhung von 17 von 100.000 aber nicht mehr, obwohl

---

[50] Ebenso Hart, a.a.0., MedR 1989, 15 [18]

[51] S. FOCUS, Nr. 44/1995, S. 33

[52] FOCUS, Nr. 44/1995, S. 36; Westhoff, Wie groß ist das Risiko?, Stuttgarter Zeitung Nr. 259 vom 9.11.1995, S. 5, berichtet etwas andere Zahlen: *„Auf 100.000 Frauen, die keinerlei Pille verwenden, kommen 8 Thrombosefälle. Bei jenen, die orale Kontrazeptiva nehmen, sind es maximal 15, bei Verwenderinnen der Mikropille höchstens 30 auf 100.000. Für Raucherinnen werden 60 Fälle bei 100.000 angegeben.“*

- das Risiko nur knapp über dem Risiko der nicht die Pille einnehmenden Raucherinnen, aber
- deutlich unterhalb des Risikos der rauchenden und zugleich orale Kontrazeptiva einnehmenden Frauen und erst recht
- deutlich unter dem allgemeinen Lebensrisiko der Thromboseentwicklung in der Schwangerschaft liegt,

ist Gegenstand der Risiko-Nutzen-Abwägung. Gleiches gilt für die Frage, ob die mit der Erhöhung des Thromboserisikos möglicherweise einhergehende Verminderung des Herzinfarktrisikos[53] sich als ein besonderer Vorteil der Mikropille darstellt.

9.5 Wird diese Risikoerhöhung für nach dem Stand der Wissenschaft vertretbar gehalten, stellt sich nicht mehr die Frage, ob ein begründeter Verdacht besteht, der ein Handeln der zuständigen Behörde erforderlich machte. Man mag in solchen Fällen die Ergänzung der Warnhinweise erwägen[54]. Eine Verweigerung der Zulassung, deren Rücknahme bzw. Widerruf kommt aber nicht in Betracht. Auch scheiden Schadensersatzansprüche nach § 823 Abs. 2 BGB i.V.m. § 5 AMG (bzw. § 4 MPG) aus, weil die Schutznorm bei positiver Risiko-Nutzen-Abwägung nicht verletzt ist.

9.6 Eine Wortlautauslegung der §§ 5 AMG und 4 MPG ergibt, daß ein nach nur oberflächlicher Prüfung entstandener und voreilig geäußerter Verdacht eines Kausalzusammenhangs zwischen Arzneimittel und schädlicher Wirkung bzw. Medizinprodukt und Gefährdung nicht ausreicht. Bloße Vermutungen oder Besorgnisse genügen nicht. Es müssen vielmehr ernstzunehmende Erkenntnisse[55], konkrete[56], tragfähige Anhaltspunkte für einen möglichen Kausalzusammenhang bestehen[57]. Der begründete Verdacht unterscheidet sich von der bloßen theoretischen (vagen) Möglichkeit eines Kausalzusammenhangs dadurch, daß die Existenz schädlicher Wir-

---

[53] S. dazu Interview mit Prof. Dr. Spitzer, FOCUS Nr. 44/1995, S. 42: *„Wir haben evtl. einen, höchstens zwei zusätzliche Thrombose-Todesfälle auf 17 Millionen Frauen durch die Pille der 3. Generation. Aber wir vermeiden mit dem gleiche Produkt zwischen 5 und 11 Infarkt-Todesfälle."*

[54] Auflage nach § 28 AMG

[55] So BT-Drs. 10/5112, S. 18

[56] Nöthlichs, a.a.O., § 4 MPG, Anm. 3.1

[57] OVG Berlin, VersR 1989, 70 [71]

kungen durch eine nicht völlig irrelevante Zahl von Erkenntnissen nahegelegt wird[58].

9.7 Der „begründete Verdacht" muß nach Ansicht eines Teils der Rechtsprechung nicht durch wissenschaftliche Erkenntnisse oder Erfahrungen begründet sein[59]. Diese auf den Contergan-Beschluß des LG Aachen zurückgehende Auffassung ist m.E. mit dem Wortlaut des § 5 Abs. 2 AMG nicht vereinbar, der fordert, daß der Verdacht „nach dem jeweiligen Stand der wissenschaftlichen Erkenntnisse" begründet sein muß. Daraus muß m.E. mit der ganz h.M. in der Literatur gefolgert werden, daß der Verdacht durch wissenschaftliche Erkenntnisse oder Erfahrungen begründet sein muß[60]. Es ist nicht vorstellbar, die Annahme eines begründeten Verdachts auf bloße Pressemeldungen zu stützen, ohne daß eine wissenschaftliche (theoretische) Überprüfung die mögliche Relevanz i.S. der Begründetheit eines Verdachts kausaler Wirkzusammenhänge bestätigt.

9.8 § 4 MPG enthält eine § 5 Abs. 2 AMG entsprechende doppelte Einschränkung durch den Bezug auf die medizinische Wissenschaft nicht. Man muß in der Sache aber auch hier m.E. fordern, daß der Verdacht erst begründet ist, wenn die medizinische Wissenschaft bzw. die Sicherheitstechnik die mögliche Relevanz bestätigt hat[61].

9.9 Nach der Rechtsprechung sind in Fällen, in denen der mögliche Schaden besonders groß ist, an die Wahrscheinlichkeit eines Schadenseintritts keine allzu hohe Anforderungen zu stellen.

9.9.1 Das VG Berlin hat im Clofibrat-Fall[62] ausgeführt, ein begründeter Verdacht für schädliche Wirkungen liege bereits dann vor, wenn ernstzunehmende Erkenntnisse irgendwelcher Art den Schluß nahelegen, daß das fragliche Arzneimittel Nebenwirkungen hat. Es sei nicht erforderlich, daß der Verdacht wissenschaftlich erhärtet sei. Insbesondere bei der Gefahr sehr schwerer Schäden seien an die Wahrscheinlichkeit keine allzu hohen Anforderungen zu stellen. Hier genüge auch eine entferntere Möglichkeit

---

[58] Vgl. Wolz, Bedenkliche Arzneimittel als Rechtsbegriff, 1988, S. 117

[59] Vgl. z.B. VG Berlin, Beschluß vom 15.1.1979 – VU 14 A 13/79 -, abgedruckt bei Kloesel/Cyran, a.a.O., E 6; LG Aachen, JZ 1971, 507

[60] Ebenso Kloesel/Cyran, a.a.O., § 5 AMG, Anm. 7, offenbar anders aber dies., § 25 AMG, Anm. 59; wie hier auch Stebner, a.a.O., PharmaR 1994, 34 [41]

[61] Ebenso wohl auch Nöthlichs, a.a.O., § 4 MPG, Anm. 3.1

[62] VG Berlin, Beschluß vom 15.1.1979 – VU 14 A 13/79 -, abgedruckt bei Kloesel/Cyran, a.a.0., E 6

des Schadenseintritts, um einen begründeten Verdacht anzunehmen. Das gilt um so mehr, wenn neben dem in Frage stehenden Arzneimittel auch andere Therapiemöglichkeiten bestehen. Diese Ausführungen stützen sich wesentlich auf die Argumentation de LG Aachen im Contergan-Beschluß[63].

9.9.2 Die Rechtsprechung gerät mit ihrer an eine Schaukeltheorie erinnernden Argumentation in die Gefahr der Tautologie. Das Bundesverwaltungsgericht formuliert z.B.: *Je höher die Wertigkeit des Rechtsguts und je größer das Schadensausmaß, desto geringer kann die Eintrittswahrscheinlichkeit sein*[64].

9.9.3 Das VG Berlin formuliert in der Clofibrat-Entscheidung: *Je schädlicher die unerwünschten Wirkungen, desto geringer die Anforderungen an die Begründung des Verdachts*[65].

9.9.4 Ebenso führt das OVG Münster aus: *Je ungünstiger die Risiko-Nutzen-Abwägung, desto geringer die Anforderung an die Verdachtsbegründung.*"[66]

9.9.5 Die gleiche Forderung wird in der Literatur zu § 4 MPG erhoben[67].

9.10 Damit wird die Vertretbarkeitsprüfung mit der Prüfung des begründeten Verdachts vermischt, der Vorgang der Risiko-Nutzen-Abwägung im Rahmen der Vertretbarkeitsprüfung gerät zu einer Abwägungs-Abwägung[68]. Der Rechtssicherheit in der Auslegung und Handhabung dieser beiden auch strafbewehrten unbestimmten Rechtsbegriffe nützt das nicht. Die Kriterien der Vertretbarkeit und der besonderen Gefahr werden austauschbar, wenn sie nur noch interaktiv verstanden werden.

9.11 Das ist jedoch nicht notwendig. Die Nutzen-Risiko-Abwägung ist hinsichtlich der konkreten Risiken vorzunehmen, für die bei bestimmungsgemäßem Gebrauch ein Kausalzusammenhang vermutet wird. Hier muß die Entscheidung fallen, welches Risiko für das bestimmte Indikationsge-

---

[63] LG Aachen, JZ 1971, 507, auch abgedruckt bei Kloese/Cyran, a.a.O., E 1
[64] *BVerwGE* 47, 31 [40]
[65] Vgl. VG Berlin, Beschluß vom 15.1.1979 - VU 14 A 13/79 -, abgedruckt bei Kloese/Cyran, a.a.O., E 6
[66] OVG Münster, Beschluß vom 20.10.1987 – 13 B 2506/87 -, insoweit in NJW 1989, 792 nicht abgedruckt.
[67] Vgl. Nöthlichs, a.a.O., § 4 MPG, Anm. 31
[68] So völlig zu recht Hart, a.a.O., MedR 1989, 15 [19]

biet, vor allem auch welche Risikodichte als noch vertretbar angesehen werden soll. Daß diese Entscheidung angesichts der Publizitätsträchtigkeit einer Entscheidung, z.B. einen Todesfall auf 100.000 Fälle als vertretbar hinzunehmen, nicht eben gerne gefällt wird, ändert nichts an der gesetzlichen Notwendigkeit, sich hier festzulegen.

9.11.1 Im Beispiel der Mikropille ist die Frage zu entscheiden, ob ein Risikofaktor für eine Thrombose von 0,00017[69] als zu hoch oder als vertretbar angesehen wird. Die Thrombose zählt nach dem einschlägigen EG-Recht zu den schweren Nebenwirkungen[70].

9.11.2 Ein anderes Beispiel ist die Entscheidung des Bundesgerichtshofs zur Aufklärung über die Infektionsgefahr für Dritte bei Polio-Schutzimpfung[71]. Der BGH bejaht grundsätzlich die Aufklärungspflicht, obwohl das Risiko bei 1 : 15,5 Mio. liegt (Risikofaktor: 0,000000064). Der BGH begründet diese Pflicht zum einen damit, daß im ärztlichen Beruf der Schutz des Menschen vor vermeidbaren Gefahren oberstes Gebot sei[72]. Zum anderen meint er, daß selbst dann, wenn das Risiko nur 1 : 15,5 Mio. betragen habe, habe es wegen der Gefahr schwerwiegender Dauerschäden nicht vernachlässigt werden dürfen[73].

Das OLG Stuttgart meinte, eine schädliche Wirkung, die bis zum Herzstillstand gehe, sei bei einer Myogelose-Behandlung selbst dann unvertretbar, wenn es sich dabei um einen Einzelfall handele[74].

Wenn man diese Kriterien im Rahmen der Vertretbarkeitsprüfung als Vorgabe akzeptieren wollte, dann würde nach wissenschaftlichen Kriterien ein begründeter Verdacht wohl fast immer zu bejahen sein. Denn mit nur ausreichend groß angelegten epidemiologischen Studien dürften sich für alle Medikamente kausal verursachte Todesfälle als wahrscheinlich nachweisen lassen. Schon wissenschaftstheoretische Überlegungen würden dann den begründeten Verdacht ergeben können.

---

[69] Auf die Diskussion, ob die Zahlen stimmen, will ich mich nicht einlassen. Die Frage stellt sich auch bei jedem anderen Risikofaktor.

[70] S. Anhang V Ziffer 6 b der Empfehlung des Rates zu den Versuchen mit Arzneispezialitäten im Hinblick auf deren Inverkehrbringen (87/176/EWG) vom 9.2.1987, Abl. Nr. L 73/1, abgedruckt bei Kloesel/Cyran, *a.a.O., A. 2.34.2.*

[71] BGH, NJW 1994, 3012

[72] So schon BGH, VersR 1960, 416

[73] Dagegen zurecht kritisch v. Mühlendahl, Ärztliche Aufklärungspflicht bei extrem geringen Risiken, NJW 1995, 3043

[74] OLG Stuttgart, VersR 1990, 631 [633 f.]

Das wäre nicht sachgerecht, weil es zum Ausschluß aller potenten Arzneimittel führen würde. Die Risiken müssen m.E. in Relation zu den allgemeinen Lebensrisiken gesetzt werden, denen sich die Bevölkerung klaglos jeden Tag aussetzt. Auch Warnhinweise führen in solchen Fällen zu keiner Verhaltensbeeinflussung mehr, weil die Risiken irreal geworden sind. Das Arzneimittel- und Medizinprodukterecht steht nicht außerhalb des sozialen Umfeldes Bundesrepublik. Es kann deshalb keine pauschalen Grenzen geben, ab denen jedes Risiko als unvertretbar zu bezeichnen ist.

9.11.3 Wird im Fall der Mikropille die dargestellte mögliche Risikoerhöhung als zu hoch beurteilt, ist zu prüfen, ob sich aus den vorliegenden Studien ernstzunehmende Hinweise ergeben, also der *begründete Verdacht* vorliegt, daß das Risiko in einem Bereich liegt, der als nicht mehr vertretbar angesehen wird. Das ist eigenständig zu beurteilen.

Die Frage lautet, ob der begründete Verdacht besteht, daß das Risiko tatsächlich höher als das als vertretbar angesehene Risiko liegt.

9.12 Die Anforderungen an den begründeten Verdacht können nicht deshalb gegen null gehen, weil das Risiko als besonders hoch eingeschätzt wird – dies ist eine Frage der Vertretbarkeitsprüfung. Umgekehrt können die Anforderungen an die Vertretbarkeitsprüfung nicht heruntergesetzt werden, weil der Verdacht schon beinahe zur Gewißheit geworden ist.

§ 5 AMG und § 4 MPG dienen dem Interessenausgleich zwischen

- den Interessen der pharmazeutischen Unternehmer bzw. der Hersteller am ungehinderten Vertrieb ihrer Produkte,
- den Interessen der Patienten bzw. Anwender an Teilhabe am Nutzen eines Arzneimittels bzw. Medizinproduktes,
- den Interessen der Patienten bzw. Anwender auf Schutz vor den Gefahren eines Arzneimittels bzw. Medizinproduktes und
- den Interessen der Allgemeinheit.

Dieser Interessenausgleich ist im Rahmen der Risiko-Nutzen-Abwägung zu leisten. Die Frage, ob der Verdacht begründet ist, kann und sollte als eigenständiger Prüfschritt *allein* nach wissenschaftlichen Kriterien beurteilt werden.

Es bedarf keiner Schaukeltheorie, sondern nur der konsequenten Anwendung des Gesetzes.

9.13 Bei Altpräparaten muß sich nach der Rechtsprechung des OVG Berlin eine wissenschaftstheoretisch begründbare Möglichkeit schädlicher Wirkungen i.S. des § 25 Abs. 2 Nr. 5 AMG an den praktischen Erfahrungen mit diesem Präparat messen lassen. Der Rückgriff auf Erfahrungswerte mit analogen Präparaten kommt nach Ansicht des Gerichts (nur) dann in Betracht, wenn es sich um wirkstoffgleiche oder zumindest in ihren wesentlichen arzneilich wirksamen Bestandteilen vergleichbare Mittel handelt. Bleiben die bei dem konkret zu beurteilenden Präparat beobachteten schädlichen (Neben-)Wirkungen hinter denjenigen, die bei solchen analogen Mitteln festgestellt worden sind, nach Zahl und Schwere augenfällig zurück, so ist ein Analogieschluß nach Ansicht des Gerichts dann nicht mehr tragfähig, wenn sich die unterschiedlichen praktischen Auswirkungen auf stoffspezifische oder herstellungsspezifische und damit präparatbezogene Abweichungen zurückführen lassen[75].

Die Rechtsprechung ist damit bei Altpräparaten in der Beurteilung aus der Sicht des pharmazeutischen Unternehmers großzügiger als bei Neupräparaten, ohne daß der Gesetzgeber oder auch nur die Sache eine solche Differenzierung rechtfertigen[76]. § 5 AMG greift immer ein, wenn der Verdacht begründet ist, ohne Rücksicht darauf, wann die entsprechenden wissenschaftlichen Erkenntnisse vorliegen.

9.14 Der begründete Verdacht ist für jedes einzelne Risiko separat zu prüfen; ob in einer Gesamtschau das Arzneimittel Einschränkungen unterworfen wird oder insgesamt als bedenklich einzustufen ist, ist Frage der Vertretbarkeitsprüfung[77].

9.15 Damit nicht zu verwechseln ist die Frage, wie bei Kombinationspräparaten der begründete Verdacht zu prüfen ist. Die Rechtsprechung des OVG Berlin verlangt dafür die Prüfung des begründeten Verdachts eines für die Einzelbestandteile je gesondert feststellbaren unvertretbaren Risikos oder den begründeten Verdacht eines zusätzlichen, über die – bei gesonderter Betrachtung der Monosubstanzen – vertretbaren Risiken der Einzelbestandteile hinausgehenden Risikos der Kombination[78].

---

[75] OVG Berlin, PharmaR 1989, 160; OVG Berlin, NJW 1994, 1610 [1611]

[76] Das läßt darauf schließen, daß das Rechtsgebiet von einer dogmatischen Durchdringung noch entfernt ist.

[77] Flatten, a.a.0., MedR 1993, 463 [467]

[78] OVG Berlin, VersR 1989, 70

III. Zusammenfassung

1. Das MPG enthält weitgehend dieselben Anforderungen an Maßnahmen der Behörden wie das AMG, wenn der begründete Verdacht eines bedenklichen Arzneimittels bzw. eines gefährlichen Produktes vorliegt.

2. Differenzen zwischen beiden Gesetzen bestehen insoweit, als das AMG nach seinem Wortlaut an die Schädlichkeit von Arzneimitteln, das MPG an die Gefährlichkeit von Medizinprodukten anknüpft. Inhaltlich bedeutet dies jedoch keinen relevanten Unterschied.

3. § 5 Abs. 2 AMG definiert als bedenklich ein Arzneimittel, bei dem

(1) nach dem jeweiligen Stand der wissenschaftlichen Erkenntnisse der
(2) begründete
(3) Verdacht besteht, daß es bei
(4) bestimmungsgemäßem Gebrauch
(5) schädliche Wirkungen hat, die über ein nach den
(6) Erkenntnissen der Wissenschaft
(7) vertretbares Maß
(8) hinausgehen.

4. § 4 Abs. 1 Nr. 1 MPG definiert als gefährlich ein Medizinprodukt, wenn der

(1) begründete
(2) Verdacht besteht, daß es die
(3) Sicherheit und die Gesundheit der Patienten, Anwender oder Dritter
(4) bei sachgemäßer Anwendung, Instandhaltung und ihrer Zweckbestimmung entsprechender Verwendung
(5) über ein nach den Erkenntnissen der medizinischen Wissenschaften
(6) vertretbares Maß
(7) hinausgehend
(8) gefährdet.

5. § 5 AMG und § 4 MPG sind Verbotsnormen und stellen Schutzgesetze i.S. des § 823 Abs. 2 BGB dar. Ihre Verletzung ist strafbewehrt. Öffentlich-rechtlich definieren sie die grundlegenden Voraussetzungen für Maßnahmen der Eingriffsverwaltung.

6. Der unbestimmte Rechtsbegriff des begründeten Verdachts dient der Gefahrenabwehr und Vorsorge. Ist er erfüllt, dann ist bei der Risiko-Nutzen-Abwägung von einer *Kausalitätsfiktion* auszugehen. Es wird unterstellt, daß das Arzneimittel kausal für die eintretenden bzw. eingetretenen Gesundheitsschäden ist. Die Kausalitätsfiktion gilt allerdings nicht für das Haftungsrecht.

7. Ein nach nur oberflächlicher Prüfung entstandener und voreilig geäußerter Verdacht eines Kausalzusammenhangs zwischen Arzneimittel und schädlicher Wirkung bzw. Medizinprodukt und Gefährdung reicht zur Begründung des Verdachts nicht aus. Bloße Vermutungen oder Besorgnisse genügen nicht. Es müssen ernstzunehmende Erkenntnisse, konkrete, tragfähige Anhaltspunkte für einen möglichen Kausalzusammenhang bestehen. Der begründete Verdacht unterscheidet sich von der bloßen theoretischen (vagen) Möglichkeit eines Kausalzusammenhanges dadurch, daß die Existenz schädlicher Wirkungen durch eine nicht völlig irrelevante Zahl von *wissenschaftlichen* Erkenntnissen oder Erfahrungen nahegelegt wird.

1. Podiumsdiskussion

Jungbecker, Rechtsanwalt, Freiburg: Ich möchte unmittelbar anknüpfen an ein Stichwort des Herrn Kollegen Dr. Ratajczak, nämlich die Frage, ob § 5 AMG ein Schutzgesetz im Sinne des § 823 Abs. 2 BGB ist. Ich greife zugleich eine Ausführung von Herrn Prof.Dr. Hart auf, nämlich die Parallele zwischen Versicherungs- und Haftungsrecht.

Der BGH hat – ich meine im Jahre 1991 – bereits entschieden, daß § 5 AMG ein Schutzgesetz im Sinne des § 823 Abs. 2 BGB ist. Voraussetzung ist natürlich auch, daß sich das Verschulden des Unternehmers auf eine solche Verletzung des Schutzgesetzes beziehen muß. Eine Gefährdungshaftung existiert bekanntlich im Rahmen des § 823 Abs. 2 BGB nicht.

Meine Frage ist folgende: Ich habe Sie, Herr Dr. Ratajczak, so verstanden, daß § 5 AMG kein oder allenfalls ein wie auch immer eingeschränktes Schutzgesetz sei. Ist es nicht so, daß über den § 823 Abs. 2 BGB eine relativ weitgehende Haftung statuiert wird? Ein Ursachenzusammenhang zwischen Schutzgesetzverletzung und Schaden liegt ja schon dann vor, wenn die Einhaltung des Schutzgesetzes eine größere Sicherheit gegen den Schaden geboten hätte. Vor diesem Hintergrund ist das Argument schnell zur Hand, daß bei sofortigem Rückruf eines Arzneimittels – Stichwort: Mikropille – und der Verhinderung eines weiteren Vertriebes mit Sicherheit keine darauf zurückzuführenden Thrombosefälle mehr aufgetreten wären. Meine Frage also: Wird nicht über ein möglicherweise zu weitgehendes Verständnis des § 823 Abs. 2 BGB i.V.m. § 5 AMG eine sehr umfas-sende zivilrechtliche Haftung des pharmazeutischen Unternehmens statuiert?

Ratajczak, Rechtsanwalt, Sindelfingen: Die Rechtsprechung – auch die Literatur – ist sich dahin einig, daß der § 5 AMG als ein Schutzgesetz im Sinne des § 823 Abs. 2 BGB zu verstehen ist. Diese Einordnung ist inhaltlich jedoch kaum kompatibel, weil nach der Rechtsprechung die Kausalitätsfiktion, die § 5 AMG im Öffentlichen Recht besitzt, nicht in den § 823 Abs. 2 BGB transferiert wird, sondern der volle Kausalitätsbeweis zu führen ist.

Damit führt § 5 AMG nicht über den § 84 AMG und schon gar nicht über den § 823 Abs. 1 BGB hinaus. Im Rahmen meines Vortrages habe ich versucht darzustellen, daß man in eine Norm eine Flut unterschiedlicher Interessenlagen hineingebracht hat:

Einerseits eine Gefahrenabwehr mit extremen Anforderungen an den pharmazeutischen Unternehmer, andererseits grundlegende Anforderungen an die Eingriffsverwaltung, die allerdings nicht in das Haftungsrecht transferiert wurden. Man könnte natürlich wie folgt argumentieren: Wenn im § 5 AMG vom „begründeten Verdacht" die Rede ist und dies eine Kausalitätsfiktion ist, dann läge es nahe, diese Kausalitätsfiktion auch im Zivilrecht anzunehmen. Nur: Das ist nicht Stand der Rechtsprechung. Die Entscheidung des OLG Stuttgart, VersR 1990, S. 631 ff. zeigt, wie schwer man sich damit tut. Einerseits wird dort ausgeführt, ein Todesfall oder das Risiko eines Todesfalls sei eine unerwünschte Nebenwirkung, die nicht tolerabel sei und § 5 AMG verletze. Andererseits wird ausgeführt, der Kausalitätsnachweis sei nicht geführt, weil zwar ein kausaler Zusammenhang mit einer gewissen Wahrscheinlichkeit, nicht jedoch mit Sicherheit bestehe. Die Entscheidung des OLG Stuttgart zeigt also etwa folgendes Argumentationsmuster:

§ 5 AMG ist ein Schutzgesetz im Sinne des § 823 Abs. 2 BGB; dieses Schutzgesetz ist auch verletzt; der Kausalitätsnachweis jedoch ist nicht geführt. Darin liegt ein echter Wertungswiderspruch zwischen der öffentlichrechtlichen Tragweite dieser Norm und ihrer zivilrechtlichen Bedeutung.

Tacke, Rechtsanwalt, Moers: Sie haben sich, Herr Dr. Ratajczak, gegen die Relativierung des „begründeten Verdachts" nach dem Maß des Schadenrisikos gewandt.

Ich weiß nicht, ob es nicht im Gegenteil sogar geboten ist, die Anforderungen an die Begründung des Verdachtes unter Beachtung des Verhältnismäßigkeitsgrundsatzes davon abhängig zu machen, welches Schadensrisiko tatsächlich besteht. Die Relativierung oder die Verringerung der Anforderungen an die Verdachtsbegründung bei sehr hohen Schadensrisiken ersetzt ja nicht die Prüfung, ob dieses Risiko vertretbar ist.

Wenn man zum Ergebnis kommen sollte, es bestehe ein begründeter Verdacht, daß ein Arzneimittel schädliche Nebenwirkungen hervorrufen kann, die nach dem Stand der wissenschaftlichen Erkenntnis unter der hier zu treffenden Güterabwägung nicht vertretbar sind, dann – so meine ich –

spricht doch manches dafür, die Anforderungen an die Begründung des Verdachtes geringer zu halten, wenn es um gravierende und die Gesundheit von Menschen bis hin zum Todesrisiko gefährdende Risiken geht. Um einen wirksamen Schutz des Patienten zu bewirken, ist diese Verfahrensweise vertretbar und geboten. Anderes gilt, wenn es sich um deutlich weniger gewichtige Nebenwirkungen handelt. Ich bin der Meinung, auch der Verhältnismäßigkeitsgrundsatz gebietet dieses Verfahren und ich möchte darauf hinweisen, daß es sich bei solchen Relativierungen bzw. Abstufungen der Verdachtsbegründungen um eine Rechtsfigur handelt, die wir nicht nur im Arzneimittelrecht kennen, sondern auch im Wasser-Haushalts-Gesetz, wo es um den Besorgnisgrundsatz bei der Gewässerverunreinigung geht. Hier hat das Bundesverwaltungsgericht ausgeführt, daß die gesetzlichen Anforderungen an die Besorgnis, daß durch den Umgang mit wassergefährdenden Stoffen oder durch wassergefährdende Anlagen eine Verunreinigung entstehen kann, in umgekehrt proportionalem Verhältnis zu der Intensität des Schadensrisikos stehen.

Ratajczak: Die Frage, welches Risiko man hinzunehmen bereit ist, ist eine Frage der Vertretbarkeitsprüfung. Im Rahmen dieser Vertretbarkeitsprüfung wird man sicherlich differenzieren müssen, welcher Art die Risiken in Bezug auf die Indikation sind.

Aber: Ich kann bei keinem einzigen Medikament das Risiko eines Todesfalles ausschließen. Hier geht es nur um die Frage, welchen Risikofaktor ich anzunehmen habe. Bezogen auf die Weltbevölkerung sterben wahrscheinlich einige Tausend Menschen an Kopfschmerzmitteln jedes Jahr. Diese Risiken sind epidemiologisch nachprüfbar und auch verifizierbar. Dennoch kann ich von dieser Feststellung das Ergebnis der Vertretbarkeitsprüfung nicht abhängig machen. Ich muß die Entscheidung treffen, ob ich ein Todesfall-Risiko von 1 : 100.000 bei einer konkreten Indikation für eine entsprechende Medikation hinnehme oder nicht.

Wenn ich im Rahmen dieses Entscheidungsfindungsprozesses zu der Feststellung komme, das Risiko sei nicht mehr tolerabel, dann stellt sich die zweite große Frage: Inwieweit besteht ein begründeter Verdacht, daß das Risiko bei einer Nichtbehandlung größer ist? Diese Frage hat die Wissenschaft zu entscheiden und nicht die Politik. Was im Rahmen der Diskussion um das Arzneimittelrecht abläuft, ist Populismus.

Das Risiko eines Todesfalls ist bei einer Vielzahl von Medikamenten höher als 1 : 100.000. Darüber spricht niemand, weil es für diese Patienten keine Alternative gibt, als zu sterben oder mit einem bestimmten, wenn auch risikobehafteten Medikament weiterzuleben.

Tacke: Es geht nicht um Fragen der Wissenschaftlichkeit oder Unwissenschaftlichkeit, sondern um die Frage: Durch wieviel statistisches Material muß die Wahrscheinlichkeit eines Risikos bzw. ein möglicher Ursachenzusammenhang abgesichert sein?

Bei der Beantwortung dieser Frage darf man, so meine ich, keine starren Regeln anwenden, sondern muß für die wissenschaftliche Begründung des Verdachtes durchaus unterschiedliche Anforderungen je nach Art und Intensität des Risikos stellen.

Ratajczak: Es wäre schön, wenn es überhaupt Regeln gäbe, um den begründeten Verdacht einzugrenzen – seien diese Regeln nun wissenschaftlich oder statistisch. Nur: Solche Regeln haben wir nicht. Deshalb ist letztendlich auch die Rechtsprechung nachvollziehbar, denn die Daten, die den Entscheidungen zugrunde liegen, sind mehr als dürftig.

Fragen Sie doch einmal Herrn Dr. Thiele nach der Datenlage zur Mikropille. Da gibt es diese und jene Meinung. Eigentlich handelt es sich jeweils um Entscheidungen, die im Institut getroffen werden nach sehr viel interner Diskussion – Entscheidungen, die so, aber auch anders ausfallen können. Ich persönlich bin der Meinung, bei der Mikropille „Diane 35" hat man sehr frühzeitig reagiert. Hätten die Erkenntnisse, die über „Diane 35" vorliegen, zum Zeitpunkt des Zulassungsverfahrens bereits zur Verfügung gestanden, dann wäre es zur Zulassung des Medikaments mit hoher Wahrscheinlichkeit gar nicht gekommen. Jetzt ist die Pille aber zugelassen, und wir haben die Rechtsprechung zu „alten" Arzneimitteln, die wesentlich großzügiger ist als die Anforderungen im Rahmen einer Zulassungsentscheidung. Also behilft man sich zunächst einmal damit, ob mit viel oder mit wenig Statistiken.

Schlosser, Medizinischer Leiter eines pharmazeutischen Unternehmens: Ich möchte an eines erinnern:

Sowohl Ärzte wie auch Juristen und die übrige Bevölkerung bestehen aus einer Unzahl von komplexen Molekülen, die wiederum in einem komplexen Zusammenspiel stehen. Zu bedenken ist eine gewisse Variabilität. Jeder von uns hat wahrscheinlich auch einige genetische Defekte, die bei einer Mehrzahl der Bevölkerung lediglich nicht wirksam werden. Bei der Diskussion habe ich immer den Verdacht, daß die Juristen erwarten, der Mensch sei eine Maschine; er besitze keine biologische Variabilität. Diese biologische Variabilität als solche wird dann teilweise schon als haftungsbegründend angesehen. Ich sehe ein völliges Auseinanderdriften zwischen der juristischen Sichtweise, wie ein Mensch und auch ein Arzneimittel zu funktionieren hat, und der tatsächlichen biologischen Realität.

Ich denke, daß die Richter sich ein wenig ihrer eigenen Unzulänglichkeit bewußt werden sollten. Jede Erkrankung ist ein Unfall in dem bereits erwähnten komplexen Zusammenspiel. Wir versuchen, durch irgendeine chemische Substanz – im Falle von Arzneimitteleinsatz – oder durch einen chirurgischen Eingriff die Unfallfolgen zu beseitigen. Daß es dafür keine 100 %-ige Erfolgsgarantie gibt, ist völlig klar.

Es drängt sich mir der Verdacht auf, daß die Argumentation mit einer Beweismaßreduzierung im Rahmen des „begründeten Verdachts" amerikanische Verhältnisse einleitet. In den USA weigern sich pharmazeutische Unternehmer bereits, Impfstoffe zur Verfügung zu stellen, wenn das Haftungsrisiko nicht auf ein erträgliches Maß reduziert wird.

Wenn sich das, was Sie hier propagieren, tatsächlich realisiert, kann es uns passieren, daß wirklich teilweise manche Substanzen nicht mehr zur Verfügung stehen.

Kienzle, Chirurg, Köln-Holweide: Ihrem letzten Satz kann ich nicht zustimmen. Auch ich bin Arzt und teile Ihre Auffassung, was die Variabilität biologischer Systeme betrifft.

Ich glaube aber, daß wir mit Statistiken sehr vorsichtig umgehen müssen. Es paßt nicht alles so, wie wir uns das vorstellen. Ich bezweifle, daß der Fortschritt gehemmt wird durch den „begründeten Verdacht". Es handelt sich dabei um einen dehnbaren Begriff. Es ist wichtig, den Dingen frühzeitig auf den Grund zu gehen und Risikoforschung zu betreiben.

Ich darf vielleicht auf eigene Erfahrungen aus den Jahren 83/85 zurückgreifen. Wir haben damals auf der Intensivstation PPSB verwandt mit dem Ziel einer Verbesserung der Gerinnungsfunktion. Es gab damals kein besseres Präparat. Also haben wir es angewandt. Den ersten Hinweis darauf, daß unerwünschte Folgen auftreten könnten, haben wir von seiten der pharmazeutischen Industrie erhalten, und zwar dadurch, daß uns der Vertreter des einen Unternehmens gegen den eines anderen auszuspielen versuchte. Dieser Vertreter behauptete nämlich: Mein Präparat ist sicher, das Präparat der Konkurrenz nicht. Es hat niemals eine offizielle Verlautbarung gegeben, durch die wir Ärzte in der Praxis aufmerksam gemacht worden wären.

Offiziell hat man nach meiner Meinung damals zu spät reagiert. Was nun die Zahl der Thrombosefälle betrifft: Ob man nun von 12, von 20 oder von 17 ausgehen muß, bleibt sich letztendlich gleich. Es zeige mir jemand eine Statistik, die stimmt. Man weiß ganz genau, daß es zu okulten Thrombosen kommt, die wir alle nicht erfassen können.

In diesem Zusammenhang und vor dem Hintergrund der PPSB-Problematik frage ich mich und den hier anwesenden Vertreter des Bundesamtes, warum man im Fall der Mikropille so scharf reagiert hat auf nicht publizierte Studien. Ich frage mich auch, warum man hier auf seiten der Presse nicht zugewartet hat, bis die Dinge einigermaßen geklärt sind. Sicher: Vielleicht wartet man zulange und setzt sich einem Vorwurf aus. Ich verkenne dies nicht. Aber wenn Sie bedenken, daß die Patientin die Mikropille wünscht und auch der Arzt gewisse Vorteile unter dieser Medikation sieht, die Patientin dann weniger unter Nebenwirkungen zu leiden hat, dann fragt man sich, ob Verunsicherungen geweckt werden sollen bei einem Präparat, das schon so lange auf dem Markt ist. Wie gesagt: Ob es schließlich und endlich um 17, 12 oder 20 Fälle unerwünschter Nebenwirkungen geht, das soll mir erst einmal jemand nachweisen.
Ich möchte noch in Bezug auf die Presse eines anmerken:

Ich habe mich als Chirurg lange gewehrt bei Leistenhernien Netze zu implantieren. Ich habe mich auch lange gegen Brustimplantate zur Wehr gesetzt, wie ich mir gesagt habe: Wer weiß, was wir in 10, 20 oder wieviel Jahren auch immer mit diesen synthetischen Stoffen erleben müssen. Schließlich und endlich haben wir dann doch alle auf diese Implantate zurückgegriffen. Die Folge: Schadensersatzforderungen in Milliardenhöhe aus den USA.

Ich sage es ganz klar: Ich kann mich derzeit dem Trend nicht widersetzen. Die Maßgabe an meiner eigenen Klinik ist folgende: Einem 40-jährigen Patienten werde ich durchaus im Hinblick auf die postoperativ reduzierte Schmerzbelastung die Implantation eines Netzes empfehlen. Bei einem 20-jährigen oder gar einem 18-jährigen Patienten werde ich entsprechend jedoch nicht vorgehen, weil mir das im Hinblick auf die Spätfolgen zu unsicher erscheint.

Irgendjemand hat einmal behauptet: Brustimplantate solle man lediglich nach Indikation vornehmen. Was aber ist denn eine Indikation für eine Brustimplantation? Der Wunsch der Patientin! Das ist in meinen Augen eine psychologisch nachvollziehbar und berechtigte Indikation. Seien wir uns doch bitte darüber im klaren: Es gibt keine medizinische Indikation, ein Brustimplantat einzubauen. Wenn sich in der Folgezeit Probleme herausstellen, dann muß man hier rechtzeitig den begründeten Verdacht äußern und muß es auch unterlassen, Implantatversorgungen vorzunehmen. Ich persönlich habe bei verschiedenen Patientinnen Implantate entfernt. Diese Patientinnen hatten fürchterliche rheumatische Beschwerden, die nach der Entfernung deutlich besser geworden sind.

Trotz der mittlerweile bekannten, viel diskutierten und publizierten Risiken lassen weiterhin Patientinnen sich mit Brustimplantaten versorgen. Diese Tatsache muß man einfach in das Kalkül mit einbeziehen.

Hölzer, Arzt und Rechtsanwalt, Stuttgart: Ich habe eine Frage an Sie, Herr Prof. Hart: Sie haben im Zusammenhang mit der Darstellung der neuen Haftungsformen, die wir jetzt diskutieren, festgestellt, daß auch ökonomische Probleme dabei eine Rolle spielen. Auf diese ökonomischen Probleme sind Sie aber nicht eingegangen. Vielleicht könnte hierzu auch Herr Dr. Schlosser Stellung beziehen. Gibt es Untersuchungen dazu, inwieweit die Konkurrenzfähigkeit bzw. die finanzielle Belastung der deutschen Pharmaindustrie von diesen Haftungsformen betroffen ist und gibt es auch schon Stellungnahmen von seiten der Pharmaindustrie dazu?

Nach dem, was man liest und hört, lagert die Pharmaindustrie zur Zeit viele haftungsträchtige Produktionszweige aus; stellt diese Entwicklung nicht einen Meilenstein auf dem Weg zu einem „Industriestandort Deutschland ohne Industrie“ dar?

Teipel, Rechtsanwalt, Berlin: Herr Dr. Figgener, Sie geben mit dem lapidaren Hinweis, der Zahnarztvertrag sei Dienstvertrag, dem Patienten und auch Ihren Kollegen Steine statt Brot – schlicht und einfach deshalb, weil wir es ja überwiegend im Bereich der Haftung mit Haftungsfällen aus dem Bereich der zahnärztlichen Prothetik zu tun haben. Darin finden sich immer mehr Elemente des Werkvertrages. Ich kenne die Patienten mit einer überzogenen Anspruchshaltung ebenso wie den arroganten Zahnarzt, der diese Patienten abblitzen läßt mit der Bemerkung: „Ich schulde keinen Erfolg!“ Diesen Erfolgt schuldet er jedoch sehr wohl im Bereich der prothetischen Versorgung, beispielsweise wenn es um mangelnden Okklusalschluß geht.

Ich halte es für gefährlich, wenn man im Bereich der zahnärztlichen Leistung ausschließlich auf den Dienstvertrag abstellt und damit auch dem eigenen Zahnarztkollegen einen schlechten Rat erteilt.

Figgener: Wenn Sie mich tatsächlich so verstanden haben, daß ich mit dem Hinweis auf den Dienstvertrag glaube, unser zahnärztliches Handeln aus der Verantwortung zu nehmen, dann haben Sie mich falsch verstanden.

Wir sind dazu verpflichtet, die objektiven Voraussetzungen zu schaffen, unter denen der Patient subjektiv einen Erfolg der Behandlung verspüren kann. Das ist von vielen Dingen abhängig, die wir nicht zu beeinflussen vermögen. Natürlich sind wir verpflichtet, die objektiven Voraussetzungen zu schaffen. Wenn es daran fehlt, dann kann man sich in der

Tat nicht darauf zurückziehen, daß wir keinen Erfolg schulden. Man kann uns aber nicht für Dinge haftbar machen, die aus der Risikosphäre des Patienten selbst stammen; Dinge, die ebenso im biologischen wie im psychischen Bereich liegen können. Dies gilt für uns Zahnärzte wie auch in allen anderen medizinisch-ärztlichen Bereichen.

Es ist eine Selbstverständlichkeit, daß wir nur für die Dinge haftbar gemacht werden können, die wir auch zu beeinflusen vermögen.

Hart: Ich habe einige Bemerkungen, die über Fragen hinausgehen.
Die 1. Bermerkung:

Man kann das Bundesinstitut für Arzneimittel und Medizinprodukte (BfArM) nicht für etwas verantwortlich machen, wofür es nicht verantwortlich ist. Es gibt einerseits das Sicherheitsrecht und andererseits das Haftungsrecht. Im Sicherheitsrecht wird die Gewährleistung einer optimalen angemessenen Sicherheit gefordert. In diesem Bereich hat das BfArM nur sehr begrenzte Möglichkeiten, eine Verantwortung für Therapieentscheide zu übernehmen. Es geht sowohl bei der Zulassung wie bei der Marktkontrolle – also bei der Frage, ob ein Widerruf, eine Rücknahme oder eine Indikationsbeschränkung auszusprechen ist – nicht darum, ob ein bestimmtes Arzneimittel in der individuellen Therapie zu schädlichen Folgen führt. Es geht vielmehr um ein abstraktes Nutzen-Risiko-Urteil, basierend auf einer gewissen statistisch gesicherten Erkenntnis über Häufung von unerwünschten Nebenwirkungen. Sicherheitsrechtlich geht es also um die Beurteilung eines Arzneimittelwirkstoffes und dessen Vertretbarkeit in seiner Anwendung, abstrahiert von der individuellen Anwendung.

Haftungsrechtlich geht es um die individuelle Beurteilung des Einsatzes eines bestimmten Arzneimittels bei einem bestimmten Patienten.

Deshalb ist das BfArM weit davon entfernt, einzelnen Therapieempfehlungen kraft Gefahrenabwehr recht geben zu können. Haftungsrechtlich sind und bleiben Ärzte verantwortlich für den Einsatz des Arzneimittels in einer individuellen Behandlungssituation. Das bedeutet jedoch, daß Ärzte sich informieren müssen darüber, welche Eigenschaften das von ihnen zum Einsatz gebrachte Arzneimittel besitzt, und zwar auf dem jeweiligen Stand der wissenschaftlichen Erkenntnisse. Und das wiederum bedeutet ständige Fortbildung. Fehlt die Kenntnis über den jeweiligen Stand der Wissenschaft, so kann dies u.U. eine individuelle Haftung begründen. Diese zivilrechtliche Haftung – das möchte ich betonen – ist auch zivilrechtlich nicht abhängig von einem individuellen Verschulden. Es geht auch im Bereich der Amtshaftung oder der Haftung von pharmazeutischen Unternehmen, wenn sie sich nicht nach § 84 AMG richtet, nicht um individuelles Verschulden, sondern es geht um die Verletzung von standardisierten Verantwortlichkeitsmaßstäben. Das ist im Arztbereich ebenso wie im Anwaltsbereich und auch im Unternehmensbereich identisch.

Deshalb paßt auch Ihr Bild, Herr Dr. Schlosser, von den "biologischen Defekten" nicht. Im Bereich der Arzneimittelhaftung von pharmazeutischen Unternehmen haben Sie es zu tun mit Organisationen und Organisationshaftung. Da muß man in der Tat fragen, ob die Organisationen in ihrem Aufgabenbereich ordnungsgemäß funktionieren. Die Frage, ob Menschen dabei Fehler machen, ist für die Frage der Haftung uninteressant. Das ist in unserem Haftungssystem so. Man kann insofern das Haftungssystem als solches noch so kritisieren; man kann nur noch sagen: Das Haftungssystem ist insgesamt falsch.

Überlegungen zu Veränderungen des Beweismaßes bzw. der Beweislastanforderungen bringen keine grundsätzlichen Verschiebungen.

Sie, Herr Dr. Hölzer, haben natürlich völlig recht, daß Haftungsrecht auch ökonomische Auswirkungen besitzt. Man sollte deshalb auch sorgfältig darüber nachdenken, welche Regelungen welche Konsequenzen nach sich ziehen. Nach meiner Erkenntnis gibt es darüber keine empirischen Untersuchungen. Man kann allenfalls einige Rückschlüsse ziehen.

Wenn Sie sich einmal ansehen, wie hoch die gezahlten Entschädigungsleistungen bei den HIV-Infektionsfällen durch Blut und Blutprodukte sind, und diese ins Verhältnis zu den Einkünften aus dem Rückversicherungspool der pharmazeutischen Industrie setzen, dann können Sie feststellen: Aus den Zinsen werden die Schäden gezahlt. Nur: Es soll mir doch einmal jemand klar machen, daß die pharmazeutische Industrie am Hungertuch nagt!

Es ist völlig richtig, daß die pharmazeutische Industrie sich in einer tiefgreifenden Umbruchsituation befindet. Dies beruht jedoch auf ökonomischen Gründen und auf Gründen der Marktgegebenheiten, die mit der Frage des Haftungsrechtes überhaupt nichts zu tun haben. Es ist ein Prozeß sowohl der Europäisierung wie der Internationalisierung der Märkte und der Unternehmen, die auf diesen Märkten tätig sind. Sie werden noch feststellen, daß Arzneimittel in Zukunft nur noch unter bestimmten ökonomischen Voraussetzungen produziert werden, die Zeit, in der es in der Bundesrepublik eine Vielzahl von Angeboten und Indikationsbereichen gab, die nicht unbedingt immer lukrativ waren, ist Vergangenheit.

Wir werden in Zukunft nur noch Arzneimittelforschung in einem Sektor haben, der später am Markt auch rentierlich ist. Nehmen Sie folgendes Beispiel:

Sie wissen heute, die Forschung für einen neuen Arzneistoff kostet etwa 350 Mio. Ecu. Dann wissen Sie, daß Sie im Rahmen der Patentlaufzeit weltweit ungefähr einen Umsatz in Höhe von etwa 200 Mio. DM brauchen. Wenn Sie diese Umsatzzahlen prognostisch nicht garantieren können, dann wird der neue Wirkstoff eben nicht produziert.

Das ist aber nicht ein Problem der Existenz des Haftungsrechts und der Veränderung von Haftungsrecht unter den neuen gesetzlichen Bestimmungen. Es ist eine Frage des Marktes.

Etwas anderes würde allenfalls dann gelten, wenn wir eine Verdachtshaftung einführen würden. Dagegen habe ich mich jedoch deutlich ausgesprochen. Soviel zu diesem Punkt.

Lassen Sie mich in aller Kürze noch etwas sagen zu den Problemen der Vertretbarkeit bzw. Unbedenklichkeit eines Arzneittels:

Ich schließe jede Möglichkeit der Quantifizierung des Prozesses der Nutzen-Risiko-Abwägung aus. Aus dem Jahre 1978 stammt eine Untersuchung, bei der das Unfallrisiko beim Verkehr auf der Autobahn mit dem Arzneimittelrisiko verglichen wurde. Dabei wurden völlig unterschiedliche Risikotypen mit völlig unterschiedlicher Akzeptanz in der Bevölkerung, bei den Verbrauchern, gegenübergestellt.

Fest steht, daß auf diese Weise die Nutzen-Risiko-Abwägung nicht zu quantifizieren ist. Insofern ist die gesamte Risikowissenschaft, die technische Wissenschaft vom Risiko in eine Sackgasse geraten. Deshalb werden Sie auch nie zu einer Quantifizierung kommen. Es kann nur noch darum gehen, ein ordentliches Verfahren, in dem wirklich alle Gesichtspunkte berücksichtigt werden, zu entwickeln und damit eine akzeptable Bewertung zu erreichen.

Die Haftung des Arztes als Anwender von Arzneimitteln und Medizinprodukten für Behandlungsfehler

Karl-Otto Bergmann

I. Einleitung

In den letzten 100 Jahren haben die nahezu unschätzbaren Fortschritte in der Arzneimitteltherpaie vom Antibiotikum bis zum Beta-Blocker und die Verwendung von Medizinprodukten vom Herzschrittmacher bis zum Zahnimplantat die Behandlung des Patienten so wesentlich verbessert, daß wir heute feststellen können: Die Senkung der Säuglingssterblichkeit ist ebenso wie die Verlängerung der Lebensdauer verbunden mit der Steigerung der Lebensqualität des Patienten ein wesentliches Ergebnis der ärztlichen Therapie mit Medikamenten und mit Medizinprodukten[1]. Daß gleichwohl die Arzneimittel und die Medizinprodukte in der Öffentlichkeit und den Medien eine eher negative als positive Gesamtwirkung entfalten, beruht nicht nur auf der Vergeßlichkeit und der Kritiksüchtigkeit des Menschen, sondern auch auf dem großen Gefahrenpotential, was Arzneimittel und Medizinprodukte bei nicht sicherer und fehlerhafter Anwendung bieten. Die Contergankatastrophe in den 60er Jahren mit den tausenden durch ein neues Medikament geschädigten Patienten hat deutlich gemacht, daß die Registrierung neuer Arzneimittel unter den bisherigen Bedingungen nicht genügte, um Gesundheitsschäden durch die Anwendung zu verhindern. Die Katastrophe gab den Anlaß für den Erlaß des Gesetzes zur Neuordnung des Arzneimittelrechts (AMG) von 1976, welches mit Ausnahme von Art. 3 § 9, der bereits vom Tage nach der Verkündung an galt, am 1.1.1978 in Kraft getreten ist. Grundlage der Gefährdungshaftung des pharmazeutischen Unternehmers nach dem Arzneimittelgesetz 1976 war die Erkenntnis, daß auch durch eine doppelte

---

[1] Vgl. Madea/Staak, in Festschrift für Erich Steffen 1995, S. 304, Haftungsprobleme der Arzneitherapie aus rechtsmedizinischer Sicht; Forth, Nachdenken über Pharmakologie: Ihre Bedeutung für die Arzneitherapie heute, in: Deutsches Ärzteblatt 1986, B 965 ff.

Kontrolle des Zulassungsverfahrens und die Anordnung einer systematischen Beobachtung, Sammlung und Auswertung von Arzneimittelrisiken nicht ausgeschlossen werden kann, daß sich Katastrophen wie die durch Anwendung des Medikaments Contergan wiederholen können. Dies zeigen auch die HIV-Infektionen durch Blut und Blutprodukte, die sich als zweite große Medizinkatastrophe dieses Jahrhunderts darstellen.

Neue Arzneimittel sind „unvermeidbar unsicher"[2]. Aus diesem Grund gewährt das AMG 1976 einem durch Arzneimittelgebrauch geschädigten Patienten unter bestimmten Voraussetzungen auch dann Schadensersatz, wenn ein Verschulden des Arzneimittelherstellers nicht festgestellt werden kann. Gemäß § 84 AMG trifft die Haftung den pharmazeutischen Unternehmer, d.h. denjenigen, der unter seinem Namen das Arzneimittel in den Verkehr gebracht hat. Die Arzneimittelhaftung nach § 84 AMG löst die herkömmliche Verschuldenshaftung nicht ab, sondern ergänzt sie[3]. Soll ein anderer als der pharmazeutische Unternehmer in Anspruch genommen werden, sprich also der Arzt wegen fehlerhafter Arzneimitteltherapie, so muß der Patient auf die vertraglichen Haftungstatbestände oder auf § 823 BGB, den Grundtatbestand der unerlaubten Handlung als Anspruchsgrundlage zurückgreifen. Insbesondere kann auch der Arzt, dem bei der Anwendung eines Medikaments ein Behandlungsfehler unterlaufen ist, nur bei Verschulden aus Deliktshaftung in Anspruch genommen werden. Auch immaterielle Schäden (Schmerzensgeld) kann der Patient nur über die Verschuldungshaftung gemäß §§ 823, 847 BGB ersetzt verlangen. Aufgabe dieses Beitrages soll es sein, die Anforderungen an den schuldhaften Behandlungsfehler des Arztes im Licht der strengen Vorschriften des AMG zu beleuchten.

Das AMG 1976 wurde 1986 durch die Verordnung über die Sicherheiten medizinischer Geräte, die Medizingeräteverordnung ergänzt, die aufgrund des Maschinensicherheitsgesetzes erlassen wurde und den Herstellern, Importeuren und Betreibern medizinisch-technischer Geräte zahlreiche Pflichten auferlegt. Die Lücke zwischen den beiden Normen, nämlich der Bereich, der weder Arzneimittel noch klassisch-medizinische Geräte betrifft, ist jetzt durch das Medizinproduktegesetz geschlossen worden. Dieses Gesetz, das am 1.1.995 in Kraft getreten ist, besteht im wesentlichen aus Definitionen und Verordnungsermächtigungen, die erst die eigentlichen Regelungen bringen sollen. Im übrigen ist es in weiten Teilen dem AMG 1976 nachgebildet.

---

[2] Vgl. Kloesel, Das neue Arzneimittelrecht, NJW 1976, 1769 [1772].

[3] Vgl. Deutsch, Das Arzneimittelrecht im Haftungssystem, VersR 1979, 685 [691].

Nach § 1 MPG ist es Zweck des Gesetzes, den Verkehr mit Medizinprodukten zu regeln und dadurch für die Sicherheit, Eignung und Leistung der Medizinprodukte sowie die Gesundheit und den erforderlichen Schutz der Patienten, Anwender und Dritter zu sorgen.

Deutlich wurde die Mangelhaftigkeit des bisherigen Rechtszustands in der Frage der Zahnfüllungswerkstoffe. Das Bundesverwaltungsgericht[4] hat nach einigen Unsicherheiten Zahnfüllungswerkstoffe als Arzneimittel angesehen. Dies widersprach jedoch der eindeutigen Funktion des § 2 Abs. 2 Satz 1 AMG. Es erschien widersprüchlich, Amalgame und Kunststoffe, die erst im Zahn erhärten, als zulassungspflichtige Medikamente einzuordnen, von denen der Patient durch ein aufwendiges Prüfungs- und Haftungsverfahren zu schützen ist, andererseits jedoch vorgeformte Inlays, Brücken und Implantate nicht als Arzneimittel anzusehen.

Der Begriff „Medizinprodukte" ist jetzt in § 3 Nr. 1 MPG definiert. Es fallen darunter neben den Dentalprodukten die aktiven medizinischen Verbrauchsartikel, aktive implantierbare medizinische Geräte, elektromedizinische Geräte, medizinisch-technische Instrumente und Produkte sowie In-vitro-Diagnostika und Diagnostik-Geräte und Produkte zur Empfängnisregelung.

Das MPG enthält keine eigenen Anspruchsgrundlagen in Bezug auf die Produkthaftung, so daß nach wie vor alternativ die Anspruchsgrundlagen des Produkthaftungsgesetzes und Bürgerlichen Gesetzbuches heranzuziehen sind. Auch hier ist also wieder bei Vorliegen eines ärztlichen Behandlungsfehlers auf die Deliktshaftung nach § 823 BGB oder auf die vertraglichen Haftungsgrundlagen des Behandlungsvertrages zurückzugreifen. Auch insoweit soll der Beitrag eine Bestandsaufnahme der Rechtsprechung zur Haftung des Arztes als Anwender von Medizinprodukten sein.

II. Rechtliche Grundlagen der Arzthaftung

Eine spezialgesetzliche Regelung für die Haftung des Arztes im Rahmen der Arzneimittel- und Produktmitteltherapie gibt es nicht. Auch hat die Unterscheidung zwischen vertraglicher und deliktischer Haftung nur geringe Bedeutung. Die sich aus dem Behandlungsvertrag ergebenden Sorgfaltsanforderungen und die deliktischen Sorgfaltspflichten sind grundsätzlich identisch[5].

---

[4] BVerwG, NJW 1986, 800.

[5] Vgl. BGH, VersR 1988, 1273

Die Haftung aus Delikt unterliegt einer dreijährigen Verjährungsfrist gemäß § 852 BGB, während ein vertraglicher Haftungsanspruch erst nach 30 Jahren verjährt. Schließlich haftet der Krankenhausträger im Bereich der Vertragshaftung für das Verschulden von Erfüllungsgehilfen gemäß § 278 BGB ohne Entlastungsmöglichkeit. Im Bereich der deliktischen Haftung besteht für den Krankenhausträger zumindest grundsätzlich die Möglichkeit, den Entlastungsbeweis gemäß § 831 Abs. 1 Satz 2 BGB zu erbringen und damit für das Verschulden des Verrichtungsgehilfen nicht zu haften. Da die Anforderungen an den Entlastungsbeweis nach der Rechtsprechung jedoch sehr hoch sind, wirkt sich der Unterschied in der Praxis kaum aus.

Als Haftungstatbestände unterscheidet man auch im Bereich der Arzneimittel- und Produktmitteltherapie den Behandlungsfehler, den Aufklärungsfehler und den Dokumentationsfehler, wobei der Dokumentationsfehler in der Regel kein eigenständiger Anknüpfungspunkt ist, sondern vor allem beweisrechtliche Folgen hat. Die Klage im Arzthaftungsprozeß wird in den meisten Fällen auf den Vorwurf fehlerhafter Behandlung gestützt[6]. Nicht ohne Grund hat aber Kimbel beim 11. Symposium für Juristen und Ärzte der Kaiserin-Friedrich-Stiftung für das ärztliche Fortbildungswesen 1988 in seiner Eigenschaft als Geschäftsführer der Arzneimittelkommission der deutschen Ärzteschaft erklärt:

> *„Man kann nur von Glück sagen, daß die Jurisprudenz sich mit dem Gebiet der Arzneimittelhaftung noch nicht so sehr befaßt hat, weil der Patient ja einen Eingriff mit dem Messer offenbar als lebensgefährlicher ansieht als ein Arzneimittel."*[7]

Dies erstaunt um so mehr, als die Arzneimittelbehandlung unbestritten die häufigste Art der ärztlichen Therapie darstellt. Jeder praktische Arzt verschreibt täglich ca. 100x ein Arzneimittel, weit über die Hälfte aller Patienten kommen in die Praxis eines Allgemeinarztes, um ein Arzneimittel verschrieben zu erhalten. Dies führt insgesamt zu einem Umsatzvolumen von über 20 Milliarden DM für 750 Millionen Arzneimittelpackungen pro Jahr[8]. Um so mehr gilt es, den ärztlichen Standard im Bereich der Arznei-

---

[6] Vgl. Franzki, Von der Verantwortung des Richters für die Medizin-Entwicklungen und Fehlentwicklungen der Rechtsprechung zur Arzthaftung, MedR 1994, 171 [173].

[7] Hammerstein/Schlungbaum, Defensives Denken in der Medizin, Irrweg oder Notwendigkeit?, 1991, S. 61.

[8] Instruktiv Madea/Staak, a.a.O., S. 303 - 305.

mitteltherapie und der Verwendung von Medizinprodukten näher zu begründen.

III. Der Behandlungsfehler

1. Der medizinische Standard

Der Arzt schuldet dem Patienten die Einhaltung des ärztlichen Standards, d.h. grundsätzlich die schnellstmögliche Anwendung der wirksamsten Therapie unter weitestmöglicher Verkürzung des Krankheitsverlaufs[9]. Wer als Arzt nicht auf dem aktuellen Stand der medizinischen Wissenschaft ist, handelt schuldhaft[10]. Der Standard von heute kann ein Fehler von morgen sein[11]. Allerdings - und dies ist nicht zu vergessen - auch der Fehler von gestern kann der Standard von heute sein. Vor etwa 6 bis 7 Jahren war beispielsweise die Behandlung des akuten Herzinfarktes mit Beta-Blockern noch als ärztlicher Behandlungsfehler anzusehen, heute ist es - außer im kardiogenen Schock - gängige Behandlungspraxis.

Der Standard ist also keine statische Größe, die immer, überall und in jeder Situation gleich ist. Zu berücksichtigen ist hier auf der einen Seite, daß sich in der Medizin ständig neue Erkenntnisse und Möglichkeiten ergeben, entsprechend denen sich auch der ärztliche Standard weiter entwickelt, auf der anderen Seite müssen die Grenzen des jeweils verfügbaren, ärztlichen, pflegerischen, apparativen und räumlichen Potentials Beachtung finden. Der Patient kann nicht immer optimale Behandlungsbedingungen, nach den neuesten Methoden arbeitende Ärzte und den Einsatz modernster Apparate, Medizinprodukte und Arzneimittel erwarten. Dementsprechend gibt es situationsorientiert unterschiedliche Standards. So wird in einem kleinen Stadtkrankenhaus der medizinische Standard in der Regel niedriger anzusetzen sein als in einer großen Universitätsklinik[12]. Ein unverzichtbarer Basisstandard, der sich an den medizinischen Qualitätsanforderungen der Gegenwart orientiert, muß jedoch immer gewährleistet sein.

---

[9] Vgl. OLG Koblenz, VersR 1994, 353.
[10] Vgl. BGH, NJW 1968, 1181.
[11] Vgl. z.B. Giesen, Arzthaftungsrecht, 1.A., 1990, Rz. 74.
[12] Vgl. BGH, VersR 1988, 495; BGH, VersR 1989, 851.

Eine Behandlungsmethode genügt dann nicht mehr dem medizinischen Qualitätsstandard, wenn es bereits eine neue, medizinisch-wissenschaftlich erprobte und im wesentlichen unumstrittene Methode gibt, die sich bereits in der Praxis durchgesetzt hat und für die Patienten ein geringeres Risiko und/oder bessere Erfolgsaussichten bedeutet[13]. Verfügt der behandelnde Arzt über ein besonderes Fachwissen, das über den „normalen Standard" hinausgeht, so hat er dies zu nutzen[14]. Ebenso hat ein Krankenhaus, das über die modernsten Geräte und neuesten Arzneimittel verfügt, diese auch einzusetzen.

2. Der Begriff des Behandlungsfehlers

Nach der Rechtsprechung des Bundesgerichtshofs beantwortet sich die Frage, ob der Arzt einen Behandlungsfehler begangen hat, ausschließlich danach, ob er unter Einsatz der von ihm zu fordernden medizinischen Kenntnisse und Erfahrungen im konkreten Fall vertretbare Entscheidungen über die diagnostischen und therapeutischen Maßnahmen getroffen und diese Maßnahmen sorgfältig durchgeführt hat[15]. Der Begriff des Behandlungsfehlers wird als sehr weit ausgelegt. Er umfaßt nicht nur die klassischen Fehler, wie z.B. die fehlerhafte Arzneimittelinjektion, das Verabreichen eines falschen Medikaments, die Überdosierung eines Arzneimittels oder einer Bestrahlung, das Vergessen von Instrumenten, Tupfern oder anderen Gegenständen im Körper des Patienten, sondern auch Fehler im Behandlungsumfeld, wie z.B. das Unterlassen notwendiger Kontrolluntersuchungen, das Unterlassen der Anforderung wichtiger Patientenunterlagen, Unstimmigkeiten bei der horizontalen und vertikalen Arbeitsteilung. Die Behandlungsfehler können äußerst vielfältig sein.

Jede ärztliche Maßnahme, die nach dem Erkenntnisstand der medizinischen Wissenschaft die gebotene Sorgfalt vermissen läßt, stellt einen Behandlungsfehler dar[16]. Sorgfalt meint dabei die sachkundige Umsicht, die durch eine besondere berufliche Ausbildung erworben und durch praktische Erfahrung erweitert worden ist, und die sich an dem jeweiligen medizinischen Standard orientiert. Das ärztliche Handeln ist gemäß § 276

---

13 Vgl. Steffen, Neue Entwicklungslinien der BGH-Rechtsprechung zum Arzthaftungsrecht, 6. A., 1995, S. 52.

14 BGH, VersR 1987, 686.

15 Vgl. BGH, NJW 1987, 2291 [2292].

16 Vgl. Laufs/Uhlenbruck, Handbuch des Arztrechts, 1992, § 99, Rz. 5; Giesen, a.a.0., Rz. 68.

BGB nach einem objektiven Sorgfaltsmaßstab zu beurteilen[17]. Der Arzt muß dabei die Qualitätsanforderungen erfüllen, die an einen Angehörigen seines Berufsstandes und seiner besonderen Fachrichtung gestellt werden[18]. Der Facharzt schuldet ein anderes Maß an Sorgfalt als ein Arzt für Allgemeinmedizin.

3. Behandlungsfehlertypen

a) Übernahmeverschulden

Da der Arzt seinem Patienten den Standard eines erfahrenen Vertreters seines Fachgebiets schuldet[19], muß er vor jeder Übernahme einer Behandlung selbstkritisch prüfen, ob seine Kenntnisse und Fähigkeiten ausreichen, um eine ausreichende Diagnose zu stellen, eine sachgemäße Heilbehandlung einzuleiten und bei etwaigen diagnostischen und therapeutischen Eingriffen alle erforderlichen Sorgfaltsmaßnahmen beachten zu können[20]. Erkennt der Arzt, daß er für die indizierte Behandlung nicht ausreichend qualifiziert ist oder müßte er dies zumindest erkennen, so liegt ein Übernahmeverschulden vor, wenn er den Patienten dennoch weiter behandelt, ohne einen erfahrenen Arzt hinzuzuziehen. Die Sorgfaltsanforderungen werden nicht dadurch herabgesetzt, daß der behandelnde Arzt unter Durchschnitt befähigt ist, wenig Praxiserfahrung hat oder noch Berufsanfänger ist[21]. Die Rechtsprechung legt insoweit einen strengen Maßstab an[22]. Die Beweispflicht für die erforderliche Qualifikation und Erfahrung für die dem Patienten vorgeschlagenen Maßnahmen trifft den Arzt[23]. Die Rechtsprechung verlangt allgemein ein besonderes wissenschaftliches Interesse des Arztes und eine Aufgeschlossenheit gegenüber neuen Entwicklungen[24].

Jeder Arzt ist verpflichtet, sich stetig fortzubilden. Die Rechtsprechung stellt auch diesbezüglich strenge Anforderungen. Zwar ist es nicht

---

[17] Vgl. BGHZ 87, 27 [35]; 113, 297 [303].
[18] Vgl. BGHZ 113, 297 [304].
[19] Vgl. BGHZ 88, 248 [254].
[20] Vgl. BGH, VersR 1991, 469 [470].
[21] Vgl. BGH, VersR 1971, 251; BGHZ 88, 248 [254].
[22] Vgl. BGH, NJW 1985, 2193 [2194]; OLG Düsseldorf, VersR 85, 1049 [1050].
[23] BGH, NJW 1980, 2751; BGH, NJW 1987, 2927.
[24] Vgl. BGH, NJW 1978, 584.

erforderlich, daß der Arzt sämtliche medizinischen Veröffentlichungen kennt und sofort berücksichtigt. Insbesondere gilt dies für die Spezialliteratur anderer Fachgebiete[25]. Auf seinem eigenen Fachgebiet muß der Arzt jedoch die einschlägigen Fachzeitschriften regelmäßig lesen[26]. Zum Teil wird sogar die Benutzung der jeweils aktuellen Auflage der medizinischen Fachbücher verlangt[27]. Zur Lektüre ausländischer Fachzeitschriften ist der Allgemeinmediziner nicht verpflichtet. Ob dies auch für den Facharzt gilt, hat der BGH bisher offen gelassen. Will der Arzt eine neue Methode anwenden, die sich noch in der Erprobung befindet, so ist er jedenfalls verpflichtet, auch die wissenschaftliche Diskussion der Methode im Ausland zu verfolgen[28].

Ein Übernahmeverschulden stellt es also dar, wenn ein Arzt bei der Ausführung einer Operation ein neues medizinisches Gerät oder Medizinprodukt verwendet, mit dessen Funktionsweise er sich vorher nicht vertraut gemacht hat. Insbesondere wenn bereits in der Fachliteratur vor bestimmten Gefahren der Benutzung des Geräts gewarnt wird, muß von dem behandelnden Arzt verlangt werden, daß er sich vor der Durchführung einer solchen Operation die insoweit erforderlichen Kenntnisse verschafft[29].

Problematisch sind auch die sogenannten Anfängeroperationen. Die Übertragung einer Operation auf einen dafür noch nicht ausreichend qualifizierten Assistenzarzt stellt einen Verstoß gegen die dem Patienten geschuldete ärztliche Sorgfalt und damit einen Behandlungsfehler des für den Einsatz verantwortlichen Arztes dar. Der Anfänger muß schrittweise unter Aufsicht eines erfahrenen Arztes an die Operationen der verschiedenen Schwierigkeitsgrade herangeführt werden[30]. Bei chirurgischen Eingriffen, die von einem Berufsanfänger vorgenommen werden, muß grundsätzlich immer ein Facharzt assistieren, der die Operation überwacht und jederzeit korrigierend eingreifen kann[31]. Es genügt nicht, daß der Oberarzt als Ansprechpartner zur Verfügung steht[32].

Der Krankenhausträger und der für die Operation verantwortliche Arzt haften aus Organisationsverschulden, wenn der Berufsanfänger mit der zugeteilten Operation überfordert ist. Demgegenüber haftet der Assistenzarzt

---

[25] BGH, NJW 1982, 697 [698]; OLG Hamm, VersR 1987, 994.
[26] Vgl. BGHZ 113, 297 [304].
[27] Vgl. Giesen, a.a.0., Rz. 77.
[28] OLG Düsseldorf, VersR 1987, 414.
[29] Vgl. OLG Saarbrücken, VersR 1981, 1289 - Hochfrequenzchirurgiegerät
[30] Vgl. Laufs/Uhlenbruck, a.a.O., § 101 Rz. 15.
[31] Vgl. BGH, NJW 1992, 1560; OLG Karlsruhe, VersR 1991, 1177.
[32] BGH, NJW 1988, 2298.

selbst aus Übernahmeverschulden, wenn er erkannt hat oder jedenfalls erkennen mußte, daß seine Kenntnisse und Fähigkeiten für die zugeteilte Operation nicht ausreichen und er den Eingriff dennoch nicht abgelehnt hat. Der Anfänger kann sich nicht starr auf die Einteilung im Operationsplan berufen, sondern muß sich seiner eigenen Grenzen bewußt sein[33].

Gegenüber solchen klaren Fällen des Übernahmeverschuldens stellen sich jedoch im Medizinalltag diffizilere Probleme. Mit zunehmender Modernisierung werden immer mehr Geräte mit eigener Computereinheit ausgerüstet, so u.a. auch EKG-Geräte, die eine automatische Analyse und Diagnosestellung aus dem EKG ermöglichen. Hier entsteht die Frage, wer für Programmierungsfehler haftet. Der unerfahrene Arzt, für den dieses Gerät gerade ein Hilfe sein soll - der erfahrene Arzt kann die Diagnose in der Regel auch ohne diese Geräte stellen -, verläßt sich auf die automatische Analyse und wird somit möglicherweise auf einen falschen therapeutischen und diagnostischen Weg geleitet. Dies, obwohl ihm angesichts seiner Qualifikation kein Vorwurf gemacht werden kann.

Ähnliche Probleme ergeben sich bei der Anwendung von Laborgeräten. Automatische Analysegeräte für klinisch-chemische Analysen produzieren entsprechende Laborparameter, die akut nur auf ihre Plausibilität zu überprüfen sind. Externe Qualitätskontrollen werden regelmäßig nur alle ca. 3 bis 6 Monate, also in größeren Abständen, durchgeführt. Hierdurch entsteht die Gefahr, daß falsche Laborparameter gewonnen werden und erst verspätet korrigiert werden können. Der unerfahrene Arzt nimmt den gewonnenen Laborparameter also durchaus zutreffend an, während der erfahrene Arzt sich auf seine Erfahrung verläßt und den gewonnenen Laborwert einer erneuten Überprüfung unterzieht.

Ähnliche Probleme ergeben sich bei der Anwendung der automatischen Lungenfunktionsanalyse. Durch falsche Programmierung kann auch hier wieder der unerfahrene Arzt falsch diagnostizieren, während möglicherweise der erfahrene Arzt aufgrund der Betrachtung des klinischen Gesamtbildes rechtzeitig auf mögliche Fehlerquellen aufmerksam wird. Die Beispiele zeigen, daß auch dann, wenn kein Übernahmeverschulden im klassischen Sinne vorliegt, weil es dem ärztlichen Standard entspricht, daß auch der Assistenzarzt diese modernen Hilfsmittel der Diagnose verwendet, die Gerätetechnik den Arzt auf den falschen Weg führen kann, ohne daß ihm ein Schuldvorwurf gemacht werden kann.

---

[33] Vgl. Giesen, a.a.O., Rz. 90.

b) Organisationsverschulden

Der Krankenhausträger hat dafür zu sorgen, daß die für Diagnose, Therapie und Operationen benötigten medizinischen Geräte bereitgestellt werden und durch regelmäßige Wartung funktionstüchtig bleiben[34]. Der Patient kann verlangen, daß der Arzt bei einem medizinischen Eingriff die modernsten vorhandenen Geräte einsetzt, deren Handhabung beherrscht und die Funktion des Gerätes ständig überwacht[35]. Der Arzt muß sich vor jeder Inbetriebnahme eines neuen Gerätes mit der Funktionsweise und Bedienung vertraut machen und bei Schwierigkeiten ggf. die Herstellerfirma um Hilfe bitten[36]. Es kann einen groben Behandlungsfehler darstellen, wenn vorhandene medizinische Geräte für die Therapie nicht eingesetzt werden[37].

Weiter ist das Krankenhaus zu einer bestimmten Vorratshaltung von Medikamenten verpflichtet. Gefährdungen eines Patienten können in keinem Fall allein mit der Unwirtschaftlichkeit einer Behandlung gerechtfertigt werden. So kann sich das Krankenhaus auch nicht bei der Anwendung eines teuren Medikaments auf die Unwirtschaftlichkeit der Vorratshaltung berufen, wenn das Medikament rechtzeitig beschafft werden konnte[38]. Zu weit geht allerdings ein umstrittenes Urteil des OLG Köln[39], wonach der Nichteinsatz eines für eine bestimmte Indikation noch nicht zugelassenen Medikamentes (Aciclovir bei Herpesenzephalitis) einen groben Behandlungsfehler darstellt. Den Ärzten kann nicht einerseits als Behandlungsfehler vorgeworfen werden, daß sie ein für einen bestimmten Indikationsbereich nicht zugelassenes Medikament einsetzen, während es andererseits aber auch als Behandlungsfehler gewertet wird, daß sie dieses Medikament nicht einsetzen.

c) Diagnosefehler

Zu den häufigsten Diagnosefehlern im Falle der Arzneimitteltherapie gehört die Ferndiagnose und die Verordnung von Arzneimitteln ohne Unter-

---

[34] Vgl. BGH, NJW 1975, 2256 [2246].
[35] Vgl. BGHZ 102, 17 [21]; BGH, NJW 1989, 2321 [2322]; BGH, NJW 1992, 754; BGH, NJW 1978, 584.
[36] BGH, NJW 1978, 584; vgl. auch die am 1.1.1986 in kraft getretene Medizingeräteverordnung.
[37] BGH, VersR 1989, 851 f.
[38] BGH, NJW 1991, 1541.
[39] OLG Köln, VersR 1991, 186

suchung des Patienten. Die Rechtsprechung hat mehrfach entschieden, daß die Verordnung eines Medikaments auf die telefonische Information des Patienten hin einen Behandlungsfehler darstellen kann[40]. Der Arzt darf sich auch nicht auf Jahre zurückliegende Patientenbefunde stützen, sondern muß sich vor einer Behandlung durch eigene Diagnose vergewissern[41]. Immerhin ist bemerkenswert, daß nach einer amerikanischen Studie sogenannte unerwünschte Arzneimittelwirkungen in der Mehrzahl, nämlich zu 55 % als unnötig und vermutlich vermeidbar eingeschätzt werden[42]. Ein nicht unerheblicher Teil dieser Arzneimittelzwischenfälle kommt sicherlich auf das Konto der Verordnung ohne ausreichende Diagnose.

d) Therapiefehler

Der Arzt ist verpflichtet, sich eine ausreichende Sachkunde über die von ihm angewendeten Behandlungsmethoden einschließlich der Risiken und insbesondere der richtigen Techniken für deren gefahrlose Anwendung anzueignen. Er verstößt gegen die gebotene Sorgfaltspflicht, wenn er eine Therapie wählt, mit deren Handhabung, Eigenarten und Risiken er sich zuvor nicht in dem erforderlichen Maße vertraut gemacht hat[43].

Die Arzneimittelbehandlung stellt heute die häufigste Art der Patiententherapie dar. Die Anstrengungen der pharmazeutischen Industrie, ihren Umsatz zu steigern, haben Erfolg gehabt. Der Arzt greift insbesondere in der Bundesrepublik schneller zum Rezeptblock, zumal der Patient bei jeder Gesundheitsstörung, die auch auf andere Weise, wie z.B. durch die Umstellung der Lebensweise zu beheben wäre, sofort nach einem Medikament verlangt. Viele Arzneimittel sind heute rezeptfrei in der Apotheke erhältlich. Aber auch bei ärztlicher Verordnung verläuft die Anwendung häufig ambulant und unkontrolliert. Der Arzt hat nur eingeschränkt Einfluß darauf, für welche Dauer und in welcher Dosierung der Patient das verordnete Medikament tatsächlich anwendet. Es läßt sich nur schwer kontrollieren, ob der Patient daneben noch weitere Arzneimittel einnimmt oder Alkohol bzw. Drogen konsumiert. Diese Probleme erschweren auch die Haftungsfrage.

---

[40] Vgl. BGH, NJW 1979, 1248; BGH, NJW 1986, 2367.

[41] BGH, NJW 1992, 2354.

[42] Madea/Staak, a.a.O., S. 305.

[43] BGH, VersR 1991, 469 [470].

Die klassischen Behandlungsfehler bei der Arzneimitteltherapie sind die Verordnung eines falschen Medikaments, die fehlerhafte Dosierung, eine falsche Applikationsart, die Nichtbeachtung oder nicht rechtzeitige Erkennung individueller Kontraindikation oder Arzneimittelwechselwirkungen.

Problematisch im Hinblick auf die Neben- und Wechselwirkungen sind vor allem Antibiotika, Zytostatika, Glukokortikoide und Antikoagulantien sowie Psychopharmaka[44].

Der Gefährdungshaftung des pharmazeutischen Unternehmens muß eine besondere Sorgfaltspflicht des Arztes bei der Anwendung des Arzneimittels entsprechen. Er darf sich nicht ausschließlich auf die Zusatzinformationen des Bundesgesundheitsamtes verlassen, sondern muß sich auch durch eigenes Studium der entsprechenden Fachliteratur Kenntnisse über die therapeutischen Möglichkeiten und den Zulassungsrahmen des betreffenden Arzneimittels verschaffen[45]. Er sollte gewissermaßen seine eigene persönliche Positivliste haben. Der Arzt muß die Gebrauchsinformationen kennen, darf sich aber nicht blind auf die Angaben in einer Zeitschrift, einem Lehrbuch oder auf dem Beipackzettel des Pharmaproduzenten verlassen[46]. Immer muß ihm die Möglichkeit der Trennung zwischen Arztinformation und Packungsbeilage bewußt sein, von der Möglichkeit, daß die Fachinformation DV-mäßig gespeichert und abrufbar gemacht worden ist, hat er Gebrauch zu machen. Alle Angaben sind stets kritisch zu bewerten. Besondere Vorsicht ist gegenüber Verharmlosungen des Herstellers geboten[47].

Jeder behandelnde Arzt muß Indikationen, Nebenwirkungen, Kontraindikationen und Interaktionen von ihm verordneter Arzneien sowie auch die typischen Symptome arzneimittelinduzierter Erkrankungen kennen. Kein Arzt ist gezwungen, ein Arzneimittel anzuwenden, das er nicht kennt und das er bezüglich der erwünschten und unerwünschten Nebenwirkungen nicht beherrschen kann[48].

Der Arzt hat bei der Verordnung eines Arzneimittels immer eine Risiko-Nutzen-Abwägung vorzunehmen, bei der insbesondere die Anamnese, Diagnose und Therapieergebnisse Beachtung finden müssen. Bleiben Zweifel, so muß sich der Arzt zunächst durch ein Studium der Fachliteratur oder durch Befragung des Herstellers oder eines Spezialisten,

---

[44] Vgl. Madea/Staak, a.a.0., S. 309.

[45] OLG Köln, VersR 1991, 186.

[46] BGH, JZ 1971, 63.

[47] Vgl. BGH, NJW 1982, 697 [698]; BGHZ 78, 209.

[48] Vgl. Madea/Staak, a.a.0., S. 317.

z.B. des Pharmaberaters, die notwendigen Informationen beschaffen. Auch wenn noch keine gesicherten Erkenntnisse über die Schädlichkeit einer Behandlung oder eines Medikaments vorliegen, muß der Arzt auf erste Anzeichen einer Schädigung achten und bei deren Vorliegen sofort reagieren, die Behandlung abbrechen, einen Spezialisten hinzuziehen oder ggf. den Patienten in ein Krankenhaus überweisen[49]. Erst recht gilt dies natürlich, wenn im Deutschen Ärzteblatt oder mit einem „Rote-Hand-Brief" unerwünschte Arzneimittelwirkungen einer bestimmten Arzneimittelgruppe mitgeteilt werden.

Als der Verdacht einer Infizierungsgefahr mit dem AIDS-Virus durch Blutkonserven erstmalig auftrat, war jeder Arzt verpflichtet, sich über die möglichen Infizierungsgefahren zu informieren, über neue Erkenntnisse auf dem laufendem zu halten und alle möglichen Kontrollmaßnahmen zu ergreifen, um eine Infizierung seiner Patienten zu verhindern[50].

Den Arzt trifft daneben eine allgemeine Therapiebeobachtungspflicht. Sowohl bei Standardbehandlungen als auch insbesondere bei der Anwendung neuer Behandlungsmethoden, neuer Medikamente oder Medizinprodukte muß er den Verlauf der Therapie beobachten und die gewonnenen Erkenntnisse auswerten, um sie dem Hersteller mitzuteilen und für künftige Fälle sofort nutzen zu können.

Die Kontrolle des Verlaufs des Erfolges oder Mißerfolgs dient insbesondere auch dem Schutz später zu behandelnder Patienten[51]. Sie soll sicherstellen, daß das Therapiekonzept bei Auftreten schädlicher Behandlungsfolgen in diesem und in den Fällen gleichartiger Behandlung sofort abgebrochen werden kann.

Zur ärztlichen Sorgfaltspflicht gehört es auch, den Patienten auf mögliche Nebenwirkungen eines Medikaments oder Medizinprodukts hinzuweisen oder ihn anzuweisen, selbst auf mögliche schädliche Behandlungsfolgen zu achten und über etwaige sofortige Beschwerden zu berichten[52]. Hat der Arzt Zweifel am Inhalt der Herstellerinformationen, muß er sich z.B. durch Rückfrage beim Hersteller vergewissern[53].

Die Pflichten des Arztes enden nicht mit der ärztlichen Maßnahme. Auch danach schuldet der Arzt den Patienten die Kontrolle, Überwachung, Nachbehandlung, Rehabilitation und Warnung vor behandlungstypischen Nachwirkungen und Nichtbefolgung ärztlicher Weisungen. So hat die

---

[49] Vgl. z.B. BGH, NJW 1960, 95 für Röntgenbestrahlung; BGHZ 90, 103 [105 f.] für Strahlentherapie.

[50] Vgl. Giesen, a.a.O., Rz. 78.

[51] Vgl. Giesen, a.a.0., Rz. 124.

[52] BGH, NJW 1982, 697.

[53] BGH, NJW 1982, 697 [698].

Rechtsprechung einen Behandlungsfehler insbesondere auch darin gesehen, daß der Arzt den Patienten mit einem Medikament, das erhebliche Nebenwirkungen zeigen kann, längere Zeit unkontrolliert behandelt[54] oder darin, daß ein praktischer Arzt den sich verschlimmernden Beschwerden des Patienten nicht selbst nachgeht und den Medikationsempfehlungen der Fachklinik weiter folgt[55].

Durch das Gesundheitsstrukturgesetz wird der Trend zur Selbstmedikation immer mehr gefördert. Welche haftungsrechtlichen Konsequenzen sich daraus - etwa bei unvorhersehbaren Arzneimittelwirkungen - ergeben, bleibt abzuwarten[56].

e) Koordinierungsmängel

Im Rahmen der Aufgabe des Arztes, die spezifischen Gefahren der ärztlichen Arbeitsteilung zu steuern, bleibt an dieser Stelle nur darauf zu verweisen, daß der behandelnde Arzt den Patienten stets auf die Dringlichkeit einer Weiterbehandlung hinzuweisen hat und durch Informationen im Arztbrief sicherstellen muß, daß die Nachbehandlung durch den anderen Arzt reibungslos übernommen werden kann. Der überweisende Arzt darf sich grundsätzlich auf die Diagnoseergebnisse des Spezialisten bzw. der Klinik verlassen und sie bei der Weiterbehandlung zugrunde legen. Dies gilt jedoch nicht, wenn er trotz beschränkter Einsicht in das Behandlungsgeschehen erkennen muß, daß erhebliche Bedenken gegen das diagnostische Vorgehen des Spezialisten bestehen[57].

Der hinzugezogene Arzt bestimmt nicht nur die Art und Weise der Leistungserbringung, sondern muß auch prüfen, ob die erbetene Leistung den Regeln der ärztlichen Kunst entspricht und nicht etwa kontraindiziert ist. Grundsätzlich kann er sich zwar darauf verlassen, daß der überweisende Arzt den Patienten in seinem Verantwortungsbereich sorgfältig und ordnungsgemäß untersucht und behandelt hat und daß die Indikation zu der erbetenen Leistung zutreffend gestellt ist[58]. Ergeben sich jedoch für den hinzugezogenen Arzt aufgrund bestimmter Anhaltspunkte Zweifel an der Richtigkeit der ihm übermittelten Diagnose, muß er diesen Zweifeln nachgehen und darf sie nicht auf sich beruhen lassen[59]. Das gilt insbesondere,

[54] OLG Bamberg, VersR 1977, 436 [437].
[55] OLG Koblenz, VersR 1992, 752.
[56] Vgl. Madea/Staak, a.a.0., S. 317.
[57] BGH, VersR 1989, 186.
[58] Vgl. BGH, MedR 1994, 111 [112] m.w.N.
[59] BGH, MedR 1993, 67[68 f.].

wenn der überweisende Arzt einen Spezialisten hinzugezogen hat für eine Leistung, die er selbst nicht erbringen kann[60].

5. Neulandmedizin

Der Arzt kann nach einer alten Methode verfahren, ohne sich dem Vorwurf eines Behandlungsfehlers auszusetzen, so lange sich eine im Vordringen befindliche Methode noch nicht als vorteilhaft durchgesetzt hat. Bei der Anwendung neuer Behandlungsmethoden gelten um so größere Sorgfaltsanforderungen, je neuer und unerprobter die Behandlungsmethoden sind[61]. Strengste Sorgfaltsanforderungen gelten im Bereich der wissenschaftlichen Versuche, der Humanexperimente. Hier muß der Arzt den Probanden ausnahmslos umfassend aufklären[62].

6. Beweislast

Die Frage der Beweislast spielt gerade im Bereich der Arzneimitteltherapie eine entscheidende Rolle und bedarf noch kurzer Betrachtung.

Grundsätzlich hat der Patient zu beweisen, daß dem Arzt bei der Behandlung, also auch der Medikamentation oder der Verwendung eines bestimmten Medizinproduktes, ein Fehler unterlaufen ist und dieser Fehler für den eingetretenen Schaden kausal geworden ist. Es können sich jedoch Beweiserleichterungen nach den Grundsätzen des Anscheinsbeweises ergeben, wenn nach der Lebenserfahrung die Schädigung typisch auf einen Behandlungsfehler hindeutet. Außerdem greifen Erleichterungen für den Kausalitätsnachweis bis hin zur Kausalitätsvermutung ein, wenn ein grober Behandlungsfehler festgestellt wurde. Gemeint sind hier insbesondere Verstöße gegen elementare Regeln der ärztlichen Behandlung und gegen Grundkenntnisse der Medizin, die aus objektiver ärztlicher Sicht unverständlich sind. Abzustellen ist dabei auf die Gesamtsituation[63].

Ein Diagnosefehler ist immer nur dann als grob fahrlässig zu werten, wenn es sich um einen schwerwiegenden Irrtum handelt[64]. Häufiger wird

---

[60] BGH, MedR 1994, 111 [112].
[61] Vgl. Giesen, a.a.0., Rz. 83.
[62] Vgl. Giesen, a.a.0., Rz. 84.
[63] Vgl. Steffen, a.a.0., S. 188 ff.
[64] BGH, VersR 1981, 1033; BGH, NJW 1988, 1513

ein grober Behandlungsfehler zu bejahen sein, wenn der Arzt auf eindeutige Befunde nicht reagiert, eine Standardmethode nicht anwendet, nicht qualifiziertes Personal mit der Durchführung der Therapie beauftragt und den Verlauf nicht überwacht[65].

Die Beweisschwierigkeiten des Patienten beginnen mit dem Nachweis des Behandlungsfehlers. Der Grundsatz der Therapiefreiheit gibt dem Arzt einen nicht unerheblichen Spielraum, der es sogar erlaubt, sozusagen auf eigene Faust zu therapieren und unter Umständen auch von der sogenannten „Roten Liste" abzuweichen. So hat es das OLG Hamm in einer gerade ergangenen Entscheidung vom 4.10.1995, sachverständig beraten, für vertretbar gehalten, daß der Arzt eine Paratendonitis im Jahre 1987 mit einem Pentosanpolisulfat SP 54, einem Heparinoid behandelte, obwohl die Behandlung einer Paratendonitis nicht zu den in der sogenannten „Roten Liste" genannten Anwendungen von SP 54 gehörte. Es lagen zwar - auch von dem Arzt - publizierte Erfahrungen in der Behandlung einer Paratendonitis mit Heparinoiden vor, der Arzt versprach sich einen schnelleren und weniger beschwerlicheren Heilungsverlauf als bei der konservativen Behandlung. Der Sachverständige bezeichnete die intravenöse Verabreichung dieses Mittels lediglich als ungewöhnlich, die Gefahr einer Thrombozytopenie, die auch tatsächlich bei der Patientin eingetreten ist, brauchte ihm nicht unbedingt bekannt zu sein. Eine Nutzen-Risiko-Analyse findet sich weder in den Ausführungen des Sachverständigen noch des Gerichts[66].

Noch weitaus schwieriger als der Nachweis des Behandlungsfehlers ist der dem Patienten obliegende Beweis einer Ursächlichkeit zwischen Behandlungsfehler und eingetretenem Schaden. Bleiben wir bei unserem Beispiel der Verabreichung von SP 54. Selbst wenn - so das OLG Hamm - der Arzt entgegen dem Wortlaut der gültigen Packungsbeilage fehlerhaft Kontrolluntersuchungen unterlassen hat und selbst wenn er die Patienten nicht über das Thrombozytopenie-Risiko aufgeklärt hat, läßt sich nicht feststellen, daß der bei dem Patienten eingetretene Ganglieninsult auf dem Behandlungsfehler und der Nichtaufklärung beruht. Hier kommt dem Arzt zugute, daß ein Schlaganfall nicht selten ohne vorangehende Anzeichen und ohne bestehende Risiken auch unabhängig von einer Medikamentengabe eintritt. Beweiserleichterungen verneint das Gericht, da der Umstand, daß die Behandlung rechtswidrig ist, den Nachweis der Schadenskausalität nicht unbillig erschwert. Ob der Entscheidung zu folgen ist, wird die inzwischen eingelegte Revision zeigen. Jedenfalls dokumentiert dieser Fall

---

[65] Vgl. BGH, VersR 1983, 729.

[66] OLG Hamm, Urteil vom 4.10.1995 - 3 U 222/94 -, nicht rechtskräftig.

sehr deutlich, daß der Nachweis der Kausalität zwischen Medikation und dadurch bedingter Schädigung viel schwieriger ist als bei invasiven Eingriffen, da es an der klaren Erkennbarkeit eines solchen Zusammenhanges fehlt und allein eine zeitliche Koinzidenz nicht ausreicht[67]. Es würde andererseits dem Grundgedanken der Therapiefreiheit des Arztes widersprechen, wenn man die Beweislastregeln des AMG, die auf die Herstellerhaftung zugeschnitten sind, auf die Anwenderhaftung des Arztes übertragen würde. Ein solcher Schritt würde die Haftung des Arztes für Therapiefehler bei der Verwendung von Medikamenten oder Medizinprodukten in unzulässiger Weise in eine Gefährdungshaftung umwandeln, ein Schritt, der sich schon deshalb verbietet, weil damit die häufigste Art der Patiententherapie in Defensivmedizin münden müßte.

IV. Kasuistik

1. Medikamentenvorrat

Der BGH hatte am 11.12.1990[68] folgenden Fall zu entscheiden:

Der Kläger wurde am 3.11.1982 mit einem komplizierten Bruch des linken Handgelenks in das Krankenhaus eingeliefert. Zur Rettung der Hand war eine Operation dringend erforderlich. Da der Kläger wegen eines erlittenen Herzinfarkts regelmäßig das Medikament Marcumar einnahm, welches die Gerinnungsfähigkeit des Blutes herabsetzt, wurde ihm zur Normalisierung der Blutgerinnung ein Prothrombinkomplexpräparat (PPSB) verordnet. Bei der Verabreichung dieses Präparats ist das Risiko einer Hepatitis-Infektion mit etwa 50 % anzusetzen. Die Gefahr einer chronischen Hepatitis beträgt 20 %. Im Fall des Klägers hat sich das Risiko verwirklicht. Er ist aufgrund der Infektion erwerbsunfähig geworden.

Der Senat hat es nicht als Behandlungsfehler angesehen, daß in der gegebenen Situation das mit dem hohen Hepatitisrisiko verbundene PPSB-Präparat verordnet wurde, da dies zur Durchführung der Operation und damit zur Rettung der Hand des Klägers dringend erforderlich war. Ein Behandlungsfehler kann jedoch nach Auffassung des Senats darin liegen, daß nicht das seinerzeit bereits bekannte Präparat „PPSB-Hepatitis-Sicher“

---

[67] Zutreffend Madea/Staak, a.a.O., S. 310.
[68] BGH, VersR 1991, 315.

beschafft und angewandt wurde. Wäre dieses Präparat vorrätig gewesen, hätte es angewendet werden müssen, auch wenn noch keine gesicherten Erkenntnisse über andere Nebenwirkungen, vor allem thrombogenetischer Art vorlagen und nachteilige Auswirkungen bei dem Patienten nicht auszuschließen waren. In dieser Situation stellt der Senat darauf ab, daß noch nicht erforschte, mehr theoretische Risiken sowohl aus Sicht des Arztes als auch aus Sicht des Patienten weit eher in Kauf genommen werden können, als die hohe Gefahr einer chronisch verlaufenden Hepatitis-Infektion.

Der Senat hält in der Entscheidung weiter fest, daß u.U. dem Krankenhaus ein Organisationsverschulden deshalb angelastet werden kann, weil das sicherere Präparat nicht vorrätig war. Insoweit war in dem gegebenen Fall zu überprüfen, ob das Präparat PPSB-Hepatitis-Sicher seinerzeit bereits zur Standardausstattung auch eines kleineren Krankenhauses gehörte. Nach Auffassung des Senats hätte das Krankenhaus in jedem Fall versuchen müssen, das sicherere Präparat zu beschaffen. Ggf. wäre auch eine Überweisung in eine andere Klinik, in der das Präparat verfügbar war, angezeigt gewesen.

Als Leitsatz der Entscheidung ist festgehalten worden, daß ein Organisationsverschulden des Krankenhausträgers darin liegen kann, daß ein Medikament mit erheblich niedrigeren Risiken für den Patienten nicht rechtzeitig vor der Operation zur Verfügung steht.

2. Medikationsempfehlung einer Fachklinik

Das OLG Koblenz[69] hatte einen Fall zur Entscheidung vorliegen, in dem die Klägerin wegen Epilepsie über einen längeren Zeitraum mit dem gleichen Medikament behandelt wurde, obwohl sich ihr Zustand verschlechterte.

Die Klägerin wurde wegen gehäuft auftretender cerebraler Krampfanfälle in die Universitätsnervenklinik X eingewiesen. Dort wurde eine „symptomatische Epilepsie bei geburtstraumatisch entstandener Porencephalie“ festgestellt und der Klägerin u.a. das Medikament Zentropil verordnet. Durch ihren Hausarzt wurde die Klägerin auf Empfehlung der Klinik weiterhin mit Zentropil behandelt. Es trat jedoch keine wesentliche Besserung ein. Einige Monate später wurde die Klägerin als Notfall erneut in die Klinik aufgenommen. Die Gleichgewichtsstörungen und Bewußtseinsbeeinträchtigungen hatten zugenommen. Die Medikation wurde dennoch u.a. mit Zentropil fortgesetzt. Auch der Hausarzt der Klägerin folgte

[69] OLG Koblenz, VersR 1992, 752.

weiterhin dem Therapievorschlag der Fachklinik. Die Klägerin mußte noch mehrfach stationär behandelt werden. Die Therapie schlug nicht an. Schließlich traten bei der Klägerin auch noch Seh- und Sprachstörungen auf. Auf die Empfehlung der Fachklinik setzte der Hausarzt jedoch die Behandlung mit Zentropil weiterhin fort und reduzierte diese nach eigenen Angaben schließlich von dreimal eine auf zweimal eine Zentropil/die.

Auf Veranlassung eines Facharztes wurde die Klägerin schließlich in die neuropsychiatrische Klinik der Universität X eingewiesen. Dort wurde eine Zentropil-Vergiftung festgestellt, die das Kleinhirn der Klägerin bereits bleibend geschädigt hatte. Die Folge waren neurologische Ausfälle, Sprachstörungen und Lähmungserscheinungen. Die Klägerin ist auf die Benutzung eines Rollstuhls angewiesen.

Aufgrund einer ärztlichen Begutachtung hat der Senat es als erwiesen angesehen, daß die Klägerin in Folge der von dem Hausarzt über nahezu drei Jahre hinweg durchgeführten Zentropil-Medikation eine irreversible Kleinhirnschädigung mit schwerwiegenden Folgen erlitten hat und der behandelnde Allgemeinmediziner dieses Ergebnis pflichtwidrig und schuldhaft zumindest mitverursacht hat.

Nach Auffassung des OLG genügte der Arzt für Allgemeinmedizin seiner Sorgfaltspflicht nicht dadurch, daß er sich an die von der Fachklinik empfohlene Zentropil-Medikation hielt. Er war vielmehr verpflichtet, den Ursachen der anhaltenden und sich noch verschlimmernden Beschwerden der Klägerin auf den Grund zu gehen und dabei auch die Medikationsverträglichkeit abzuklären. Ihn trafen uneingeschränkt die nach herrschender Rechtsauffassung von einem Arzt bei der Anwendung von Arzneimitteln zu beachtenden Sorgfaltspflichten. Danach hatte sich der Arzt für Allgemeinmedizin selbst über das Medikament bezüglich Kontraindikation, Dosierung und Nebenwirkungen zu informieren und die Patientin hinreichend aufzuklären und insbesondere wirksam zu überwachen, ob die Medikation zu dem erwünschten Erfolg führte und ggf. die Dosierung zu ändern oder das Medikament ganz abzusetzen.

Der Senat hält weiter fest, daß der Arzt, der ein nicht ungefährliches Medikament verschreibt, die Anwendung fortlaufend gezielt auf die Vermeidung schädlicher Nebenwirkungen gerichtet überwachen muß. Es gehört nach Auffassung des Senats zu dessen wichtigsten Pflichten, jede erkennbare - vor allem aber eine bereits genau erkannte - Gefahrenquelle auszuschalten, wenn und soweit sie in zumutbarer Weise vermeidbar ist und zwar auch dann, wenn mit einer Verwirklichung der Gefahr nur in verhältnismäßig seltenen Fällen gerechnet werden muß[70]. Über diese Ver-

---

[70] Vgl. BGH, VersR 1972, 1075.

pflichtung setzt sich der Arzt hinweg, der „blind" der Medikationsempfehlung einer Fachklinik folgt, anstatt eigenständig die von dem Patienten zunehmend gezeigten Ausfallerscheinungen abzuklären.

Im vorliegenden Fall hätte der Arzt für Allgemeinmedizin schon allein aufgrund der Angaben im Beipackzettel des Medikamentes frühzeitig eine gezielte Klärung einer möglichen Zentropil-Unverträglichkeit herbeiführen müssen.

Die den Hausarzt treffende Sorgfaltspflicht wird nach Meinung des Senats keineswegs überspannt, wenn von ihm eine hinreichende Information über die Nebenwirkungen des Zentropils und eine eigenverantwortliche Verträglichkeitskontrolle bis hin zu der Pflicht gefordert wird, die sich aufdrängenden Symptome einer Unverträglichkeit abzuklären. Im Zweifelsfall dürfte hier auch zu bejahen sein, daß der Hausarzt verpflichtet ist, sich zu dieser Frage in neurologisches Fachschrifttum einzulesen[71]. Zumindest wäre jedoch der Hausarzt hier verpflichtet gewesen, in der Universitätsnervenklinik Rückfrage über die dort bekannten Nebenwirkungen und Schadensfolgen der Zentropil-Medikation zu halten.

3. Angaben in Fachbüchern

Interessant ist auch ein Fall, der bereits im Jahr 1970 entschieden wurde[72]. Dort wurde ein Patient mit Verdacht auf Diabetes insipidus in das Krankenhaus eingeliefert. Der Assistenzarzt führt nach Unterrichtung des Chefarztes zur Klärung der Diagnose den sog. Carter-Robbins-Test durch. Er ließ 500 ccm einer 20%igen Kochsalzlösung anfertigen. Nach Infusion eines Teils der Lösung wurde der Patient bewußtlos und konnte nur noch mit Mühe gerettet werden.

Der Assistenzarzt hatte sich hier bei der Durchführung des Tests an die Angaben in einem medizinischen Standardwerk gerichtet. In diesem Buch, das insbesondere als Nachschlagewerk für Ärzte diente, befand sich ein Druckfehler. Statt richtig „NaCl i.v. 2,5%" hieß es dort falsch „NaCl i.v. 25%".

Der BGH hatte sich in seiner Entscheidung mit der Frage auseinanderzusetzen, ob in diesem Fall der Verleger oder möglicherweise der Autor, auf den das Korrekturlesen übertragen wurde, haftet. In diesem Zusammenhang hat der Senat jedoch auch deutlich gemacht, daß die intravenöse Infusion von Kochsalzlösungen als solche kein für einen Arzt

---

[71] Vgl. Staudinger/Schäfer, BGB, 12.A., 1986, § 823 BGB Rz. 363.
[72] BGH, JZ 1971, 63.

ungewöhnlicher Eingriff ist und jedem Arzt die Unverträglichkeit von fast 160 Gramm binnen eines kurzen Zeitraums in den Blutkreislauf verbrachten Kochsalz für den menschlichen Körper geläufig sein muß. Der Senat kommt zu dem Ergebnis, daß hier ein schwerer Kunstfehler des Assistenzarztes vorlag, da der Druckfehler für den Arzt leicht zu erkennen war. Einen Verursachungsbeitrag des Chefarztes sieht der Senat darin, daß dieser den Fehler des Assistenzarztes nicht durch Überwachung verhindert hat.

4. Überdosierung

Das Urteil des OLG Oldenburg vom 15.5.1990[73] betrifft einen Fall, in dem bei einem 14-jährigen Patienten unter Vollnarkose (Intubationsnarkose) operativ eine Korrektur der Nasenscheidewand vorgenommen wurde. Der Patient wachte aus der Narkose nicht mehr auf. Eine Beweisaufnahme ergab, daß der Narkosearzt bei den Wiederbelebungsversuchen die für jeden Facharzt selbstverständliche Medikamentendosierung erheblich überschritten hatte.

Das OLG führt hier in seiner Entscheidung aus, daß die überdosierte Medikamentengabe gegen die Regeln der Anästhesiologie verstoße, die zum Standardwissen eines jeden Facharztes gehören. Ein solcher „gröblicher“ Verstoß gegen so elementare medizinische Behandlungsregeln führt nach Auffassung des Senats zur Beweislast des Arztes dafür, daß mangels Eignung dieser Fehlleistung die Reanimation nicht verhindert oder auch nur erschwert worden ist bzw. der Tod auch bei ordnungsgemäßer Medikation eingetreten wäre.

Der Senat bejaht also einen groben Behandlungsfehler und kehrt dementsprechend die Beweislast um.

Mit einem Fall der Medikamentenüberdosierung hatte sich auch bereits im Jahr 1967 der BGH[74] zu befassen. Der Kläger war in diesem Fall im Alter von 6 Monaten an einer schweren Miliartuberkulose erkrankt. Auf Anordnung und unter Kontrolle des Stationsarztes wurde ihm zweimal Streptomycin intramuskulär injiziert. Die Tuberkulose heilte daraufhin aus. Bereits während der Verabreichung des Medikaments litt der Kläger jedoch an einer beidseitigen Mittelohrentzündung. Links mußte das Trommelfell zweimal eingeschnitten werden. Das rechte Ohr heilte nach konservativer Behandlung aus. Es kam jedoch wiederholt zu Mittelohr-

[73] OLG Oldenburg, Urteil vom 15.5.1990 - Kuntz, Arzthaftungsrecht, 142/11.
[74] BGH, VersR 1967, 775

entzündungen. Der hinzugezogene Oberarzt diagnostizierte schließlich eine chronische eiternde Mittelohrentzündung links und eine beiderseitige schwere Hörstörung. Die Klinik bezeichnete die Schädigung des Gehör- und Gleichgewichtssinnes in ihrem Entlassungsbericht als Streptomycinschaden. Als Dauerschaden stellte sich eine praktische Taubheit des Klägers ein, die dieser auf die Überdosierung des Medikamentes zurückführte.

Bereits das Berufungsgericht hat ein Verschulden des Stationsarztes darin gesehen, daß er die Überschreitung der nach seiner eigenen Auffassung zulässigen Höchstmenge (täglich 0,1 g Streptomycin je kg Körpergewicht) zwar möglicherweise nicht angeordnet, wohl aber pflichtwidrig nicht bemerkt und abgestellt hat. Der BGH hat sich dieser Auffassung angeschlossen und insbesondere darauf hingewiesen, daß hier der Stationsarzt ein besonderer Sachkenner auf dem Gebiet der Streptomycin-Behandlung war. Er hatte ein Jahr zuvor eine Monographie über seine gesammelten Erfahrungen mit Streptomycin abgeschlossen. In dieser Arbeit wird gerade auch über beobachtete Sehstörungen verschiedenen Grades in Folge von Überdosierungen berichtet. Gerade weil solche Schädigungen bekannt, im einzelnen aber noch nicht hinreichend erforscht waren, richteten sich die deutschen Behandlungszentren aus Vorsichtsgründen nach einer Formel des französischen Pädiaters Debre, bei deren Einhaltung noch keine nennenswerten Schäden beobachtet worden waren.

Das Verschulden des Stationsarztes ist nicht deshalb bejaht worden, weil die Debre`sche Formel seinerzeit bereits zum allgemeinen fachärztlichen Wissen gehört hätte, sondern weil der Stationsarzt selbst die Notwendigkeit ihrer Beachtung kannte und überdies durch die Anordnung des Klinikdirektors dazu verpflichtet worden war.

Der BGH hat letztlich die Unachtsamkeit des Stationsarztes als leichte Fahrlässigkeit gewertet. Dabei hat der Senat nicht übersehen, daß Streptomycin ein gefährliches Medikament ist, was dem Stationsarzt auch seinerzeit bereits bekannt war, und daß allein eine genauere Kontrolle, insbesondere des Krankenblattes ausgereicht hätte, um den Schaden zu verhüten. Andererseits hat der Senat jedoch das bloße Nichtbemerken des Abweichens der eingetragenen von der verordneten Dosis als ein menschliches Versagen gewertet, wie es auch einem pflichtbewußten Stationsarzt unter der Last seiner Aufgabe im Vertrauen auf die Ausführung seiner Anordnungen durch erfahrene Hilfskräfte unterlaufen kann.

Weiter hat der Senat bei der Bemessung des Schmerzensgeldes ebenso wie das Berufungsgericht den Genugtuungsgedanken zurücktreten lassen. Er stellte insoweit darauf ab, daß dem Stationsarzt die unterlaufene Überdosierung nur mit Blick auf seine verdienstvollen Forschungen angelastet werden kann, die ihm frühzeitig die Kenntnis von der spezifischen Gefährlichkeit des Medikamentes verschafft haben. Bezüglich der Höhe des Schmerzensgeldes wurde daher in erster Linie auf das Ausmaß der objektiven Beeinträchtigung abgestellt.

5. Anwendung eines nach dem AMG nicht zugelassenen Medikaments[75]

Am 25.4.1987 wurde der am 24.11.1986 geborene Kläger in generalisiert tonisch-klonisch krampfendem Zustand in die Klinik eingeliefert. Der Krampfanfall wurde mit Diazepam und Luminal therapiert, das Fieber (von 39 °) wurde mit Wadenwickeln und Paracetamol behandelt. Nach einer ruhigen Nacht erlitt der Kläger am nächsten Morgen einen erneuten Krampfanfall. Die Temperatur stieg wieder. Die Untersuchung ergab, daß eine bakterielle Meningitis auszuschließen war. Da sich der Zustand des Klägers nicht verbesserte, wurde eine antibiotische Behandlung mit Fortum begonnen. Der Radiologe schloß nach einer Computertomographie mit hoher Wahrscheinlichkeit auf eine herdförmige Enzephalitis. Zur Bekämpfung der Hirnentzündung wurde dem Kläger Aciclovir verabreicht. Eine spätere serologische Untersuchung ergab den sicheren Befund einer Herpesvirus-Enzephalitis. Der Kläger wurde weiterhin mit Fortum und Aciclovir behandelt.

Der Kläger leidet seither an einer Hemiparese rechts und führt diese auf den zu späten Einsatz von Aciclovir zur Bekämpfung der Herpesenzephalitis zurück. Der Kläger vertritt die Auffassung, Aciclovir hätte bereits bei Verdacht auf Vorliegen von Herpesenzephalitis verabreicht werden müssen. Demgegenüber hat die Beklagtenseite darauf hingewiesen, daß Aciclovir zum damaligen Zeitpunkt - unstreitig - vom Bundesgesundheitsamt als Medikament gegen Herpesenzephalitis noch nicht zugelassen gewesen sei.

Das OLG hat insoweit dem Kläger Recht gegeben. Es hat der Behandlungsseite in therapeutischer Hinsicht einen zu späten Einsatz Aciclovir zur Bekämpfung der Herpesenzephalitis vorgeworfen, was wesentlich auf der ungenügenden und fehlerhaften Diagnostik beruhe. Weiter hält der Senat fest, daß bereits im Behandlungszeitpunkt der Einsatz von Aciclovir gegen Herpesenzephalitis eine klinisch gängige Praxis gewesen sei. Die Wirksamkeit des Mittels sei aufgrund von Studien an großen

[75] OLG Köln, VersR 1991, 186.

Patientenzahlen belegt gewesen. Die Behandlung mit Aciclovir sei bereits über das Versuchsstadium hinaus gewesen und habe sich als wirksam erwiesen.

Der Senat hat außerdem deutlich gemacht, daß es nicht darauf ankommt, daß Aciclovir im Sinne der Vorschriften des AMG noch nicht als Medikament gegen die Erkrankung zugelassen war. Der Kläger habe mit Recht darauf hingewiesen, daß das AMG nicht die therapeutische Freiheit des Arztes einschränke, d.h., es verbiete ihm nicht, ein Medikament, das gegen bestimmte Erkrankungen „auf dem Markt" sei, auch gegen eine andere Erkrankung einzusetzen, wenn dies medizinisch geboten sei. Letzteres sei jedenfalls dann der Fall, wenn das Medikament medizinwissenschaftlich erprobt sei und die Nebenwirkungen bekannt seien, was hier der Fall gewesen ist.

Der Senat hat den Behandlungsfehler des Arztes als grob gewertet. Der verzögerte Einsatz von Aciclovir sei nicht verständlich. Die Therapie mit diesem Mittel müsse nach den Ausführungen des Sachverständigen als Standardmethode zur Bekämpfung von Herpesenzephalitis angesehen werden, weil es erprobt sei und sich als einzig nachhaltig erfolgversprechendes Mittel herausgestellt habe. Diese Erkenntnis hätte auch von den behandelnden Ärzten erwartet werden müssen.

Die fehlende Zulassung nach dem AMG ändere daran nichts. Dieser Umstand könnte allenfalls Veranlassung gegeben haben, vor Anwendung des Mittels bei den spezialisierten Fachkliniken der Universitäten telefonische Auskünfte über den Zeitpunkt des Einsatzes und etwa zu befürchtende Nebenwirkungen einzuholen, um Gewißheit über das therapeutische Vorgehen zu erlangen. Ein solches Verhalten sei zur Abwendung unmittelbar drohender schwerer Gefahren nicht nur zumutbar, sondern im Interesse des Patienten sogar geboten. Im übrigen zeige auch die Tatsache, daß Aciclovir schließlich gegeben worden sei, daß die fehlende Zulassung nach dem AMG von den Ärzten nicht als Hindernis für den Einsatz des Medikamentes bewertet worden sei. Der Senat kommt zu dem Ergebnis, daß es außer Zweifel stehe, daß der um mindestens 24 Stunden verzögerte Einsatz von Aciclovir generell geeignet war, die Heilungschancen zu verringern oder umgekehrt durch einen entsprechend früheren Einsatz des Mittels sich die Chancen des Klägers verbessert hätten. Im Ergebnis bejaht der Senat daher eine Haftung wegen eines groben Behandlungsfehlers.

6. Nebenwirkungen

In dem Fall, den das OLG Hamm am 18.12.1985[76] zu entscheiden hatte, wurde die Klägerin, die an einem zweitgradigen offenen Unterschenkelbruch litt, zur Verhütung von Thrombose und Embolie ein Prophylaktikum verordnet und appliziert. Sowohl in der Packungsbeilage als auch in der „Roten Liste“ wurde damals nur darauf hingewiesen, daß nach Anwendung dieses Mittels in extrem seltenen Fällen in den unteren Extremitäten Gefäßspasmen auftreten, die nach Absetzen des Präparats reversibel sind. Im Fall der Klägerin zeigten sich am rechten Fuß venöse Abflußstörungen, die letztlich eine Vorderfußamputation notwendig machten.

Das OLG Hamm hat in dem vorliegenden Fall einen Behandlungsfehler verneint. Es kommt zu dem Ergebnis, daß zur Zeit der Behandlung das angewandte Prophylaktikum das effizienteste Medikament gegen Thrombose und Embolie war, auf der anderen Seite seinerzeit - möglicherweise aufgrund der zurückhaltenden Information des Herstellers - noch nicht die Erkenntnisse vorlagen, daß das Vorbeugemittel zu Gefäßverkrampfungen führen konnte, die wegen angelaufener nektrotischer Prozesse Gliedmaßenamputationen notwendig machen konnten. Nach Auffassung des Senats war den behandelnden Ärzten kein Vorwurf daraus zu machen, daß sie nicht an einen Gefäßspasmus gedacht hatten. Eine abseitige Veröffentlichung[77] mußten die behandelnden Ärzte, denen bisher jede Erfahrung über Komplikationen fehlte, nach Meinung des OLG nicht kennen.

7. Überwachung der Anwendung eines Medikaments

In der Rechtsprechung ist auch immer wieder betont worden, daß die unkontrollierte Verordnung eines gefährlichen Medikamentes einen Behandlungsfehler darstellt.

Im Fall des OLG Hamm[78] litt der Kläger bereits seit Jahren unter einer chronischen Lidrandentzündung. Der Augenarzt verordnete ihm corticoide Augentropfen, die bei längerer Anwendung im Augenbereich für den Pa-

[76] OLG Hamm, VersR 1987, 994.

[77] Es handelte sich um einen Bericht der Radiologen Kleinschmidt und Jakobs über Verhandlungen und Referate eines Radiologenkongresses in einer Fachzeitschrift für Radiologen.

[78] OLG Hamm, Urteil vom 21.2.1990, Kuntz, Arzthaftungsrecht, 139.

tienten die Gefahr eines Anstiegs des Augeninnendrucks und auch die Gefahr des Entstehens eines Kataraktes, eines sogenannten Grauen Stares, mit sich bringen. Da dem behandelnden Arzt die möglichen Nebenwirkungen nicht bekannt waren, unterließ er laufende Kontrollen des Augeninnendrucks. Durch zu starken Augeninnendruck kam es schließlich zu einer Schädigung des Sehnerves und damit zu einer Einengung des Gesichtsfeldes und einer Herabsetzung der Sehfähigkeit des Klägers. Aufgrund dessen konnte er die in seinem Bauträgerunternehmen anfallenden Aufgaben nicht oder nur unter größten Schwierigkeiten erledigen und den Betrieb schließlich nicht mehr halten. Der Kläger verlangte Schmerzensgeld sowie Ersatz des ihm durch den Untergang des Unternehmens entstandenen materiellen Schadens.

Wie bereits das Landgericht so hat auch der Senat in der unkontrollierten Verordnung der Augentropfen einen groben Behandlungsfehler gesehen und eine Verpflichtung zum Ersatz weiterer immaterieller Schäden bejaht.

Weiter hält der Senat in den Entscheidungsgründen fest, daß für den hier in Folge Berufsverlust geltend gemachten Verdienstausfallschaden trotz des groben Behandlungsfehlers Beweiserleichterungen nicht in Betracht kommen, da es sich um einen Schaden im Bereich der haftungsausfüllenden Kausalität handelt. Letztlich kommt der Senat insoweit zu dem Ergebnis, daß der Zusammenbruch des Bauträgerunternehmens des Klägers nicht ursächlich auf die Beeinträchtigung seines Sehvermögens zurückgeführt werden kann.

Der BGH[79] hat bereits in einer Entscheidung aus dem Jahr 1970 klargestellt, daß ein Arzt, der ein in der Anwendung nicht ungefährliches Arzneimittel verschreibt, seinen Patienten darüber aufklären muß und durch geeignete Maßnahmen, ggf. durch ärztliche Überwachung, eine nicht gefährdende Anwendung sicherstellen muß.

In dem zugrundeliegenden Fall wurde der 15-jährigen Klägerin zur Behandlung von Warzen auf ihrer Hand die arsenhaltige „Fowler'sche Lösung" verordnet, ohne daß der Arzt auf die Arsenhaltigkeit und Gefährlichkeit des Mittels hingewiesen hatte. Aufgrund des Verhaltens des Arztes nahm die Klägerin an, sie solle die Lösung so lange anwenden, bis die Warzen verschwunden seien. Der Arzt verschrieb der Klägerin zunächst 20 g der Lösung und nach Verbrauch weitere 30 g „Fowler'sche Lösung" mit der Anwendung, dreimal täglich 10 Tropfen einzunehmen. Mit diesem Rezept kaufte die Klägerin insgesamt dreimal 30 g der Lösung. Nachdem

[79] BGH, NJW 1970, 511

sie die ersten beiden Flaschen vollständig und die dritte Flasche zur Hälfte verbraucht hatte, stellte die Hausärztin eine Arsenvergiftung fest.

Der BGH verweist in seiner Entscheidung auf den Grundsatz, dem Patienten kein Mittel zu verordnen, das hinsichtlich seiner Gefährlichkeit außer Verhältnis zum Behandlungsziel steht. Er kommt jedoch aufgrund der vorgelegten Gutachten zu dem Ergebnis, daß die Fowler'sche Lösung zwar ein gefährliches Mittel ist, nach den damaligen Erkenntnissen der Medizin aber ein angemessenes Mittel zur Behandlung juveniler Warzen war.

Einen Behandlungsfehler sieht das Gericht auch nicht in der verordneten Dosierung, jedoch kommt der Senat zu dem Schluß, daß hier die Aufklärungs- und Überwachungspflicht verletzt wurde.

Der Senat vertritt insoweit die Auffassung, daß die Gefährdung der Klägerin darin bestand, daß sie aufgrund des weiteren Rezeptes für 30 g Fowler'sche Lösung zwei weitere Male das Medikament und damit letztlich die dreifache Menge erwerben konnte. Gegen diese gefahrdrohende Möglichkeit, die auch bei Einhaltung der verordneten Einzel- und Tagesdosen die medizinisch vertretbare Gesamtmenge übersteigen konnte, hätte der Arzt nach Auffassung des Senats Sicherungen treffen müssen. Hierzu sei er nicht nur unter vertraglichen Gesichtspunkten, sondern auch im Rahmen deliktischer Haftung gehalten gewesen. Mit einem einfachen Sperrvermerk auf dem Rezept hätte der Arzt bereits einen zusätzlichen Erwerb sowie eine weitere Einnahme über die zuträgliche Gesamtmenge hinaus verhindern können. Gerade bei der damals erst 15-jährigen Klägerin habe der Arzt damit rechnen müssen, daß diese ihn dahingehend verstehen werde, sie solle das Mittel bis zum Verschwinden der Warzen einnehmen. Zur Sicherung der Klägerin war hier nach Auffassung des Senates auch eine Benachrichtigung und Aufklärung der Eltern geboten.

8. Blutkonserven

Großes Aufsehen in der Öffentlichkeit erregten in den 80er Jahren die Fälle, in denen es im Rahmen einer Bluttransfusion zu einer AIDS-Infektion des Patienten kam.

a) Das Kammergericht Berlin hatte am 2.7.1990 einen Fall aus dem Jahr 1983 zu entscheiden[80]. Aufgrund von Myomen der Gebärmutter wurde bei der Patientin eine abdominale totale Hysterektomie durchgeführt. Bereits während der Operation wurde die Infusion einer 500 ml-Blutkonserve erforderlich, die vom Berliner Blutspendedienst bezogen wurden. Die postoperativ durchgeführte Hb-Wert-Kontrolle ergab einen Wert von 9,8 %. Ohne zunächst versucht zu haben, die Anämie medikamentös zu behandeln, wurde der Patientin eine weitere Blutkonserve mit 500 ml infundiert. 4 ½ Monate nach der Blutübertragung wurde eine Hepatitis B-Infektion festgestellt, welche die Patientin auf die Transfusion zurückführte.

Das Kammergericht hat es nicht als groben Behandlungsfehler gewertet, daß der Patientin seinerzeit postoperativ sofort eine weitere Blutkonserve infundiert wurde, ohne zunächst den Versuch zu unternehmen, die Anämie medikamentös zu behandeln. Ein grober Behandlungsfehler liegt nach Auffassung des Gerichts nur dann vor, wenn die Bluttransfusion entgegen jeglicher medizinischer Notwendigkeit gegeben worden wäre. Dafür bestanden hier jedoch keine Anhaltspunkte.

Dementsprechend sei die Patientin bzw. ihre Rechtsnachfolgerin beweispflichtig für die Ursachenverknüpfung zwischen der zweiten Bluttransfusion und der Hepatitis B-Infektion. Zwar spreche der Beweis des ersten Anscheins im allgemeinen schon dann für eine Verursachung, wenn die behauptete Ursache im Vergleich zu anderen möglichen Ursachen relativ selten sei und das festgestellte Krankheitsbild daher nur eine mögliche Folge dieser Ursache sei, sofern allein für diese mögliche Ursache konkrete Anhaltspunkte vorlägen. Im vorliegenden Fall sei dies jedoch gerade nicht gegeben. Die Patientin habe sich die beiden Infektionen (HIV und Lues) auch auf anderem Wege zuziehen können. Dies sei insbesondere deshalb denkbar, weil eine Lues-Infektion bei dem Blutspender nicht vorgelegen habe. Das Kammergericht hat die Klage schließlich abgewiesen mit der Begründung, daß die Ursächlichkeit der Transfusion der zweiten Blutkonserve für die HIV-Infektion nicht nachgewiesen worden sei.

b) Anders lag der Fall, den das OLG Hamburg am 20.4.1990[81] im Berufungsverfahren und der BGH schließlich am 30.4.1991[82] in der dritten Instanz zu entscheiden hatte. Hier war der Patientin anläßlich einer Zwölf-

[80] KG, VersR 1992, 316
[81] OLG Hamburg, VersR 1990, 1126
[82] BGH, VersR 1991, 816

fingerdarmoperation eine in der Universitätsklinik selbst gewonnene Blutkonserve transfundiert worden. Im Rahmen eines späteren Tests stellte sich heraus, daß der Blutspender HIV-positiv war. Die weiteren Ermittlungen ergaben, daß neben der Patientin im vorliegenden Fall auch alle anderen Empfänger des betreffenden Blutes HIV-infiziert waren.

Auch bei dem Ehemann der Patientin wurde schließlich eine HIV-Infektion festgestellt. Dieser verlangte materiellen und immateriellen Schadensersatz.

Nachdem die Klage vor dem Landgericht zurückgewiesen worden war, hat das OLG Hamburg gemäß den Anträgen des Klägers erkannt.

Das OLG geht davon aus, daß zumindest der Anscheinsbeweis dafür geführt sei, daß der HIV der Ehefrau des Klägers durch die ihr am 14.2.1984 transfundierte Blutkonserve des „Spenders X" übertragen worden sei und der Kläger seinerseits sich bei seiner Ehefrau mit dem HIV infiziert habe. Der Senat hält dazu fest, daß die Transfusion HIV-verseuchten Blutes unstreitig nach dem seinerzeitigen Kenntnisstand geeignet war, den HIV auf den Empfänger zu übertragen. Die Infektion der Ehefrau des Klägers erscheine daher als typische Folge der Transfusion. Gegenüber diesem ersten Anschein habe der Krankenhausträger auch keine ernsthafte Möglichkeit eines abweichenden Kausalverlaufs aufgezeigt. Nach der Überzeugung des Senats bestand weiter eine hinreichende Wahrscheinlichkeit dafür, daß der Kläger seinerseits sich bei seiner Ehefrau infiziert habe, mit der er unstreitig jedenfalls in der betreffenden Zeit geschlechtlich verkehrt und sie wegen ihrer Schwerbehinderung laufend intensiv gepflegt und betreut hatte. Auch dem Kläger komme insoweit der erste Anschein zustatten. Die ernsthafte Möglichkeit eines anderen Infektionsweges habe der Krankenhausträger auch für ihn und seine Lebensweise nicht aufgezeigt. Der BGH hat sich in der Revision dieser Auffassung angeschlossen.

Eine schuldhafte Sorgfaltspflichtverletzung haben sowohl das OLG als auch der BGH darin gesehen, daß der Ehefrau des Klägers eine nicht mit optimalem Sorgfaltsstandard gewonnene Blutkonserve transfundiert wurde und daß dadurch sie und der Kläger in eine existenzbedrohende Gefahr gebracht worden sind.

Der BGH hält dazu fest[83]:

"Da eine HIV-Kontaminierung von Blutkonserven für Empfänger und ihre Kontaktpersonen mit verheerenden Konsequenzen verbunden ist und - wie das Berufungsgericht unangegriffen feststellt - auch schon seinerzeit mit der Möglichkeit der Übertragung des Virus durch Bluttransfusionen

---

[83] BGH, VersR 1991, 816 [818].

gerechnet werden mußte, war das Universitätskrankenhaus Y gehalten, die Blutkonserven mit höchstmöglicher Sorgfalt zu gewinnen, um die von unerkannt HIV-kontaminierten Blutkonserven ausgehenden Gefahren auf das damals unvermeidbare Restrisiko zu beschränken. Da im Jahr 1984 noch keine brauchbare Testmethode zum Nachweis von HIV-Antikörpern im Blut zur Verfügung stand, gebot diese äußerste Sorgfalt, insbesondere alle zumutbaren Maßnahmen zu ergreifen, um die Angehörigen von Risikogruppen, namentlich Homosexuelle, die nach den Feststellungen des Berufungsgerichts damals unter den AIDS-Kranken die Mehrheit bildeten, von einer Teilnahme am Blutspenden auszuschließen."

Sowohl das OLG als auch der BGH hielten es nicht für ausreichend, daß - wie im vorliegenden Fall - dem Blutspender ein Merkblatt ausgehändigt wurde, in dem u.a. darauf hingewiesen wurde, daß AIDS möglicherweise durch Blut übertragen werde, daß nach den bisherigen Erkenntnissen Homosexuelle mit Partnerwechsel und Drogenabhängige besonders anfällig für diese Erkrankung seien und deshalb Spender, die diesem Personenkreis angehörten, nicht Blut spenden „sollten". Hier sei an Stelle der bloßen Empfehlung ein striktes Verbot erforderlich gewesen, um die Risikogruppe der Homosexuellen von der Blutspende auszuschließen. Es seien hier zumindest eindeutige Warnhinweise an jeden Blutspender notwendig, verbunden mit einer drastischen Schilderung der Gefahren, die für die Empfänger von Blut und ihre Kontaktpersonen entstehen, wenn der Blutspender HIV-infiziert ist. Weiter hätte nach Auffassung des BGH durch jeden Blutspender eine Erklärung unterschrieben werden müssen, in der er bestätigte, daß er die Warnhinweise genau gelesen hatte und zu keiner der genannten Risikogruppen gehörte. Eine einfache Erklärung dahingehend, daß dem Spender keine Umstände (z.B. Schwangerschaft, Gewichtsverlust) bekannt seien, nach denen er als Spender ungeeignet sei, reicht sowohl nach Auffassung des OLG als auch des BGH nicht aus. In Anbetracht der potentiellen Lebensgefahr für den Blutempfänger und der nicht unerheblichen Gefahr der weiteren Ausbreitung der tödlichen Seuche werden hier von der Rechtsprechung äußerst strenge Anforderungen an die Sorgfaltspflichten gestellt. Der BGH sieht darin auch keine Beeinträchtigung der Persönlichkeitsrechte der Blutspender. Soweit diese nicht bereit sind, die ihren Intimbereich berührenden Fragen zu beantworten, steht es ihnen ohne weiteres frei, von einer Blutspende Abstand zu nehmen.

Da seinerzeit unstreitig noch keine Möglichkeit für einen Kontrolltest auf HIV bestand, war nach Auffassung des OLG sowie des BGH die Herbeiführung einer verantwortungsvollen Entschließung des Spenders die zentrale Maßnahme der Behandlungsseite, um wenigstens eine gewisse Gefahr für eine nichtkontaminierte Blutkonserve zu erhalten.

Da im vorliegenden Fall der Krankenhausträger die geforderten Sicherheitsvorkehrungen nicht getroffen hatte und auch nicht beweisen konnte, daß der Spender auch dann Blut gespendet hätte, wenn ihm zuvor die gebotene schriftliche Erklärung abverlangt worden wäre, haben das OLG und ihm nachfolgend der BGH der Klage stattgegeben und dem Kläger eine Schmerzensgeldrente von monatlich 1.000,-- DM zugesprochen. Der BGH weist insoweit darauf hin, daß auch dann, wenn sich durch die HIV-Infektion die körperliche Befindlichkeit des Klägers hier noch nicht weitgehend verändert hatte, schon allein das Wissen um die Infektion die psychische Verfassung und die Umweltbeziehungen des Klägers entscheidend beeinträchtigt. Dieser Leidensdruck rechtfertige einen Schmerzensgeldanspruch.

Im Jahr 1993 hatte das Kammergericht[44] einen Fall zu entscheiden, in dem die bei einer Operation verwandten Blutkonserven nicht in dem Krankenhaus selbst hergestellt worden waren, sondern von einer sogenannten Blutbank geliefert wurden.

Während einer Gebärmutteroperation kam es hier zu einem erheblichen Blutverlust der Patientin. Zum Ausgleich wurden zunächst Plasmakonserven transfundiert. Auch im Rahmen der notwendig werdenden Zweitoperation waren weitere Bluttransfusionen erforderlich. Zunächst wurden auch hier Plasmakonserven verwendet. Nachdem der Vorrat an diesen Konserven erschöpft war, wurden der Patientin während der zweiten Operation und außerdem postoperativ jeweils 2 Frischblutkonserven transfundiert. Das Gesamtvolumen der Transfusion betrug nach Angaben des Sachverständigen 11.650 ml. Im späteren Verlauf wurde bei der Patientin eine Non-A-non-B-Hepatitis festgestellt, die die Patientin auf die postoperativen Bluttransfusionen zurückführte. Sie verlangte von dem Krankenhausträger den Ausgleich des ihr entstandenen materiellen Schadens sowie ein Schmerzensgeld von mindestens 45.000,-- DM und die Feststellung, daß ihr auch der weitere materielle Schaden zu ersetzen sei.

Das Kammergericht hat die Klage abgewiesen. Es sieht keinen Behandlungsfehler darin, daß Frischblutkonserven verwandt wurden, nachdem der Vorrat an FFP-Konserven mit der Blutgruppe der Klägerin erschöpft war.

Das Gericht weist weiter darauf hin, daß sich nicht feststellen lasse, daß die anläßlich der Zweitoperation und danach verabreichten Frischblutkonserven mit dem Hepatitiserreger belastet waren. Selbst wenn dies der Fall

---

[44] KG, VersR 1995, 300

gewesen sein sollte, lehnte das Kammergericht eine Haftung des Krankenhausträgers für die Schäden, die die Klägerin wegen ihrer Erkrankung an Hepatitis erlitten hat, ab, mit der Begründung, das Krankenhaus sei nicht verpflichtet gewesen, die von einem Blutspendedienst bezogenen Blutkonserven auf Hepatitis-Erreger hin zu untersuchen. Solche Untersuchungen oblägen ebenso wie die Befragung der Blutspender vielmehr den Blutspendediensten und/oder Blutbanken, in denen das Blut unter Einsatz von besonders spezialisierten Ärzten gewonnen und für den Einsatz in den einzelnen Krankenhäusern zur Verfügung gehalten werde. Diese besondere Spezialisierung der Blutspendedienste und Blutbanken sei im Sinne einer horizontalen Arbeitsteilung mit der Folge zu respektieren, daß sich das Krankenhaus darauf verlassen konnte, daß die Blutspendedienste und Blutbanken in ihrem Fachbereich lege artis gearbeitet hätten.

Das Kammergericht sieht in seiner Entscheidung keinen Widerspruch zu der BGH-Entscheidung vom 30.4.1991[85], da im vorliegenden Fall nicht in der Klinik selbst gewonnenes Blut transfundiert wurde. Unabhängig von der nicht bestehenden Untersuchungspflicht für eine Hepatitis-Infektion und ihre Folgen könne dem Krankenhaus auch schon deshalb nichts angelastet werden, weil im Jahr 1985 noch keine Untersuchungsmethoden verfügbar waren, mit denen eine Belastung der Blutkonserven mit einem Hepatitis-C-Erreger hätte festgestellt werden können.

[85] BGH, VersR 1991, 816

Zur Haftung des Arztes für mangelhafte Information des Patienten bei der Anwendung von Arzneimitteln und Medizinprodukten

Christoph-M. Stegers

A.

I.

1. Das weite Feld der ärztlichen Aufklärungspflicht, auf dem sich Jahr für Jahr ganze Horden von Juristen und Medizinern tummeln, sich demzufolge bisweilen verhaken, aber auch Steine ins Rollen bringen und Wurzel ziehen, kann dieser Beitrag nicht vollständig durchpflügen; auch die Wildkräuter in den Randzonen, wie die Aufklärung bei Außenseiterbehandlung, Heilversuchen oder klinischer Erprobung, lassen wir im Verborgenen blühen.

Statt dessen konzentriert sich dieser Beitrag auf Aufklärungs- und Beratungspflicht des Arztes bei pharmakologischen Standardtherapien (§§ 34a, 92a, SGB V). Sie beinhaltet im wesentlichen die verständliche Darstellung von Nutzen und Risiken fachgerechter Medikation. Aufklärung kann mithin Medikationsfehlern nicht den Schein des Rechtmäßigen verleihen. Über Risiken, die nur durch fehlerhafte Behandlung entstehen, braucht nicht aufgeklärt zu werden[1].

Da nach herkömmlicher juristischer Auffassung der Heileingriff[2] - für die Pharmakotherapie gilt nichts anderes - die körperlich Integrität beeinträchtigt, erhält er seine Rechtfertigung erst durch die Einwilligung des informierten Patienten, was nicht ohne beweisrechtliche Konsequenzen bleibt:

---

[1] OLG Köln, ZfS 1993, 376 = AHRS 2740/3; BGH, NA-Beschluß v. 24.11.1992 – VI R ZR 21/92 -

[2] Ständige Rechtsprechung zuletzt BGH, NJW 1988, 2946; Die Entwicklung der Debatte zwischen Körperverletzungskonstruktion der Rechtsprechung und der Persönlichkeitsrechtsdoktrin der Literatur zeichnet Weber-Steinhaus, Ärztliche Berufshaftung als Sonderdelikt, 1990, S. 39 - 58 nach.

Der Arzt[3] muß, wenn der Patient die Aufklärungsrüge erhebt, unter Beweis stellen, daß er den Patienten hinreichend aufgeklärt hat.

Im Rahmen der Selbstbestimmungsaufklärung - zu der auch die Verlaufsaufklärung, d.h. die Information des Patienten über die Diagnose und die zu erwartende gesundheitliche Entwicklung, in Frage kommende diagnostische Maßnahmen und Therapien, deren Kenntnis für die noch ausstehende, gemeinsam mit dem Arzt zu findende Entscheidung des Patienten von Bedeutung ist, gehört - sind alle wesentlichen Aspekte von Nutzen und Risiken, also auch alle Gefährdungen, die infolge der Einnahme des Präparates entstehen und seine Entscheidung beeinflussen können, aufzuzeigen.

Die Gebrauchsinformation oder der bloße ärztliche Hinweis auf dieselbe, ohne Arzt-Patienten-Gespräch, kann unzureichend sein. Das ist z.B. dann der Fall, wenn bei der Erstverordnung der Arzt auf die Packungsbeilage des vom Patienten erst noch in der Apotheke zu erwerbenden Medikaments verweist oder die erste Verabreichung aus vorhandenen Praxisbeständen erfolgt.

Der Hinweis auf den Beipackzettel ohne Rückfragemöglichkeit genügt dann nicht.

Weiter ist die ärztliche Aufklärungspflicht, im Gegensatz zu der Gebrauchsinformation gem. § 11 AMG, individuell bezogen auf den einzelnen Patienten. Gefragt ist ein konkretes und kein generell-abstraktes Nutzen-Risiko-Profil.

Deshalb können sich z.B. neue Erkenntnisse, eigene Erfahrungen mit dem Präparat, kritische Publikationen in der neueren medizinischen Literatur, oder durch Publikationen der Arzneimittelkommission der Deutschen Ärzteschaft bekanntgewordene Verdachtsmeldungen, ohne daß diese bereits in der Gebrauchsinformation gem. § 11 AMG oder der Fachinformation gem. § 11a AMG ihren Niederschlag gefunden haben müssen, bei dem Arzt zu aufklärungspflichtigen Hinweisen verdichten.

Daß sich der Arzt neueren Erkenntnissen nicht verschließen darf, ja sich bezüglich der Chancen und Risiken der verwendeten Präparate und neuerer möglicherweise besserer Medikamente auf dem Laufenden halten und bei der Verordnung berücksichtigen muß, ergibt sich aus der im

---

[3] Allgemeine Meinung. Allerdings neigt die Rechtsprechung dazu, es für den konkreten Fall reichen zu lassen, wenn der Arzt beweist, daß er die Patienten allgemein und ausnahmslos vor Eingriffen in der erforderlichen Weise aufklärt: „einiger Beweis" soll dann genügen (vgl. BGH, NJW 1985, 1399), Das OLG Köln, VersR 1995, 967 verfährt bei dokumentierter Sicherungsaufklärung (Merkblatt) und angeblich fehlendem Hinweis auf Versagerquote im Gespräch vor einer Sterilisierung ebenso.

Kammergesetz[4] bzw. aus der in der jeweiligen Berufs- und Weiterbildungsordnung normierten Fortbildungspflicht. Das Zivilrecht hat diese Pflicht zum Bestandteil des Arzt-Patienten-Vertrages gemacht[5].

Dabei wird die Dringlichkeit der Medikation und die Möglichkeit, auf andere Präparate auszuweichen, in die Überlegungen einzufließen haben.

Gelangt der Arzt zu einer individuell negativen Risiko-Nutzen-Einschätzung, muß er von der Verordnung absehen. Hält er die Risiken im konkreten Behandlungsfall für vertretbar, sollte ein Hinweis reichen.

Hat der Arzt den Patienten vor der Verordnung eines Medikamentes nur mangelhaft aufgeklärt und dieser die Kenntnis des in Rede stehenden Risikos nicht anderweitig - z.B. durch Lektüre der Gebrauchsinformation - erlangt, haftet der Arzt dem nicht informierten Patienten auch für sonst hinzunehmende schädliche Wirkungen einer fachgerechten Medikation, wobei der Patient freilich nur den Anspruch hat, so gestellt zu werden, wie sich seine Krankheit ohne die Behandlung entwickelt hätte oder wie der Heilungsverlauf bei einer fiktiven alternativen Therapie, der er sich statt dessen unterzogen hätte, entwickelt haben würde.

Diesen Aspekt und eine in Pharmakreisen häufig gehörte, aber ungesicherte Behauptung, wonach die meisten Arzneimittelzwischenfälle auf Anwendungsfehlern beruhen sollen, scheint das magere Fallgut zu bestätigen.

Bei insgesamt 55.000 angebotenen Fertigarzneimitteln und immerhin 35.000 Meldungen über unerwünschte Arzneimittelwirkungen im Jahre 1993 (1995 werden ca. 80.000 Meldungen erwartet) gibt es nur drei Entscheidungen des Bundesgerichtshofs und eine Handvoll Entscheidungen der Obergerichte zur Haftung des pharmazeutischen Unternehmers[6], während die Menge der veröffentlichten Streitfälle von Anwenderhaftung sich nicht in eine Fußnote fassen läßt[7].

---

[4] Z.B. § 30 HeilberufsG NW, § 7 Berufs- und WeiterbildungsO d. Ärztekammer Westfalen-Lippe.

[5] BGH, NJW 1991, 1535; OLG Düsseldorf, VersR 1987, 414; NA-Beschluß BGH vom 21.10.1986 – VI ZR 23/86 -.

[6] BGH, VersR 1989, 399; BGH, VersR 1991, 780; BGH, NJW 1991, 1948 (Leitentscheidung zur Haftung bei HIV-Infektion nach Transfusion); OLG Celle, VersR 1983, 1143 (Schädigung nach TBC-Impfung); OLG Celle, VersR 1985, 148 (Haarausfall nach Einnahme eines Gichtmittels).

[7] Vgl. hierzu die tabellarische Übersicht bei Hart, Arzneimitteltherapie und ärztliche Verantwortung, 1990, S. 185 - 194; das Werk sei zur vertiefenden Auseinandersetzung mit dem Thema jedem Praktiker empfohlen.

2. Neben diese kurz skizzierte Selbstbestimmungsaufklärung tritt die therapeutische Aufklärung oder auch Sicherungsaufklärung bei der Arzneimitteltherapie.

Es ist ärztliche Aufgabe, den Therapieerfolg zu sichern und den Patienten zu entsprechender Mitarbeit zu motivieren bzw. ihm die nötigen Kenntnisse zur Sicherung des Erfolges nahezubringen.

Hier liegt die Schnittstelle von Selbstbestimmungsaufklärung und therapeutischer Aufklärung.

Ein Patient, der das Präparat nicht verordnungsgemäß einnimmt, infolge Unkenntnis von Nebenwirkungen solche nicht bemerkt oder sie anders deutet, kann dem Arzt hiervon auch nicht berichten. Therapiegerechtes Verhalten bedarf der Motivation und Überprüfung. Wenn man weiß, daß ein ganz erheblicher Teil der verordneten Präparate - es sollen rund 30 % sein - von den Patienten überhaupt nicht eingenommen oder bei Abklingen von Symptomen und Beschwerden eigenmächtig abgesetzt werden, wundert man sich, daß nicht noch mehr Unheil mit der Behauptung fehlerhafter ärztlicher Beratung forensisch ausgetragen wird.

Kommunikationsmängel bzw. unzureichende Compliance beklagt die Ärzteschaft seit Jahren. Ebenso forderten bei einer EMNID-Umfrage 97 % der befragten Patienten[8], das Arzt-Patienten-Gespräch müsse wieder mehr im Vordergrund stehen.

Zwar ist der gesetzlich versicherte Patient zur Mitwirkung an der Krankenbehandlung und damit zu wirtschaftlichem Verhalten verpflichtet (§ 1 Satz 2 SGB V). Er bleibt aber autonom. Weder unterliegt er der Vernunfthoheit des Arztes[9] noch ist der gesetzliche Krankenversicherer Gesundheitspolizist.

Der Preis der Freiheit schließt die Freiheit zur Krankheit und somit ein paar Mark Krankenkassenbeitrag für das Recht des Patienten auf Unwissenheit und Unvernunft ein.

Die Anforderungen an die ärztliche Dokumentation über die Aufklärung des Patienten, soweit es die Medikation anlangt, sind von der Rechtsprechung bisher nicht näher ausgestaltet worden. Meist wird nur die Rezeptur selbst und nicht das vorgeschaltete Aufklärungsgespräch dokumentiert. Zu empfehlen ist dringend, daß wenigstens die wichtigsten Hinweise stichwortartig aufgenommen werden und soweit als möglich Chargen dokumentiert werden.

---

[8] Vgl. Westfälische Rundschau, 27.10.1995.

[9] Mit diesem prägnanten Begriff weist Giesen, Arzthaftungsrecht, 3.A., u.a. Rz. 108, unter Berufung auf BVerfG, NJW 1982, 691 [693] auf die Dichotomie von medizinischer Rationalität und Patientenwillen hin.

Daß die Chargendokumentation[10] weder berufsrechtlich noch öffentlich-rechtlich statuiert war, kann strenge Zivilgerichte nicht daran hindern, eine diesbezüglich eigenständige zivilistische Pflicht anzunehmen. Immerhin erhöht eine Chargendokumentation die Anwendungssicherheit.

II.

Haftungsbegehren gegen den Arzt wegen fehlerhafter Aufklärung bei der Verordnung von Medikamenten oder gegen den pharmazeutischen Unternehmer scheitern hierzulande jedoch meistens an der schier unüberwindlichen Kausalitätshürde. Nimmt nicht gerade ein Gesunder ein Medikament ein und tritt zeitnah keine markante isolierte Gesundheitsschädigung auf und wiederholt dieser Patient - unwissend wie er ist - nicht noch obendrein im Selbstversuch diese Medikation, worauf die Schädigung erneut auftritt, dann sieht es um Haftungsansprüche wegen unzureichender Risikoaufklärung schlecht bestellt aus. Denn im allgemeinen trägt der Patient die volle Beweislast auf der Kausalitätsebene. Und ein zeitlicher Zusammenhang muß bekanntlich kein ursächlicher sein.

Allenfalls bei einem schweren Beratungsfehler des Arztes, wenn man diesen der Rechtsprechung folgend nicht unter die Selbstbestimmungsaufklärung, sondern unter den Haftungstatbestand des Behandlungsfehlers subsumiert, könnte es anders aussehen. Bei der Haftung des pharmazeutischen Unternehmers gibt es gegenwärtig auf der Kausalitätsebene keinerlei Beweiserleichterung[11].

---

[10] Für Blut und Blutprodukte gelten die Vorgaben der Bundesärztekammer aus dem Beschluß des Vorstandes vom 17.12.1993 DÄ, 457. Das Bundesgesundheitsministerium und das Paul-Ehrlich-Institut stehen nicht auf der Liste der Unterzeichner.

[11] Die volle Beweislast des Geschädigten für Unvertretbarkeit des Risikos und konkrete Kausalität läßt die Haftung des pharmazeutischen Unternehmers zu einem „Muster ohne Wert" werden. Zu den fundierten und vielschichtigen Kritikern zählen auch die Verfasser der „Zweiten Beschlußempfehlung und Schlußbericht" des 3. Untersuchungsausschusses in BT-Drucksache 12/8591 vom 25.10.1994 mit ihren Schlußfolgerungen und Empfehlungen, ebd. S. 255 - 269; die verschiedenen Vorschläge zur Reform des arzneimittelgesetzlichen Haftungsrechts lösten ihrerseits kontroverse Reaktionen aus, einerseits Reinelt ZRP 1994, 333 ff., andererseits Gergaut u. Stegers, ZRP 1995, 31 - 32. Darauf, daß viele mögliche Ansprüche gegen den pharmazeutischen Unternehmer an der Kausalitätshürde scheitern, weist ebenfalls Deutsch, Arztrecht und Arzneimittelrecht, 2.A., 1991, S. 421 hin.

Die Haftungsfälle wegen behaupteter Arzneimittelschäden sind gekennzeichnet dadurch, daß

- solche Schäden häufig unspezifisch sind und andere Ursachen haben können,
- sich Medikamentenschäden, insbesondere Organschäden, über lange Zeiträume entwickeln,
- Multimedikation und Multimorbidität das Spektrum möglicher Zusammenhänge verbreitern,
- sich aus ethischen Gründen der Nachweis durch Wiederholung verbietet.

Solange der Patient mit dem Kausalitätsbeweis im Einzelfall belastet ist, bleibt die Haftung des pharmazeutischen Unternehmers (§ 84 AMG) ein „Muster ohne Wert", während der verordnende Arzt bei gröblichem Medikamentierungsfehler unter Umständen haftet, weil ihm der Kausalitätsbeweis nicht gelingt.

Die Rechtsprechung hat, soweit ersichtlich, bisher noch nicht zu dem Problem Stellung bezogen, ob eine Fehlmedikation, z.B. bei klinischen Versuchen ohne Einwilligung, bereits an sich, ohne daß ein gesundheitlicher Schaden nachgewiesen ist, eine derart schwerwiegende Verletzung des allgemeinen Persönlichkeitsrechts[12] darstellen kann, die allein für sich genommen eine Entschädigung gem. § 847 BGB rechtfertigt. Da wird sicherlich nicht bei dem kleinen Aufklärungsmangel der Fall sein, wäre aber grundsätzlich denkbar, z.B. in Fällen fortwährender klinischer Versuche ohne Aufklärung des Patienten.

B.

Versteht sich die Anwendung eines auf ärztliche Verordnung hin vom Patienten eingesetzten Medizinproduktes nicht von selbst und lassen sich der damit verbundene diagnostische oder therapeutische Erfolg nur nach Beratung verwirklichen und mögliche Risiken erst danach vermeiden oder mindern, so wird man aus der Garantenstellung des Arztes bereits jetzt eine entsprechende Verpflichtung ableiten können.

[12] Seit BGHZ 13, 334 aus Art. 1, 2 GG abgeleitet; zuerkannt wegen Einschränkungen in der Therapiefreiheit und Ansehensschädigung des Arztes durch Kritik eines Apothekers an dessen Medikamentierung, OLG Celle, OLGZ 78, 74.

Was nützen Heimmonitor, Rollstuhl oder eine simple Gehhilfe, wenn damit ein dem Benutzer unbekanntes Gefahrenpotential verbunden ist bzw. sich die Nutzanwendung nicht erreichen läßt?

I.

Aus dem Zivilrecht selbst läßt sich eine Aufklärungs- und Beratungspflicht des Arztes beim Einsatz vom Medizinprodukten nur mit den Topoi "Garantenstellung", „Natur der Sache", „Aufklärung über Behandlungsalternativen" begründen.

Das Selbstbestimmungsrecht ist beispielsweise tangiert, soweit der Patient eine echte Wahlmöglichkeit hat. Sind bei verordnungsfähigen Medizinprodukten Chancen und Risiken, wie beispielsweise

- die Haltbarkeit
- Wahrscheinlichkeit und Erfolgsaussichten bei Revisionseingriff
- Korrosionsgefahr bei Implantaten
- kunststoffassoziierte Infektion bei Implantaten
- Allergiegefahr u.a.m.

unterschiedlich, wird man den aus der Rechtsprechung bekannten Rechtsgedanken, wonach der Patient dann über Behandlungsalternativen[13] aufzuklären ist, wenn eine echte Wahlmöglichkeit besteht, aufgreifen müssen.

Dies wird in der Orthopädie bei der Versorgung mit Prothesen oder in der Gynäkologie bei der Versorgung mit Implantaten nicht unberücksichtigt bleiben können.

Die Sicherungsaufklärung ist tangiert, wenn beispielsweise eine Totalendoprothese mit eisenhaltigem Material anders als eine solche aus Titan bei einem später aus anderen Gründen notwendig werdenden diagnostischem Verfahren z.B. der Magnetresonanztomografie hinderlich ist.

---

[13] Ständige Rechtsprechung seit BGH, NJW 1981, 633; zuletzt BGH, NJW 1992, 743 „Eigenblutspende".

II.

Auch die Medizingeräteverordnung[14] statuiert im Verhältnis zum Patienten keine konkreten Informationspflichten der anwendenden Person.

Allerdings gilt die allgemeine Anforderung des § 3 MedGV, wonach sichergestellt sein muß, daß Patienten, Beschäftigte oder Dritte bei der bestimmungsgemäßen Verwendung der Geräte gegen Gefahren für Leben und Gesundheit insoweit geschützt sind, wie es die Art der bestimmungsgemäßen Verwendung gestattet; Geräte der Gruppen 1, 3 und 4 dürfen nur von Personen angewendet werden, die aufgrund ihrer Ausbildung oder ihrer Kenntnisse und praktischen Erfahrungen die Gewähr für eine sachgerechte Handhabung bieten (§ 6 Abs. 3 MedGV).

III.

Das Medizinproduktegesetz[15] enthält im Gegensatz zu dem in mancher Hinsicht gleich strukturiertem Arzneimittelgesetz keine eigenen Anspruchsgrundlagen zur Produkthaftung. Auch fehlen sicherheits- und leistungsbezogene Produktspezifikationen.

Diese werden vielmehr erst in den noch ausstehenden Rechtsverordnungen zum Medizinproduktegesetz zu finden sein.

Das Medizinproduktegesetz formuliert nur die produktübergreifenden grundlegenden Anforderungen. Es verbietet u.a. den Betrieb und die Anwendung solcher Produkte, bei denen der begründete Verdacht besteht, daß sie die Sicherheit und die Gesundheit der Patienten, der Anwender oder Dritter bei sachgemäßer Anwendung, Instandhaltung und ihrer Zweckbestimmung entsprechender Verwendung über ein nach den Erkenntnissen der medizinischen Wissenschaften vertretbares Maß hinausgehend gefährden (§ 4 Abs. 1 Nr. 1 MPG). Das MPG selbst greift also in das Arzt-Patienten-Verhältnis bzw. das von Betreiber, Anwender und Benutzer nur in dieser abstrakt-generellen Form ein. Es normiert selbst keine ausdrücklichen Informationspflichten zugunsten des Patienten. Anders wird es mit den noch ausstehenden Betreiberverordnungen aussehen, die sich direkt an Krankenhäuser, niedergelassene Ärzte, Rettungseinrichtungen, Pflegeheime und deren nachgeordnetes Personal wenden werden.

---

[14] Medizingeräteverordnung vom 14.1.1985 (BGBl I S. 93, zuletzt geändert durch Art. 9 Nr. 8 des Gesetzes vom 26.8.1992, BGBl I S. 1564).

[15] Gesetz über Medizinprodukte (MPG) vom 2.8.1994 (BGBl I S. 1963).

Es bleibt daher abzuwarten, ob die Betreiberverordnungen selbst konkrete Verhaltenspflichten z.B. lediglich hinsichtlich der Einweisung der Betreiber und Anwender enthalten, wie es als Kann-Bestimmung in den §§ 22, 23 MPG vorgesehen ist, oder ob weitgehende Verhaltens- und Informationspflichten zugunsten des Patienten normieren werden.

Nach der amtlichen Begründung sollen die Regelungen des § 22 MPG entsprechend derjenigen der §§ 6 - 16 der Medizingeräteverordnung *„eine positive Auswirkung auf die Qualität der ärztlichen Leistungen, die in Verbindung mit der Anwendung von Medizinprodukten erbracht wird, haben"*[16]

Wenn dies der Sinn und Zweck ist, werden solche Rechtsverordnungen auch Regelungen darüber zu treffen haben, inwieweit der verordnende Arzt selbst oder entsprechend instruiertes Personal den Patienten in die Handhabung einzuweisen haben.

Indes verlangt nur der vorliegende vorläufige Entwurf zur Betreiberverordnung über aktive Medizinprodukte[17] bei implantierten und energetisch betriebenen Produkten (z.B. Herzschrittmacher) den Patienten schriftlich zu informieren. Die Information muß alle für die Sicherheit des Patienten notwendigen Verhaltensanweisungen enthalten einschließlich der Angaben, welche Maßnahmen bei einem Zwischenfall mit einem Medizinprodukt zu treffen sind, wann der Patient einen Arzt aufsuchen und welchen Umgebungseinflüssen er sich nicht aussetzen sollte (§ 4 Abs. 2 Betreiberverordnung: Aktive Medizinprodukte [Entwurf]).

Für nicht aktive Produkte sieht der dazu vorliegende Entwurf im Verhältnis zum Patienten dahingehend keine ausdrücklich Unterrichtungspflicht vor. Die notwendige Sicherheit des Patienten soll laut vorläufiger Begründung[18] bereits durch die Einweisung des Anwenders gewährleistet sein.

---

16 Vgl. Drs. 12/6991 v. 8.3.1994, S. 35.

17 Betreiberverordnung: Aktive Medizinprodukte - Entwurf mit vorläufiger Begründung Quelle: Bundesministerium für Gesundheit, 237 - 456002/01 Stand 21.6.1994.

18 Betreiberverordnung: Nicht aktive Medizinprodukte - Entwurf mit vorläufiger Begründung zu § 4 - Quelle: Bundesministerium für Gesundheit 237-456002/02, Stand 21.6.1994.

IV.

Damit wird der Zweck der EG-Richtlinie über Medizinprodukte[19], welche jedenfalls im Verhältnis vom Hersteller zum Benutzer eine Unterrichtung über die Restrisiken, für die keine angemessenen Schutzmaßnahmen getroffen werden können, vorsieht, nicht erreicht.

Deshalb sollte de lege ferenda entsprechend der Beratungspflicht des Apothekers bei dem Verkauf von Arzneimitteln (§ 20 Abs. 1 Apothekenbetriebsverordnung) eine Unterrichtungspflicht im Verhältnis zum Patienten als Endnutzer von Medizinprodukten, soweit dies aus Gründen der Anwendungssicherheit notwendig ist, im Sinne einer konkreten Verhaltenspflicht gem. § 823 Abs. 2 BGB normiert werden.

Erstaunlicherweise normieren auch die Heil- und Hilfsmittelrichtlinien[20] umfängliche Informationspflichten für den Arzt, um Notwendiges zu gewähren und Überflüssiges zu vermeiden, doch sehen diese ebenfalls keine explizite, die Verordnung von Hilfsmitteln begleitende Risikoberatung vor.

Bei Produkten der Empfängnisregelung, die in § 3 Abs. 1d MPG ausdrücklich erwähnt sind, ergibt sich eine ärztliche Beratungspflicht jedoch bereits heute zugunsten der gesetzlich Versicherten aus § 24a Abs. 2 S. 1 SGB V.

Der Entwurf einer Rechtsverordnung über das datenbankgestützte Informationssystem (§ 36 MPG) sollte ferner ausdrücklich einen Auskunftsanspruch auch außerhalb einer forensischen Auseinandersetzung vorsehen, wenn der Patient ein entsprechendes rechtliches Interesse hat.

---

[19] Vgl. Anhang I 2 zu Richtlinie 93/42/EWG des Rates über Medizinprodukte vom 14.6.1993.

[20] Richtlinien des Bundesausschusses der Ärzte und Krankenkassen über die Verordnung von Heilmitteln und Hilfsmitteln in der kassenärztlichen und vertragsärztlichen Versorgung in der Fassung vom 17.6.1992 (BAnz Nr. 183 b , S. 13), zuletzt geändert durch Bekanntmachung vom 25.5.1994 (BAnz Nr. 160).

Arzneimittel und Medizinprodukte
Die Haftung des Arztes als Anwender aus ärztlicher und juristischer Sicht

H.F. Kienzle

Arzneimittel, Medikamente, Pharmaka sind definiert als pflanzliche, tierische oder synthetisierte Stoffe, die gemäß Arzneimittelgesetz bestimmt sind zur Diagnostik oder als Therapeutika zur Beeinflussung von Zuständen oder Funktionen des Körpers, als Ersatz für natürlich vom menschlichen oder tierischen Körper erzeugte Wirkstoffe oder Körperflüssigkeiten, sowie zur Beseitigung oder zum Unschädlichmachen von Krankheitserregern, Parasiten oder körperfremden Stoffen[1].

Medizinprodukte sind definiert als Instrumente, Apparate, Vorrichtungen, Stoffe und Zubereitungen aus Stoffen oder anderen Gegenständen einschließlich der für ein einwandfreies Funktionieren des Medizinproduktes eingesetzten Software, die vom Hersteller zur Anwendung für Menschen zu den gleichen Zwecken wie Arzneimittel in den Verkehr gebracht werden. Sie unterscheiden sich dadurch von Arzneimitteln, daß sie überwiegend auf physikalischem Wege ihre Zweckbestimmung erreichen[2].

Am Beispiel des Pflasters kann man demonstrieren, was ein Arzneimittel und was ein Medizinprodukt ist: Das Wundpflaster unterliegt dem Medizinproduktegesetz; ein Pflaster, das aufgeklebt ein herzwirksames Arzneimittel in den Körper abgibt, ist als Arzneimittelträger dem Arzneimittelgesetz zuzuordnen.

Schon 1532 war in der peinlichen „Halsgerichtsordnung" Kaiser Karls des V. von fahrlässiger Tötung durch Arzneimitteltherapie die Rede. Virchow hat seinen Kunstfehlerbegriff 350 Jahre später an einem Beispiel aus der Arzneimitteltherapie erklärt: Der letalen Überdosierung aus Unwissenheit, Irrtum oder wissenschaftlicher Neuerung.

---

[1] Roche Lexikon Medizin, 3.A., 1993, Stichwort Arznmeimittel, S. 118

[2] Schorn, das Medizinproduktegesetz – Anwendung im ärztlichen Bereich, DÄ 1995, B-2114

Die gesetzlichen Krankenkassen hatten 1991 für 750 Millionen Arzneimittelpackungen 21,8 Milliarden DM aufzuwenden. Ein an der kassenärztlichen Versorgung teilnehmender niedergelassener Allgemeinarzt verordnete in diesem Jahr durchschnittlich 12.622 Fertigarzneimittel mit einem Umsatzvolumen von 411.000 DM. 63,8 % der Patienten in der Praxis eines Allgemeinarztes bekommen Arzneimittel verordnet. Für das Verordnungsvolumen verantwortlich ist sicher die Anstrengung der pharmazeutischen Industrie zur Umsatzsteigerung, die Einstellung von Ärzten und Patienten zur Therapie, aber auch auf der Patientenseite das Begehren nach Verordnung von Arzneimitteln für jedwede Befindlichkeitsstörung, die vielleicht gar keiner Therapie bedürfte, oder aber durch Änderung der Lebensweise zu beheben wäre. Der Werbespot aus der englischen Gesundheitserziehung *„You don't need a pill for every ill"* ist durchaus eine beherzigenswerte Maxime.

Daß es aber nicht ohne Medikamente geht, zeigen schon die Eintragungen in der roten Liste. Präparateeinträge und Darreichungsformen gehen in die Tausende (Tab. I, II).

Tab. I

Rote Liste 1992

8.262	Präparateeinträge
10.710	Darreichungsformen
23.529	Preisangaben
411	pharm. Unternehmen

Tab. II

Fertigarzneimittel 1992

6.296	chem. Definierte Präparate
1.019	Präparate pflanzl. Herkunft
469	Organpräparate
478	Homöopathika

Ca. 2.900 verschiedene arzneilich wirksame Substanzen

Arzneimittel

Im Vordergrund der ärztlichen Tätigkeit steht in vielen Fällen die Arzneimitteltherapie. Bei ihrer Anwendung sind dieselben hohen Sorgfaltspflichten zu beachten, wie dies in der operativen Medizin gilt. Bei der Auswahl des Medikaments steht grundsätzlich im Vordergrund - wie bei jeder Therapie - die vorausgehende Diagnose. Bei der Medikation sind dann vermeidbare Gefahren auszuschließen. Beim Vorhandensein von Alternativen ist die jeweils risikoärmere zu wählen. Der Arzt darf sich bei der Auswahl des Medikaments auf die Angaben und Hinweise des Herstellers grundsätzlich verlassen, sofern nicht Bedenken aus der Fachliteratur bekannt sind, oder neu aufgetretene Risiken bekanntgeworden sind. Insbesondere die Packungsbeilage hat der Arzt genau zu kennen und zu beachten.

Bei der Verordnung eines Arzneimittels ist es fahrlässig, ein fehlerhaftes, unvollständiges oder mißverständliches Rezept auszustellen, mögliche Kontraindikationen nicht zu beachten, oder eine zulässige Höchstdosis nicht einzuhalten.

Die Überweisung eines Patienten an einen anderen Arzt oder in eine Klinik, sowie die Entlassung eines Patienten aus der Klinik und damit Übergabe desselben wieder an den Hausarzt, macht eine detaillierte Mitteilung über erforderliche Medikamente, aber auch über Unverträglichkeit von Medikamenten notwendig.

Alle diese Besprechungen, Hinweise und arzneimitteltherapeutischen Maßnahmen sind mit dem Patienten im Sinne der Selbstbestimmung und der damit erforderlichen Aufklärung in einer Sprache zu erörtern, die der Patient versteht.

Der alleinige Hinweis auf den sogenannten Wasch- oder Beipackzettel genügt nicht. Die mündliche Beratung ist notwendig. Andernfalls besteht die Gefahr, daß sich der Patient schädigt, durch Nichteinnahme des Medikamentes oder falsche Dosierung, wenn er durch die Auflistung aller möglichen Risiken im Beipackzettel verängstigt und frustriert die teure Packung in der Schublade verschwinden läßt.

Blut und Blutprodukte sind zwar etwas ganz besonderes, sie unterliegen aber auch den Bestimmungen des Arzneimittelgesetzes. Früher nicht gekannte Risiken müssen zu besonderer Sorgfalt in Indikation und Anwendung veranlassen (Tab. III).

Tab. III

Virus	Restrisiko/Blutkonserve Literatur
HIV I/II	1: 800.000 Zeiler et al. 1994 [42] 1: 1.000.000 Glück et al. 1994 [15]
HBV	1 : 50.000 Kubanek et al. 1993 [23]
HCV -AK-ELISA II	1: 2.000 – 1 : 6.000 Kleinmann et al. 1992 [20] 1: 5.000 – 1 : 10.000 Hoch et al 1993 [17] 1: 20.000 – 1 : 50.000 Roggendorf 1994 [34]

Nach Hoch/Hanfland

Wie komplex die Materie ist, zeigt Abb. 1. Die letzte Verantwortung der Blutübertragung trägt der transfundierende Arzt. Risiken - und damit Haftungsgründe - bestehen aber auch in der Vorbereitung und Planung einer Operation (Ist Eigenblutspende möglich? Aufklärung über Transfusionsrisiken, Alternativmethoden wie Cellsaver und Hämodilution).

Abb. 1 Qualitätssicherung Bluttransfusion

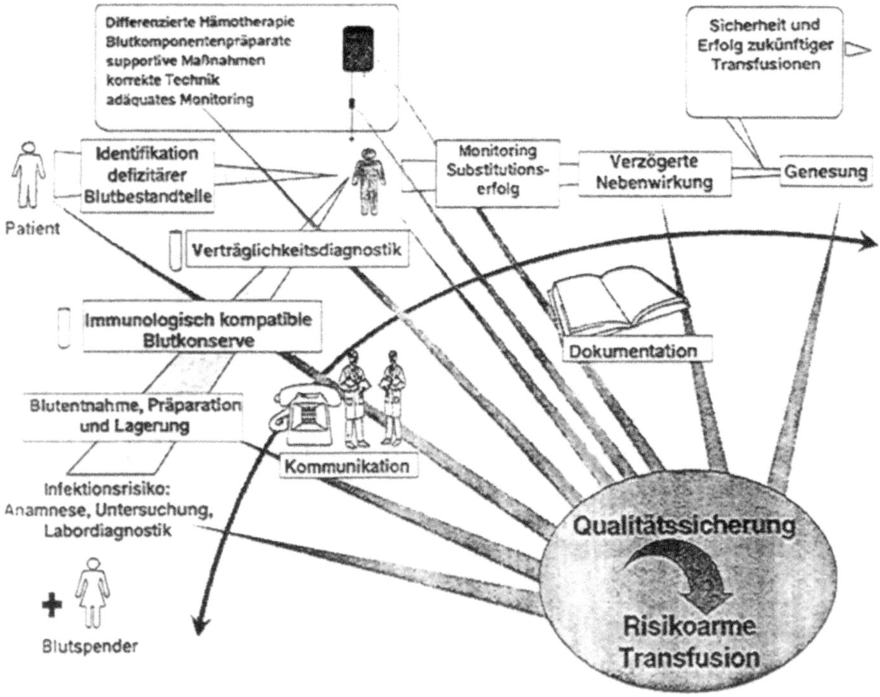

nach Hoch/Hanfland

Nach der Arzneimittelrichtlinie des Bundesausschusses der Ärzte und Krankenkassen soll im Rahmen der kassenärztlichen Versorgung nicht jedes Arzneimittel auf Kosten der Krankenkasse verordnet werden, sondern nur solche Arzneimittel, die neben ihrer Zulassung durch das Bundesgesundheitsamt als therapeutisch wirksam und wirtschaftlich anerkannt sind. Auch hier sind Regresse denkbar.

Das generelle Kostenproblem all der Verordnungen, Dokumentationspflichten und Risikostrategien - personell und sächlich - soll hier ausgeklammert bleiben.

Ein besonderes Licht auf die mögliche Gefährdung durch Arzneimittel wirft die sogenannte Contergan-Katastrophe Anfang der 60er Jahre, sowie der Skandal, den jetzt die Verordnung von sogenannten Schlankheitspillen hervorgerufen hat.

Nach der Contergan-Katastrophe hat der Gesetzgeber zum 1.1.1978 ein neues Arzneimittelgesetz verabschiedet. Leitmotiv ist hierin die Arzneimittelsicherheit zum Schutze des Patienten in Bezug auf Qualität, therapeutische Wirksamkeit und Unbedenklichkeit, wonach ein *„gewissenhafter und ordentlicher Arzneimittelhersteller jedes Arzneimittel, bei dem nicht schon ausreichende Erfahrungen vorliegen, eingehend pharmakologisch und klinisch prüfen muß, bevor er es in den Handel bringt."*

Die Therapiefreiheit des Arztes gründet sich auf § 1 Abs. 2 der Bundesärzteordnung. Der Grundsatz der Therapiefreiheit schließt eine strenge Bindung des Arztes an bestimmte vorgegebene diagnostische wie therapeutische Methoden oder Verfahren aus. Zu den Voraussetzungen einer verantwortlichen Therapiewahl zählt jedoch die genaue und umfassende Erhebung der Befunde, eine Basisuntersuchung und eine umfassende Aufklärung des Patienten. Den Kern bildet dabei die gewissenhafte Abwägung der Vorteile und Gefahren bei den ins Auge gefaßten Methoden in Kenntnis aller Verfahren, insbesondere der erprobten. An die Sorgfaltsanforderungen sind um so höhere Anforderungen zu stellen, je mehr sich ein Arzt von der Standardtherapie und den schulmedizinischen Erkenntnissen entfernt. Letztlich legitimiert sich ärztliches Handeln durch das Einverständnis des aufgeklärten Patienten. Je weiter sich der Arzt von einer medizinisch allgemein anerkannten Therapie entfernt, desto nachhaltiger muß er den Patienten aufklären.

Im Zusammenhang mit den in letzter Zeit in die Schlagzeilen geratenen Schlankheitskapseln (Diuretika, Abführmittel, Glucosestoffwechsel beeinflussende Medikamente, Schilddrüsenhormone, stimulierende Arzneimittel) haftet der Arzt für eine solche Rezeptur straf- und zivilrechtlich, insbesondere wenn er dem Apotheker die Ausführung der Verordnung auf Rücksprache bestätigt. Der Schutz durch die ärztliche Therapiefreiheit stößt bei der Verordnung einer pharmakologisch fragwürdigen Mischung rasch an Grenzen.

Der Arzt kann seiner Sorgfaltspflicht allerdings nur in dem Umfange genügen, wie er seitens der Industrie und seitens des Bundesinstituts für Arzneimittel und Medizinprodukte ausreichend informiert ist. Zum 75-jährigen Jubiläum der Deutschen Gesellschaft für experimentelle und klinische Pharmakologie und Toxikologie stellte der Bundesgesundheitsminister 1995 fest, daß es in Sachen Arzneimittelsicherheit nie einen Stillstand geben dürfe. Gleichzeitig wurde bekannt, daß freigewordene Stellen in den für Arzneimittelsicherheit zuständigen Abteilungen des Bundesinstituts für Arzneimittel und Medizinprodukte nicht mehr besetzt werden sollen. Von 37.600 zur Nachzulassung nach dem Arzneimittelgesetz anstehenden Präparaten wurden bis August 1995 nur 20 zugelassen. Das bedeutet, daß 37.580 in ihrer Wirkung und auf Unbedenklichkeit nur unzureichend geprüfte Präparate - sogenannte Altarzneimittel - sich weiterhin auf dem Markt befinden.

Nach Hopf sollten die Ärzte aktuell, kompetent und direkt über behördliche Entscheidungen zu Arzneimittelrisiken informiert werden. Immerhin sind nach § 30 Abs. 7 der Berufsordnung für die Nordrheinischen Ärztinnen und Ärzte, Ärztinnen und Ärzte verpflichtet, aus ihrer Verordnungstätigkeit bekanntwerdende unerwünschte Arzneimittelwirkungen der Arzneimittelkommission der Deutschen Ärzteschaft in Köln mitzuteilen. Des weiteren sind neutrale Information und intensivierte Erfassung von Arzneimittelrisiken von der pharmazeutischen Industrie zu fordern. Wichtige Informationen werden im Deutschen Ärzteblatt abgedruckt, doch nach welchen Vorgaben und nach welcher Systematik? Leider mußte man in der letzten Zeit immer wieder sehen, daß Theorie und Praxis der Erfassung von Arzneimittelrisiken nicht übereinstimmen. Seit 1990 sind 77.000 Berichte über Nebenwirkungen datentechnisch erfaßt und abrufbar. Doch wer macht davon Gebrauch? Wie erreichen den Arzt die wichtigen Informationen? Die Rote-Hand-Briefe der Industrie sind hier das Gegenstück der Publikationen im Deutschen Ärzteblatt.

Die Diskussion um die Minipille der letzten Wochen zeigt die Problematik der Anwendung bereits bekannter Präparate im Einzelfall - wofür der Arzt haftet -, wenn die Ansichten der Industrie, die Erkenntnisse des Bundesamtes für Arzneimittel und Medizinprodukte und die Erfahrungen der Ärzte keineswegs in Einklang zu bringen sind, - und die Patienten das Präparat aufgrund bisheriger Gewohnheit einfordern.

Ein Arzt muß gar nicht so viele Medikamente und Medikamentengruppen kennen - die anzuwendenden aber gut! Damit entwickelt sich für den einzelnen Arzt ein unschätzbarer Fundus an Wissen und Kompetenz, der durch nichts zu überbieten ist, und der dem Patienten an sicherer Therapie zugute kommt.

Die Beschränkung auf Wesentliches und Bekanntes ist sicher ein wichtiges Mittel der Risiko- und Verantwortungsstrategie.

In jedem Falle muß das Erkrankungsrisiko und das Behandlungsrisiko in ausgewogenem Verhältnis stehen.

Medizinprodukte

Das Medizinproduktegesetz, das seit dem 1.1.995 in Kraft ist, regelt erstmalig und weitgehend das Inverkehrbringen und die Verwendung von Medizinprodukten.

Die Fülle der Medizinprodukte, zusätzliche sind denkbar, geht aus der nachstehenden Zusammenstellung von Schron hervor.

Beispiele für Medizinprodukte und Produkte, die anderen Rechtsbereichen zuzuordnen sind (unverbindliche und exemplarische Aufzählungen)

I. Medizinprodukte

Stoffe
Zahnwerkstoffe, Knochenzemente, Pflegemittel

Aktive Implantate
Herzschrittmacher, Medikamentenpumpen, künstliche Organe

Nichtaktive Implantate
Künstliche Gelenke, Nägel, Linsen, Venenprothesen

Ärztliche Instrumente
Spritzen, Klemmen, Katheter, Endoskope, Blutdruckmeßgeräte

Chirurgische Instrumente
Bohrgeräte, Fräsen, Biopsiebesteck

In- und Transfusionsgeräte
für Dialyse, Blutinfusion, Bluttransfusion

Beatmungsgeräte
Manuelle und energetische Beatmungsgeräte, Atemschläuche

Inhalations-, Narkose- und Sauerstoffgeräte

Ableitungssysteme

Sehhilfen
Brillen, Kontaktlinsen

Hörhilfen
Rehabilitationsprodukte, Hilfsmittel für Behinderte
Rollstühle, Laufhilfen, Greifhilfen
Prothesen, Orthesen, orthopädische Erzeugnisse
Dentalmedizinische und -technische Instrumente und Geräte
Bohrer, Brücken, Abdruckmassen, Sonden Verankerungssysteme
Verbandmittel
Mullbinden, Fixierbinden, Bauchtücher Verbandmittel mit Arzneistoffen
Chirurgisches Nahtmaterial
Physiotherapie-Apparaturen und -Hilfsmittel
Ergometer, Massagehilfen, Gelenktrainer, Spirometer
Strahlen oder Elektrizität abgebende Medizinprodukte
Röntgengeräte, Tomographen
Medizinische Textilien
Medizinische Kompressionsstrümpfe, Operations-Kleidung
Medizinprodukte zur Empfängnisregelung einschließlich Schutz vor Infektionen
Diaphragma, Spiralen, Kondome
Medizinprodukte zur einmaligen Anwendung
Einmalspritzen
Labordiagnostika
(werden später ins Medizinproduktegesetz aufgenommen)
Immunassays, mikrobiologische Diagnostika, Gewebetypisierung
Aktive Medizingeräte für die Diagnostik
Herz-, Kreislauf- und Gefäßdiagnostik, Lungendiagnostik, Ultraschalldiagnostik
Nicht aktive Medizinprodukte für die Diagnostik
Manometer-Blutdruckmeßgeräte, Mikroskope, Thermometer
Erste-Hilfe-Geräte und Notfallausrüstung
Wiederbelebungsgeräte, Verbandkästen, Notfallkoffer
Informationstechnik im Bereich der Medizinprodukte
Software, Computer
Desinfektionsmittel, Reinigungsmittel, Pflegemittel, Sterilisationsgeräte, Zubehör
Sterilisationsgeräte für Kliniken und Arztpraxen, Kontaktlinsenpflegemittel
Packmittel für Medizinprodukte
(als Zubehör)
Mit arzneilich wirksamen Stoffe kombinierte Medizinprodukte
Mit Heparin oder Antibiotika beschichtete Katheter
II. Arzneimittel
Wasser zur Injektion, Anästhesiegase, Körperdesinfektionsmittel
III. Persönliche Schutzausrüstungen
Schutzhandschuhe, Sonnenbrille, Augenschutz

Der sachliche Geltungsbereich umfaßt das Herstellen, Inverkehrbringen, in Betrieb nehmen, Ausstellen, Errichten, Betreiben und Anwenden solcher Produkte.

Der persönliche Geltungsbereich umfaßt den Hersteller, Großhändler und sonstige MP-Vertreiber. Als Anwender sind im wesentlichen die Ärzte, Chefärzte und das Pflegepersonal angesprochen.

Der räumliche Geltungsbereich betrifft die Bundesrepublik Deutschland, wobei es ausschließlich auf den Vorrang des Inverkehrbringens oder Ausstellens ankommt. Unerheblich ist dabei, ob das Medizinprodukt im In- oder Ausland hergestellt wurde.

Ab dem 14.6.1998 ist für die Europäische Union eine sogenannte CE-Kennzeichnungspflicht obligat, seit dem 1.1.1995 fakultativ vorgeschrieben.

Was die ärztliche Verantwortung und Haftung im Bereich der Medizinprodukte betrifft, ist die ausnahmslose Analogie zum Arzneimittelgesetz zu ziehen. Alle Sorgfalt und Kenntnis in der Anwendung aufgrund eingehender Diagnostik, Kenntnis des Patienten und Abwägen des Für und Wider des Einsatzes eines Medizinproduktes ist in gleicher Weise anzuwenden, wie dies bei der Anwendung von Arzneimitteln gilt und allgemein bei der Ausübung des ärztlichen Berufes zu gelten hat. Auch die Vorgaben und Voraussetzungen für die klinische Prüfung eines Medizinproduktes entsprechen weitgehend im Wortlaut, voll inhaltlich aber in der Sache dem Arzneimittelgesetz bis hin zur Einschaltung einer Ethikkommission in der entsprechenden Phase der klinischen Prüfung eines Medizinproduktes.

Ärzte verstehen sich gerne als Naturwissenschaftler. Sie sind es aber nur bis zu einem gewissen Grade. Ärzte sind viel eher hochspezialisierte Anwender von Produkten aller Art auf biologische Systeme mit mehr oder weniger Verständnis für die Produkte bezüglich Materialherstellung und biologischer Verträglichkeit. Experten sollen sie sein in der Anwendung von Arzneimitteln und Medizinprodukten wie auch operativen Eingriffen zum Erhalt oder der Wiederherstellung der Gesundheit aufgrund der Kenntnis physiologischer, pathophysiologischer und anatomischer Gegebenheiten des menschlichen Organismus oder seiner Psyche.

Für diese Tätigkeit ist aufgrund der Eigenheit des ärztlichen Berufs und entsprechend des hippokratischen Eids ein großes Verantwortungsbewußtsein, genaue Beobachtung der Patienten und Erfahrung aus bisheriger Tätigkeit vonnöten. Nicht zu leugnen ist aber auch, daß gelegentlich Unwissenheit, Neugierde und - wer könnte dies ernsthaft abstreiten -, ein gutes Stück Entdeckerfreude bis hin zu Ehrgeiz oder gar erheblichen finanziellen Interessen seitens der Industrie, aber auch seitens des Arztes im Spiel sind. So wichtig und unverzichtbar die eine Seite, so verwerflich ist die andere. Beides ist aber dem Menschen eigen, weshalb es richtig ist, daß auch die Ärzte hier strengen Normen und Kontrollen unterliegen.

Der Patient will das Beste, Neueste, am besten verträgliche und das mit einem Minimum an Risiko - zu Recht. Der Arzt hat unter den verschiedenen Möglichkeiten der Therapie diesem Anspruch zu folgen und dem Patienten seine Überlegungen mitzuteilen, womit wir bei der Aufklärung sind.

Wir Ärzte sind also gehalten, den Patienten nach Aufklärung über seine Erkrankung, deren möglichen Verlauf und Prognose zu informieren über

1. die Sicherheit, Wirkweise und mögliche Risiken, Anwendungsmodalitäten und voraussichtliche Dauer sowie die Folgen der Unterlassung einer Arzneimitteltherapie,
2. Sinn und Zweck der Verwendung eines Medizinproduktes (z.B. Implantats), mögliche Neben- und Folgeerscheinungen, evtl. auch Folgekosten und Folgen einer Nichtanwendung.

Es erscheint sinnvoll, für Implantate einen Implantatpaß vorzusehen, wie dies bereits für Schrittmacher der Fall ist. Dadurch wäre es möglich, auch noch nach Jahren das im Organismus befindliche Produkt zu identifizieren.

Bei all diesen Fragen muß man sich bezüglich Präparatesicherheit auf die Aussagen der wissenschaftlichen Information der Industrie verlassen können, andererseits aber auch Bescheid wissen über die Qualität dieser Aussagen (werbewirksame Broschüren!) und mögliche Alternativen. Es kann nicht Aufgabe oder Sorge des Arztes sein, die Haftung zu übernehmen für die Qualität oder Sicherheit des Produkts selbst. Der Patient kann aber verlangen, daß der Arzt ihn berät aufgrund sicherer Präparatekenntnis im Sinne der medizinischen Anwendung, aber auch hinsichtlich der Aussagekraft der Mitteilungen der pharmazeutischen Industrie oder des Medizinprodukte-Herstellers. Der Hersteller haftet *generell* für das Produkt, der Arzt haftet *individuell* in der Anwendung des Produkts beim Patienten.

Um zum Thema zurückzukommen:

Es sind durch AMG (1987) und MPG (1995) also keine *neuen* Risiken für den Arzt entstanden. Umfang und Geltungsbereich für beide Anwendungsgebiete sind aber umfassend definiert und präzisiert worden.

Für den Arzt gilt nach wie vor der Expertenstatus, den er dem Patienten schuldet, und dem er interkommunikativ gerecht werden muß: Abwägende Therapie nach angemessener Diagnostik entsprechend dem zeitgemäßen Standard der medizinischen Wissenschaft und Erkenntnis nach Information und Aufklärung des Patienten.

Über allem: voluntas aegroti suprema lex.

Steffen: „*Einwilligung ist Gegengewicht zur medizinischen Autorität; medizinische Indikation und Patienteneinwilligung bilden ein Junktim der ärztlichen Behandlung.*"

Und das Ganze ist zu dokumentieren!

Die strafrechtliche Verantwortung des Herstellers

Rolf Jungbecker

Im gesamten Verlauf der bisherigen Diskussion hat die *zivilrechtliche* Verantwortlichkeit einen breiten Raum eingenommen, wobei auch die Überschneidung insbesondere der Herstellerverantwortung gegenüber dem Verantwortungs- und Zuständigkeitsbereich der Zulassungsbehörden bzw. der benannten Stellen zur Sprache gekommen ist. Ich erinnere an das von Prof. Hart erwähnte Stichwort von der *„Parallelisierung von Sicherheitsrecht und Haftungsrecht"*.

Es wäre indes völlig verfehlt, wenn der Hersteller - um den es ja im folgenden allein gehen soll - sein Augenmerk von vornherein nur oder auch nur in erster Linie auf mögliche Schadensersatzverpflichtungen konzentrieren würde. Zu solcher einseitiger Sichtweise besteht angesichts so spektakulärer Strafprozesse wie dem seinerzeitigen Contergan-Verfahren oder dem derzeit aktuellen Holzschutzmittel-Prozeß keinerlei Veranlassung.

Im übrigen erwähnen auch das AMG und das MPG an ganz unscheinbarer Stelle etwas völlig Selbstverständliches, nämlich, daß die Durchführung von Konformitätsbewertungsverfahren bzw. die Zulassung eines Arzneimittels die zivil- und strafrechtliche Verantwortung des Herstellers unberührt lassen[1].

Wenn man sich nun fragt, ob sich für den Hersteller auch in *strafrechtlicher* Hinsicht *neue* Risiken ergeben haben, so muß man dies aus zwei Gründen bejahen: Zum einen hat - ganz aktuell - das MPG ähnlich wie das AMG eine Reihe von Straftatbeständen für das Inverkehrbringen von bedenklichen Produkten geschaffen, während die bisherige MedGV hier allenfalls Ordnungswidrigkeiten angenommen hatte.

---

[1] § 25 Abs. 10 AMG, § 14 Abs. 5 MPG.

Es kommt aber ein zweites hinzu: Im Jahre 1990 hat erstmals der Bundesgerichtshof mit einem grundsätzlichen Urteil im sog. *Lederspray-Fall* Kriterien für die strafrechtliche Produkthaftung entwickelt, die seither eine Strafbarkeit einzelner verantwortlicher Personen eines Unternehmens für Produktfehler als durchaus reale Gefahr erscheinen lassen - eine Entwicklung, die im Holzschutzmittel-Prozeß bestätigt worden ist!

Bevor ich hier konkreter werde, will ich auf einen wichtigen Gesichtspunkt hinweisen, der für das Gesamtverständnis der strafrechtlichen Produkthaftung unverzichtbar ist: Zunächst ist - und das gilt in Deutschland für das gesamte Strafrecht - das Unternehmen als solches nicht strafbar. Strafrechtliche Produktverantwortlichkeit ist immer als *persönliches* Einstehenmüssen des einzelnen zu verstehen - wohlgemerkt nur bei persönlicher Schuld: Strafhaftung ist keine Gefährdungshaftung.

Bei der Produkthaftung kommt im Bereich des Strafrechts nun aber eine besondere Problematik hinzu: durch Produktfehler verursachte Schäden betreffen nämlich fast immer Produktionssachverhalte, die *arbeitsteilig strukturiert sind*, und dies ganz einfach deshalb, weil eine wirksame Gefahrenminimierung in einer technologisch so hoch spezialisierten Wirtschaft wie der unsrigen nur noch durch Schaffung einzelner Verantwortungsbereiche im Unternehmen erreichbar ist.

Bedenkt man nun, daß Versäumnisse und Fehler in jedem einzelnen Verantwortungsbereich auftreten können, also von Entwicklungs- und Fertigungsbereich bis hin zur Unternehmensleitung, dann wird eine Schwierigkeit sichtbar, um die sich das Zivilrecht gar nicht zu kümmern braucht: Das Strafrecht muß die eine oder die mehreren Personen „herausfiltern“, die für den Produktfehler (mit-)verantwortlich sind.

Allerdings hat der BGH in der Lederspray-Entscheidung dieses Problem deutlich entschärft, indem er gesagt hat, daß die auf die Produktgefahren bezogenen Verhaltenspflichten *in erster Linie* durch die *Geschäftsführung* eines Unternehmens zu erfüllen sind. Die Folge liegt auf der Hand: Gerade die Unternehmensleitung muß größtes Interesse daran haben, ihre Organisations- und Kontrollverantwortung bei der Vermeidung von Produktfehlern sorgfältig wahrzunehmen.

Was heißt nun strafrechtliche Produkthaftung in der Sache? Den aus der Sicht der strafrechtlich Verantwortlichen - und natürlich auch der Opfer - sicher *gravierenden* Bereich machen die Tatbestände der vorsätzlichen oder fahrlässigen Tötung bzw. Körperverletzung aus, wenn also ein durch das Produkt verursachter Erfolg (Tod, Gesundheitsschaden) eingetreten ist. Ich möchte aber zunächst kurz auf die schon vorhin erwähnten Straftatbestände des AMG bzw. MPG eingehen, die sozusagen

„im Vorfeld“ des noch nicht konkreten Schadenseintritts das strafrechtliche Herstellerrisiko begründen.

Repräsentativ für die zahlreichen verschiedenen Strafvorschriften, die ich gar nicht alle einzeln aufzählen will, will ich § 95 Abs. 1 Ziff. 1 AMG nennen, der ein Inverkehrbringen von bedenklichen Arzneimitteln entgegen dem Verbot des § 5 AMG mit bis zu drei Jahren Gefängnis bestraft. Dem entspricht der neue § 43 Abs. 1 Ziff. 1 MPG, der mit demselben Strafmaßnahmen das Inverkehrbringen bedenklicher Medizinprodukte sanktioniert. Wenn übrigens durch solches Inverkehrbringen „*die Gesundheit einer großen Zahl von Menschen gefährdet*“ wird, dann reicht nach beiden Vorschriften der Strafrahmen sogar von mindestens einem Jahr bis zu zehn Jahren.

Wir haben es hier - wie in sämtlichen Straftatbeständen der beiden Gesetze - mit sog. *abstrakten Gefährdungstatbeständen* zu tun, es kommt also nicht darauf an, ob eine Person konkret durch das in den Verkehr gebrachte bedenkliche Arzneimittel oder Medizinprodukt gefährdet wurde.

Gerade bei diesen beiden Strafbestimmungen zeigt sich deutlich ihr *Präventivcharakter*: das Strafrecht greift schon beim begründeten Verdacht der unvertretbaren Schädlichkeit ein, um die bei Erfolgseintritt drohende gravierende strafrechtliche Produkthaftung möglichst zu verhindern.

Allerdings will ich hier schon eines vorwegnehmen, was meines Erachtens zeigt, daß der Präventionsgedanke eben doch nicht konsequent vom Gesetzgeber umgesetzt worden ist: wenn ein Verbraucher durch ein Arzneimittel etwa deshalb zu Schaden kommt, weil er es versehentlich *falsch verwendet* - beispielsweise es oral einnimmt, statt es äußerlich aufzutragen -, dann haftet der Arzneimittelhersteller strafrechtlich - wie übrigens auch zivilrechtlich nach Deliktsgrundsätzen[2] - unter dem Gesichtspunkt der Produkthaftung wegen Körperverletzung oder ggf. wegen Tötung. Während also bei der strafrechtlichen Erfolgshaftung auch der *bestimmungswidrige* Gebrauch erfaßt wird, beziehen sich §§ 5 AMG und 4 MPG nur auf den bestimmungsgemäßen Gebrauch.

Man mag zwar unter zulassungsrechtlichen oder auch zivilrechtlichen Gesichtspunkten diskutieren, ob dieser Begriff „bestimmungsgemäß“ nicht vielleicht doch in dem erweiterten Sinne auszulegen ist, daß er auch den naheliegenden Fehlgebrauch umfaßt: für das Strafrecht ist das irrelevant; denn hier herrscht striktes *Analogieverbot!*

---

[2] Vgl. die Estil-Entscheidung des BGH, NJW 1972, 2217 [2221]

Einen viel klareren Wortlaut enthält insoweit eine Strafbestimmung in einem Gesetz aus dem Jahre 1974, dessen Existenz vielleicht mitunter nicht so richtig wahrgenommen wird, das aber gleichwohl für den Gesundheitssektor von erheblicher Bedeutung ist, nämlich das Lebensmittel- und Bedarfsgegenständegesetz, das das Inverkehrbringen von solchen Lebensmitteln, Kosmetika oder beispielsweise Körperpflegemitteln verbietet, die *„bei bestimmungsgemäßem oder vorauszusehendem Gebrauch geeignet sind, die Gesundheit ... zu schädigen.“*[3].

Es gibt weitere Strafbestimmungen in beiden Gesetzen, die beispielsweise die irreführende Bezeichnung von Produkten sanktionieren. Allen diesen Bestimmungen ist gemeinsam, daß sie die abstrakte Gefährdung der Verbraucher bzw. Patienten unter Strafe stellen.

Daß diese Gefährdungstatbestände durchaus ihre praktische Relevanz haben, zeigt der derzeitige Strafprozeß gegen Mitarbeiter der Firma UB-Plasma. Die möglicherweise durch HIV-verseuchtes Blutplasma hervorgerufenen Aidsinfektionen sind nicht Gegenstand des Strafverfahrens, weil die diesbezüglichen Ermittlungen laut Staatsanwaltschaft zu langwierig gewesen wären. Die Anklage hat sich deshalb auf den Vorwurf gegen die Mitarbeiter der Firma beschränkt, ein bedenkliches Arzneimittel in den Verkehr gebracht zu haben.

Soweit zu den „Vorfeld“-delikten. Der weitaus *spektakulärere* Bereich der Strafhaftung betrifft die Fälle mit eingetretenem Erfolg - spektakulärer sowohl im Hinblick auf die Leiden der Opfer als auch wegen der Belastung des oder der Verantwortlichen mit dem strafrechtlichen Ermittlungsverfahren.

Zum besseren Verständnis soll kurz auf den Lederspray-Fall eingegangen werden, der für das Medizinproduktstrafrecht und vielleicht noch mehr für das Arzneimittelstrafrecht von grundlegender Bedeutung ist.

Diesem Fall lag folgender Sachverhalt zugrunde: Eine GmbH stellte Ledersprays her und vertrieb diese über zwei Tochtergesellschaften. Im Herbst 1980 erhielt die Firma erste Meldungen über gesundheitliche Schäden, die beim Benutzen der Sprays aufgetreten waren. Es handelte sich dabei um Atembeschwerden, Übelkeit und Fieber, teilweise traten sogar lebensgefährliche Lundenödeme auf.

Trotz intensiver Nachforschung konnte jedoch kein Fabrikationsfehler festgestellt werden. Unter dem Eindruck weiterer Schadensmeldungen fand im Mai 1981 eine Sondersitzung der Geschäftsführung der Produktions-GmbH statt. Man beschloß, *Warnhinweise* auf allen Spraydosen

---

[3] § 30 LMBG.

anzubringen. Ein *Rückruf* wurde abgelehnt. Die Geschäftsführer der Tochtergesellschaften wurden über diesen Beschluß informiert.

Erst nachdem die Gesundheitsbehörden interveniert hatten, wurde im September 1983 die Produktion der Ledersprays eingestellt und eine Rückrufaktion durchgeführt.

Der Wirkstoff, der die Körperschäden verursachte, konnte bis heute nicht isoliert werden. In dem anschließenden Strafverfahren wurden die Geschäftsführer der drei Firmen beschuldigt, die Benutzer der Sprays teils durch Unterlassen eines rechtzeitigen Rückrufs, teils durch Fortsetzen von Produktion und Vertrieb der Ledersprays körperlich verletzt zu haben.

Die Angeklagten wurden wegen derjenigen Schäden, die noch vor der Sondersitzung aufgetreten waren, wegen *fahrlässiger* Körperverletzung verurteilt. In bezug auf jene Schäden, die *nach* der Sondersitzung auftraten, lautete das Urteil auf *vorsätzliche*, gefährliche Körperverletzung. Der BGH hat dieses Urteil des Landgerichts Mainz in allen wesentlichen Punkten bestätigt[4].

In dieser Entscheidung hat der Bundesgerichtshof die Kriterien der strafrechtlichen Produkthaftung systematisch und grundsatzartig aufgearbeitet. Ich will im folgenden versuchen, darzulegen, warum sich gerade aus dieser Entscheidung *neue* Risiken für den Hersteller ergeben können.

Da gilt es zunächst, den Ausgangspunkt dieser auf den eingetretenen Schadenserfolg bezogenen Strafhaftung zu beachten, nämlich jedes für den konkreten Erfolg irgendwie kausal gewordene Verhalten, sei es ein positives Tun - beispielsweise die verfrühte Serienfreigabe eines Medizinproduktes - oder sei es ein *Unterlassen* - hier ist insbesondere zu denken an das Fehlen von Warnhinweisen beim Inverkehrbringen eines Produktes, aber auch das Unterlassen eines Vertriebsstops oder einer Rückrufaktion. Dabei ist nicht entscheidend, ob es sich bei dem Produktfehler um einen solchen aus dem Bereich der Konstruktion, Fabrikation oder Instruktion oder auch der Produktbeobachtung handelt, sondern das Strafrecht stellt *maßgebend* darauf ab, ob der verursachte Erfolg auf ein objektiv sorgfaltswidriges und subjektiv vermeidbares Verhalten zurückzuführen ist.

Vorstehend wurde bereits dargelegt, daß der BGH im Lederspray-Urteil die originäre Verantwortung der Geschäftsleitung betont hat, also die grundsätzliche Verantwortung von Personen, bei denen das pflichtwidrige Verhalten häufig eher in einem Unterlassen zu sehen ist: *vor* dem Inverkehrbringen das Unterlassen von organisatorischen Maßnahmen

[4] Anm. der Schriftleitung: BGH, NJW 1990, 2560

(Kontrollen), *danach* das Unterlassen von Warnhinweisen, Unterlassen des Vertriebsstops oder eines Rückrufs.

Ich will mich im folgenden auf diese Variante der *Unterlassensstraftat* konzentrieren, die strafrechtlich auch etwas schwieriger zu handhaben ist als das aktive Tun. Strafbarkeit wegen Unterlassens setzt eine sog. *Garantenstellung* voraus, aus der erst sich dann eine „Garantenpflicht" zur Abwendung drohender Schäden ergibt.

Eine solche Garantenstellung ergibt sich nach einer geradezu klassischen Formel aus einem „vorangegangenen *pflichtwidrigen* Gefährdungsverhalten".

Ein solches pflichtwidriges Vorverhalten liegt natürlich auf der Hand, wenn der Hersteller durch das Inverkehrbringen des Produkts bereits einen der „Vorfeldtatbestände" erfüllt hat.

Im Lederspray-Fall beispielsweise ergab sich die Pflichtwidrigkeit des gefahrbegründenden Verhaltens daraus, daß der Hersteller das Spray entgegen § 30 LMBG überhaupt in den Verkehr gebracht hatte, obwohl es bei bestimmungsgemäßem Gebrauch geeignet war, die Gesundheit zu schädigen.

Aber was gilt nun, wenn das Inverkehrbringen des Produkts vermeintlich *pflichtgemäß* war, wenn sich also erst später überhaupt die Gefährlichkeit des Produktes herausstellt („Entwicklungsgefahr") - sei es aufgrund fortentwickelter Material- oder Prüftechniken, sei es, weil das Arzneimittel-Zulassungsverfahren bei keiner der einzelnen Prüfungsphasen einen Verdacht auf Schädigung nahegelegt hat?

Nicht nur im Zusammenhang mit dem Contergan-Verfahren, sondern auch heute noch wird in der Strafrechtsliteratur sehr verbreitet die Auffassung vertreten, daß in solchen Fällen eine Gefährlichkeit des Produkts, die sich erst später manifestiert, keine Garantenpflicht mehr begründen könne, mit der Folge, daß unterlassene Rückrufaktionen keine Strafbarkeit wegen Tötung oder Körperverletzung begründen können.

Schon das Landgericht Aachen[5] hatte dies im Contergan-Prozeß aber schon anders beurteilt und der BGH hat dies nun im Lederspray-Prozeß bestätigt. Er hat unter Hinweis auf den verfassungsrechtlichen Schutz der körperlichen Unversehrtheit eindeutig darauf abgehoben, daß unsere Rechtsordnung es grundsätzlich verbietet, Gefahren zu schaffen, aus denen sich im weiteren Fortgang körperliche Schäden für Dritte entwickeln, wenn niemand in den Lauf der Ereignisse eingreift.

Als *Zwischenergebnis* ist festzuhalten: Auch wenn im Zeitpunkt des Inverkehrbringens des Arzneimittels/Medizinprodukts ein begründeter

---

[5] Anm. der Schriftleitung: LG Aachen, JZ 1971, 507

Verdacht einer unvertretbaren Gefährlichkeit des Produkts selbst bei größter Sorgfalt nicht erkennbar war, so ist dieses Inverkehrbringen gleichwohl objektiv pflichtwidrig, falls es solche Gefahren schafft. Das Inverkehrbringen selbst ist dann nicht strafbar, es schafft aber die Grundlage für die Strafbarkeit späteren Unterlassens, wenn der Hersteller nach Erkennbarwerden der Gefahr untätig bleibt und sich später dann der Ursachenzusammenhang mit dem eingetretenen Schaden nachweisen läßt.

Im Hinblick auf diesen Ursachenzusammenhang stellt sich die für die strafrechtliche (wie auch für die zivilrechtliche) Produkthaftung ganz wesentliche Frage, ob der Produkthersteller immer gleich dann, wenn aufgetretene Gesundheitsschäden mit dem Produkt in Verbindung gebracht werden, dieses Produkt nicht weiter vertreiben darf oder es gar zurückrufen muß.

Ein Arzneimittelhersteller wird einwenden, daß die Gesundheitsbeeinträchtigungen gar nicht auf das Arzneimittel zurückzuführen seien, sondern auf ganz andere Ursachen.

Ich möchte das einmal verdeutlichen anhand einiger Einwände, die damals im *Contergan*-Verfahren vom Arzneimittelhersteller Grünental bzw. von einigen der angehörten Sachverständigen vorgebracht wurden. Da wurde beispielsweise geltend gemacht, daß die Einzelkomponenten des „Wiedemann-Syndroms", also der bei den Embryos eingetretenen Mißbildungen, schon vor dem Vertrieb von Thalidomid in der medizinischen Literatur beschrieben worden seien. Es kam hinzu, daß damals nicht alle Mütter, die in der kritischen Phase Thalidomid eingenommen hatten, ein mißgebildetes Kind zur Welt brachten. Es wurden insbesondere auch sog. *peristatische* Faktoren als Schadensursache eingewandt, also Faktoren in der Umwelt, mit denen die Mutter bzw. die Leibesfrucht in Berührung kommen konnte (Haushaltsmittel, Nahrungsmittel, Alkoholgenuß, Rauchgewohnheiten, Unfälle, Operationen, Röntgenbestrahlung, Pflanzenschutzmittel usw.). Und schließlich wurden andere Medikamente vermutet, die diese Art von Mißbildung hätten auslösen können.

Nun ist es so, daß dann, wenn jetzt ein *begründeter Verdacht* auf unvertretbare Gefährlichkeit bestehen sollte, das weitere Inverkehrbringen solcher Arzneimittel bereits strafbar wäre. Wenn der Hersteller aber im Hinblick auf die *bereits in Verkehr gebrachten* Arzneimittel irgendwelche Warnhinweise oder eine Rückrufaktion unterläßt, dann ist dieses Unterlassen als solches noch nicht strafbar, weil es hierzu meines Wissens keinen Straftatbestand im Arzneimittelgesetz gibt! § 97 AMG behandelt es lediglich als Ordnungswidrigkeit, wenn der pharmazeutische Unternehmer eine bekanntgewordene unerwünschte Arzneimittelwirkung (UAW) entgegen § 29 Abs. 1 AMG nicht der Bundesoberbehörde meldet. Eine

Strafbarkeit wegen unterlassener Warnhinweise kommt dann also erst in Betracht, wenn der Ursachenzusammenhang zwischen Arzneimittel und Gesundheitsschäden nachgewiesen ist.

Der Produkthersteller wird sich also unter strafrechtlichen Gesichtspunkten doch fragen, ob ein solcher Kausalitätsnachweis später gelingen wird oder nicht. Sofern der Ursachenzusammenhang geradezu *evident* ist, liegen Warnhinweise oder auch Rückrufaktionen natürlich im dringenden haftungsrechtlichen Interesse des Unternehmers.

Ich erinnere an dieser Stelle an den Monza-Steel-Strafprozeß, der 1978 vom Landgericht München entschieden wurde[6]. Ein Reifenhersteller hatte Stahlgürtelreifen in den Verkehr gebracht, bei denen sich aufgrund eines Konstruktionsfehlers nach längerer Fahrt mit hoher Geschwindigkeit die Laufflächen ablösten. Hierdurch kam es zu zahlreichen Unfällen mit Toten und Schwerverletzten.

In diesem Fall würde wohl kaum jemand auf den Gedanken kommen, die Ursache zwischen dem Ablösen der Lauffläche und einem Unfall mit Todesfolge in Zweifel zu ziehen. Das Risiko, daß es durch das Auflösen der Reifen zu tödlichen Unfällen kommt, erscheint *voll beherrschbar*, indem man diesen fehlerhaften Reifen wieder aus dem Verkehr zieht.

Das interessante an diesem Fall ist meines Erachtens eine gewisse Parallele zu den Medizinprodukten, nicht aber zu den Arzneimitteln. Die Medizinprodukte unterscheiden sich von den Arzneimitteln dadurch, daß der Zweck der Medizinprodukte vorwiegend auf *physikalischem Wege* erreicht wird (Herzschrittmacher, Knochenzement), während im Gegensatz dazu Arzneimittel ihren Zweck vorwiegend auf *pharmakologischem Wege* erfüllen. Dieser Unterschied wirkt sich auch bei der Beweislastverteilung im Arzthaftungsrecht aus: Die Rechtsprechung hat eine Beweislastumkehr zugunsten des Patienten im Bereich der Apparativmethode damit begründet, daß der Einsatz medizintechnischer Geräte *voll beherrschbar* sei, während eine solche Beweislastumkehr ansonsten unter Hinweis auf die Unberechenbarkeit des lebenden Organismus abgelehnt wird. Herr Dr. Thiele hat heute morgen zu Recht, wie ich meine, darauf hingewiesen, daß die Kausalität bei Herzklappenfehlern verhältnismäßig leicht nachzuweisen sei.

Wenn nun aber bei der Arzneimittelwirkung diese physiologischen Unwägbarkeiten im Spiel sind, dann könnte der pharmazeutische Unternehmer quasi „auf volles Risiko gehen“ und Warnhinweise usw. unter-

---

[6] Anm. der Schriftleitung: LG München II, in Schmidt-Salzer, Entscheidungssammlung Produkthaftungsrecht, 1982, Nr. IV.28, S. 330

lassen in der Hoffnung oder Erwartung, daß sich der Ursachenzusammenhang zwischen Arzneimittel und Schädigung nicht nachweisen läßt.
Im *Contergan-Verfahren* hatten einige der Sachverständige geltend gemacht, „so lange noch vollkommene Unklarheit über den *Wirkungsmechanismus* des Thalidomid und das Stoffwechselschicksal dieser Substanz beim Embryo bestehe, seien Theorien über teratogene Eigenschaften des Thalidomid verfrüht, sei also über die Ätiologie keine verbindliche Aussage zu machen und damit der Nachweis des Kausalzusammenhangs nicht zu führen.

Die Rechtsprechung verlangt indes zur Bejahung der Kausalität *nicht den naturwissenschaftlichen Nachweis* im Sinne einer mathematischen Gewißheit, die jede Möglichkeit des Gegenteils ausschließt. Es muß also nicht erst der Kausalzusammenhang oder Wirkungsmechanismus des Arzneimittels im einzelnen bekannt sein, um Kausalität annehmen zu können. Der Bundesgerichtshof hat dieses Problem in der Lederspray-Entscheidung unter dem Stichwort der *generellen Kausalität* angesprochen und gefragt, ob zwischen der Benutzung des Ledersprays und den eingetretenen Gesundheitsschäden *„nach Maßgabe unseres Erfahrungswissens ein gesetzmäßiger Zusammenhang*" besteht. Weil es nun aber ein sicheres Wissen in den Erfahrungswissenschaften gar nicht geben kann, kann sich der Strafrichter mit einem *„für das praktische Leben brauchbaren Grad von Gewißheit (begnügen), der Zweifeln Schweigen gebietet, ohne sie völlig auszuschließen".*

Im Lederspray-Fall kam es deshalb zur Bejahung des Ursachenzusammenhangs nicht etwa auf die Ermittlung des für die Schädigung verantwortlichen Inhaltsstoffs und auch nicht auf die Kenntnis seiner chemischen Zusammensetzung oder die Beschreibbarkeit seiner toxischen Wirkungsweise an. Entscheidend war, daß alle anderen in Betracht kommenden Ursachen aufgrund einer rechtsfehlerfreien Beweiswürdigung ausgeschlossen werden konnten!

Ich meine übrigens nicht, daß diese Rechtsprechung mit dem Orientierungsmaßstab des „Standes der medizinischen Wissenschaft" unvereinbar ist, weil es insoweit um den *Sorgfaltsmaßstab* geht, während die genannten Überlegungen im Contergan-Beschluß und Lederspray-Urteil den *Ursachenzusammenhang* betreffen.

Diese Tendenz der Rechtsprechung ist durch das Holzschutzmittel-Urteil des Bundesgerichtshofs im Prinzip bestätigt worden; der BGH hat die Sache nur deshalb an die erste Instanz zurückverwiesen, weil das Landgericht sich nicht mit sämtlichen von wissenschaftlicher Seite vorgebrachten Einwendungen gegen die Kausalität des Holzschutzmittels auseinandergesetzt hatte.

Man kann dem Produkthersteller auch im Bereich der Arzneimittel in seinem eigenen Interesse nur raten, auch bei nachträglich aufgetretenem Verdacht der Bedenklichkeit des Produkts zur Vermeidung einer strafrechtlichen Erfolgshaftung lieber zu viel als zu wenig an Sicherheitsmaßnahmen zu unternehmen. Dabei stellt sich natürlich die Frage, *wer* von den unter Umständen mehreren Ressort-Geschäftsführern aktiv werden muß.

Im Ledespray-Fall waren die vier Geschäftsführer der Ressorts Chemie, Technik und Einkauf, Verwaltung und Absatzwesen angeklagt. Der Bundesgerichtshof hat, anknüpfend an den bei einer GmbH bestehenden Grundsatz der Gesamtgeschäftsführung, entscheiden, daß jeder einzelne Geschäftsführer verpflichtet gewesen sei, auf einen Beschluß der *Gesamtgeschäftsführung* über Anordnung und Vollzug des Rückrufs hinzuwirken. Für die Kausalitätsprüfung sei deshalb entscheidend, ob die Erfüllung der jeweiligen Handlungspflicht einen Beschluß über den Rückruf der gefährlichen Sprays herbeigeführt hätte. Es kann deshalb nur jedem einzelnen Mitglied der Geschäftsleitung angeraten werden, sich nach Kräften um die Herbeiführung eines Rückrufbeschlusses zu bemühen. Wenn er sich dann im Ergebnis schließlich nicht durchsetzen kann, dann wird man ihn nicht mehr strafrechtlich verantwortlich machen können.

Ich nehme an, daß in Zukunft auch in diesem strafrechtlichen Bereich die Haftung eine zunehmende Rolle spielen wird. Bekanntlich ermittelt die Staatsanwaltschaft in Frankfurt gegen den Amalgam-Hersteller Degussa[7]. Die Schwierigkeit der Kausalitätsfeststellung im Amalgam-Verfahren wird darin bestehen, daß in den zahlreichen Schadensfällen der Krankheits- und Heilungsverlauf nicht die signifikanten Übereinstimmungen aufweist, wie dies im Lederspray-Verfahren der Fall war. Das liegt nicht zuletzt dran, daß der Heilungsverlauf dort viel flexibler kontrolliert werden konnte, einfach deshalb, weil die Verwendung des Ledersprays viel schneller abgesetzt werden kann, als dies beim Amalgam der Fall ist.

Wir dürfen gespannt sein, welchen Weg das Strafrecht hier noch nehmen wird.

---

[7] Anm. der Schriftleitung: Das bei der Staatsanwaltschaft Frankfurt laufende Ermittlungsverfahren (65 Js 17084.4/91) wurde im Mai 1996 eingestellt, wobei Degussa einen Betrag von 1,2 Mio. DM bezahlte.

2. Podiumsdiskussion

Radermacher: Vielen Dank, Herr Dr. Jungbecker, vielen Dank insbesondere für Ihren letzten Hinweis auf die Ermittlungen in Sachen Amalgam, denn das schlägt den Bogen gleich wieder zu den Vorträgen in der Vormittagsveranstaltung und eröffnet damit die Abschlußdiskussion.

Wertenbruch, Universität Bonn: Ich habe eine Frage an Herrn Dr. Munter und zugleich an Herrn Prof. Kienzle zur Heparin-Problematik. Die Gerichte haben bislang die Nichtgabe von Heparin zur Thromboseprophylaxe als Behandlungsfehler angesehen. Auf dem Juni-Symposium in Köln – Innere Medizin und Recht – wurde von einem Fall berichtet, in dem die Gutachterkommission der Ärztekammer Nordrhein die Verantwortung eines Arztes abgelehnt hat, der Heparin nicht gegeben hatte und in dem es zur Thrombose gekommen war. Das hat damals heftige Diskussionen ausgelöst auf diesem Symposium. Heute morgen und auch heute nachmittag haben wir gehört, daß das doch nachvollziehbar sei. Meine Frage jetzt: Trifft es wirklich zu, daß die Nichtgabe von Heparin kein Behandlungsfehler ist, oder muß man – wie Herr Dr. Munter heute morgen erwähnt hat – gleichwohl noch Heparin geben, aber täglich mit einem Test kontrollieren, der, wie Herr Dr. Munter sagte, gar nicht abrechenbar ist, mit einem Test also, ob diese thromboseähnlichen Folgen eintreten können und man dann ggf. auf alternative Medikamente umsteigen muß?

Munter: Das ist ein interessantes Problem, das Sie da einbringen. Vielleicht muß man kurz sagen, was es mit diesen heparininduzierten Thrombozytopenien auf sich hat. Das ist ein immunologischer Vorgang. Sie wissen, daß immunologische Vorgänge so aussehen, daß in diesem Fall Heparin, einmal gegeben, eine Sensibilisierung des Körpers bewirkt, und daß bei einer wiederholten Gabe von Heparin dann eben dieser immunologische Vorgang geboostert werden kann und damit diese Thrombozytopenien auftreten können. Das heißt, bei einer unkritischen Anwendung von Heparin – und das schließt auch die Salbenanwendung nicht unbedingt aus, das sind wir aber noch nicht so ganz sicher – sensibilisieren wir die Bevölkerung mit Heparin und produzieren dann Antikörper gegen das Heparin. Bei einer weiteren Anwendung von Heparin kann in einem Krankheitsfalle dieses Patienten dies zu einer Verstärkung des Antikörpereffektes führen und dann Thrombozytopenien und Thrombosen auslösen.

Als wir über dieses Problem sprachen, haben wir sofort auch die Berufsverbände für Chirurgie und Orthopädie mit in unsere Diskussion eingebunden, denn wir haben festgestellt, daß es häufig gerade in den Empfehlungen der Berufsverbände sehr generelle Leitlinien gibt, z.B. zur Heparin-Prophylaxe des chirurgischen Patienten. Ich kann Ihnen sagen, daß der Berufsverband der Orthopäden sehr interessiert ist. Es wird sich zeigen, was die Arzneimittelkommission jetzt aus diesen Expertengesprächen an Informationen herausgibt. Sie wird evtl. ihre Richtlinien dementsprechend stringenter fassen oder auch relativieren. Zudem habe ich gehört, daß jetzt auch im Rahmen von Qualitätssicherungsmaßnahmen in der Chirurgie, z.B. aus Nordrhein-Westfalen, Hunderttausende von Daten von elektiven Eingriffen bei Leistenbrüchen verglichen wurden mit und ohne Heparinisierung und dem Auftreten von Thrombosen-Lungen-Embolien. Herausgekommen ist z.B., daß kein signifikanter Unterschied besteht zu der Nachbehandlung dieser chirurgischen Operation mit Heparin oder ohne und daß man nun sagt, in Kenntnis, daß Heparin nicht nur einfach prophylaktisch gegeben wird, sondern daß hier schwerwiegende Nebenwirkungen eintreten können, müssen wir evtl. einige Erkenntnisse zur prophylaktischen Gabe von Heparin relativieren.

Hier haben wir ein sehr vielschichtiges Problem. Ich hoffe, daß Herr Prof. Kienzle das noch erörtern kann. Ein Arzneimittelverband würde sagen: Hier ist ein Risiko, Verfahren und Empfehlungen müssen überprüft werden. Wir tun das, soweit wir können, mit den Berufsverbänden, und wir hoffen, daß eben das Thema Heparin und Thrombozytopenien so interessiert von anderen Verbänden und Fachgesellschaften aufgenommen wird. Es muß eben überprüft werden, ob die gängigen Empfehlungen und Erkenntnisse über das Thema ausreichend sind oder vor dem Hintergrund dieser Erfahrung revidiert werden müssen.

Kienzle: Also, ich muß Ihnen da ganz klar sagen, daß ich vor dem Heparin-Problem selber kapituliere. Und zwar aus folgendem Grund:
Wir sind als Chirurgen gehalten, Heparin zu geben. Ganz anders als in den USA. In den USA tut dies kein Mensch. Das ist ein deutsches Problem,

entstanden letzten Endes durch Haftpflichtprozesse aufgrund von Thrombosen und Embolien. Das hat sich entwickelt bei uns, und wenn derzeit ein Chirurg keine Thromboembolieprophylaxe macht – medikamentös, wohlgemerkt, es reicht dann nicht der Strumpf, es reicht dann auch nicht die Bewegungstherapie, nicht das Frühaufstehen, alles, was man da so entwickelt hat an physikalischen Methoden – dann haftet er für Folgen einer Thrombose. Sie müssen als Chirurg bei einer medikamentösen Therapie Prophylaxe – Heparin-Prophylaxe – gemacht haben. Das ist sowohl in dem Verbandsorgan „Der Chirurg“ abgedruckt als auch in den entsprechenden Empfehlungen. Und man kann als Praktiker vor Ort nur sagen: Diese Komplikationen, die angesprochen werden, sind außerordentlich selten und bei einer genügenden Überwachung auszuschließen. Man beobachtet den Patienten genau, und man trägt ein gewisses persönliches Risiko in der Behandlung, das aber sicher, wenn Sie Heparin geben, geringer ist, als wenn Sie es nicht geben.

Das ist Ihr persönliches Risiko.

Es ist ja mittlerweile so weit, daß wir auch bei ambulant operierten Patienten Heparin geben müssen, die noch nicht einmal durch einen Gipsverband am Bein immobilisiert sind. Allein das geschwollene Sprunggelenk und damit die Bewegungsverminderung – der Patient schont seine Extremitäten und legt das Bein zuhause auf dem Sofa auf das Kissen – genügen. Wenn Sie die Heparin-Prophylaxe unterlassen haben, können Sie zur Verantwortung gezogen werden. Ich glaube also, daß man derzeit Heparin geben muß, einfach aus diesen Erwägungen heraus.

Das andere angesprochene Problem der Gabe ist einfach auch zahlenmäßig sehr viel geringer. Ob das in 10 Jahren noch so sein wird, wage ich zu bezweifeln, und die Studien, die es dazu gibt, sind letzten Endes widersprüchlich. Es ist sehr schwer zu prüfen, ob ein Patient eine Thrombose hat oder eine latente Thrombose oder ob die Thrombose eine Embolie induziert. Man muß ganz klar sagen: Da stecken erhebliche Interessen der Industrie dahinter. Es haben alle Vortragenden zu diesem Thema – ich sage das jetzt relativ ungeschützt – irgendwo einen industriellen Hintergrund, selbst wenn sie Hochschullehrer sind, die dann natürlich diese Präparate verwenden. Ich glaube, wir sehen die Dinge in 10 Jahren anders.

Als die niedermolekularen Heparine aufkamen, die man nur einmal am Tag geben mußte, hat alles geschworen, man muß die niedermolekularen nehmen, weil das die Thromboserate noch weiter senkt.

Mittlerweile weiß man, daß das gar nicht so unbedingt der Fall ist und daß die Studien zumindest in diesem Punkt nicht ganz eindeutig sind. Wenn Sie aber wissen, um wieviel teurer diese neuen niedermolekularen

Heparine sind gegenüber dem herkömmlichen Heparin, dann hat man da als Arzt auch so seine Vermutungen.

Schlosser: Dies ist ein gutes Beispiel. Ich möchte es jetzt noch ein kleines bißchen komplizierter machen. Was wir nämlich nicht wissen, ist, ob diese Patienten eine APC-Resistenz haben, d.h. eine Resistenz gegen aktiviertes Protein C. Das ist einer der häufigsten Gen-Defekte. Eine Punktmutation führt zu einer Änderung der Blutgerinnung und dem Faktor 5, und die Prävalenz ist etwa 5 – 10 %. D.h., wenn hier 100 Leute sitzen, dann haben etwa 5 – 10 Leute diesen Gen-Defekt und der macht oder erhöht das Thromboserisiko. D.h., es ist durchaus möglich, daß dem Heparin Thrombosen angelastet werden, die eigentlich auf einer ganz anderen Ursache beruhen und gar nicht arzneimittelbedingt sind.

Ratajczak: Wir dürfen bei dieser Geschichte aber nicht zwei Dinge durcheinander bringen. Die Rechtsprechung vollzieht medizinische Standards nach, die sie aus Gutachten gewinnt. Ob die Gutachten richtig oder falsch sind, das ist eine ganz andere Frage. Wir haben uns vor einigen Jahren mit dieser Problematik intensiv in einem Symposium befaßt. Nur ist die Rechtsprechung nicht nur bereit, sondern auch verpflichtet, medizinischem Erkenntniswandel Rechnung zu tragen. Ich habe den Vortrag von Herrn Dr. Munter heute morgen sehr aufmerksam verfolgt, weil wir gerade im Arztrecht einen solchen Haftungsfall haben, wo es um diese Frage geht und wir bisher gedacht haben, mit Blick auf die Rechtsprechung sei das eigentlich aussichtslos. Herr Dr. Bergmann hat heute morgen den Fall mit der Arrhytmieprophylaxe gebracht. Da hat sich innerhalb von 8 Jahren auch die Einstellung vollständig gewandelt. Das ist aber eine Sache der Medizin, sich hier zu korrigieren – auch bezüglich noch vor einem Jahr vertretener Auffassungen. Wir sehen gerade einen solchen Wandel im Bereich der Geburtshilfe, wo nun plötzlich viele retrospektive Studien publiziert werden, in denen festgestellt wird, daß das, was vor 3 Jahren noch als gängige Lehrmeinung galt, doch „schlichter Unfug" war.

Und dennoch haben diesen „schlichten Unfug" Mediziner vertreten. Hochschulprofessoren haben dies publiziert und vor Gericht vertreten.

Aber für diesen Wandel sind nicht die Juristen verantwortlich, da sind die Mediziner selber verantwortlich.

Kienzle: Zu dem letzten Satz nur: Wir machen oder ich mache ja auch die Juristen dafür nicht verantwortlich, aber wir müssen hier eine gewisse Sensibilität für diese wirklich komplexen Probleme erzeugen.

Hart: Ich möchte das wirklich noch einmal unterstützen, was Herr Ratajczak gesagt hat. In der Präsentation einiger Vorträge vorhin und auch in der Diskussion hierzu ist es ein allgemein diskutiertes Problem gewesen, daß das Recht zur Steigerung von Kosten dadurch beiträgt, daß es Pflichtenstandards erhöht. Und ich möchte das nicht generell in Frage stellen. Aber ich möchte doch auf einige Punkte verweisen, die so einfach nicht die These zu stützen in der Lage sind. Wenn Sie das Arzthaftungsrecht nehmen, dann haben wir die Unterscheidung zwischen Behandlungsfehler und zwischen Aufklärungspflichtverletzung. Im Bereich des Behandlungsfehlers ist die Konsequenz der höchstrichterlichen Rechtsprechung – der Ausspruch: Das ist behandlungsfehlerhaft! – natürlich: diese Methode steht allgemein aus der Sicht des Haftungsrechts nicht mehr zur Verfügung oder es muß ein bestimmtes Verfahren eingesetzt werden. Also werden insofern Folgen, und zwar auch ökonomische Folgen, provoziert. Im Bereich des Aufklärungsfehlers oder – besser – der Aufklärungspflichtverletzung, haben Sie diese Wirkungen nicht, sondern die Aufklärungspflichtverletzung stellt die ärztliche Therapiefreiheit unter den Vorbehalt der Patientenselbstbestimmung. Insofern haben Sie an dieser Stelle keine ökonomischen Folgen, die die Behandlung selbst betreffen. Möglicherweise steigert es die Kosten der Aufklärung, das ist sicherlich richtig. Wer entscheidet über den Behandlungsfehler?

Über den Behandlungsfehler entscheidet das Gericht aufgrund sachverständiger Beratung. Woher kommt die sachverständige Beratung?

Es wird gefragt nach dem medizinischen Standard. Der medizinische Standard ist kein statistisches Moment, sondern ein dynamisches Moment. Also kann es sein, daß innerhalb von kurzer Zeit sich diese Behandlungsstandards verändern. Aber die Juristen können doch diese Behandlungsstandards nicht selbst festlegen. Ob ein solcher Standard existiert, muß durch das Gericht geklärt werden. Das ist eine Rechtsfrage, da gibt es keine Beweislasten. Wenn er existiert, dann ist das aber nicht eine juristische Festlegung, sondern es ist eine Festlegung aufgrund von medizinischem Erkenntnisstand. Und dann müssen sich die Ärzte fragen, woher dieser Erkenntnisstand kommt. Natürlich gehen in die Festsetzung solcher Standards möglicherweise auch ökonomische Fragen und Abhängigkeiten mit ein. Insofern ist die Medizin eine Wissenschaft, die auch normativ wirkt. Die Entstehung der Standards ist für den Juristen in der Regel nicht transparent. Insofern ist es doch außerordentlich schwierig für einen Juristen, festzustellen, ob ein solcher „Standard" auch von ökonomischen Fragen und Abhängigkeiten beeinflußt ist.

Die Rechtsprechung hat aber immer dort, wo es Probleme mit dem Standard gab, wo also unklar war, ob etwas schon Standard ist oder auf dem Wege, den Standard zu verlassen oder in einer Veränderungssituation, gesagt: Dann ist aufzuklären! Wir haben also im Grunde genommen die Aufklärungsverpflichtung auch als einen Auffangtatbestand für Fragen, in denen die Behandlungsfehlerhaftigkeit durch die Rechtsprechung nicht eindeutig festgestellt werden kann, oder in Fällen medizinischen Schulenstreites.

Das ist ja übrigens auch ein beliebtes Verfahren im Bereich der sonstigen Haftung für freie Berufe. Auch bei den Juristen ist es ja so, daß informiert werden muß über unterschiedliche Meinungen. Auf dieser Informationsbasis ist eine kommunikative Entscheidung zwischen Arzt und Patient zu treffen. Aber den Juristen anzulasten, daß sie bestimmte ökonomische Wirkungen auslösten, ist für meine Begriffe ein bißchen salopp begründet.

Hölzer, Rechtsanwalt, Stuttgart: Das war vermutlich – zumindest zum Teil – die Antwort auf das, was wir in der Pause besprochen haben. Ich will trotzdem auch aufrechterhalten, daß die Aufklärung selbstverständlich ganz erhebliche Kosten verursacht, denn so, wie sich die Rechtslage die Aufklärung vorstellt, ist sie nach meiner Auffassung so zeitintensiv, daß sie nicht mehr in den Stellenplänen berücksichtigt ist. So, wie ich die chirurgische Praxis kenne – Sie mögen mich korrigieren, Herr Prof. Kienzle – ist es innerhalb der normalen Dienstzeiten mit den Arbeitsbelastungen, die man üblicherweise hat – die auch ein normaler niedergelassener Arzt hat – fast nicht möglich, das alles aufzuklären, was von der Rechtsprechung erwartet, vielleicht auch zurecht gefordert wird. Ich halte es, zumindest mit den zur Verfügung stehenden Ressourcen, für deutlich zu hoch angesetzt. Den Zeitaufwand kann niemand abschätzen, der nicht selbst als Arzt aufgeklärt hat. Den Patienten ordentlich aufzuklären braucht zwischen 30 und 60 Min., wenn er nicht erhebliche Vorkenntnisse mitbringt. Und anzunehmen, daß dies nicht zusätzliche Kosten, zumindest Personalkosten verursacht, halte ich zumindest für gewagt. Was die Kostensteigerung durch Behandlungsfehler oder das Setzen neuer Standards angeht, ist es sicherlich überhaupt keine Frage, daß die Mediziner einen ganz beträchtlichen Teil an Verantwortung – an Standardsetzung – mittragen, daß eben sie es sind, die letztlich dafür sorgen, daß der Richter sein Urteil fällen kann. Gleichwohl schreibt im Ergebnis – unabhängig davon, wer letztlich die Ursache dafür gesetzt hat – die Rechtsprechung die medizinischen Standards fest. Denn die wenigsten Sachverständigen, die vor Gericht stehen und von Anwälten in die Zange genommen werden, werden vom Gericht darüber befragt, ob sie sich über die ökonomischen Auswirkungen ihrer Erklärungen oder der von ihnen vertretenen Standards im klaren sind. Im Ergebnis werden – zumindest ist das meine Erfahrung – in solchen Verhandlungen Standards konstruiert, die im klinischen Leben in nahezu keiner deutschen Klinik verwirklicht werden, die aber dann auf einmal als allgemeiner Standard dastehen. Mein persönlicher Eindruck ist, daß diese Standards oft ein Maß an Sorgfalt, ein Maß an Behandlung, ein Maß an Zuwendung für den Patienten definieren, das der Realität nicht entspricht. Dann kommt es eben zu Ergebnissen, die für mich als ehemaligen Arzt sehr schwer nachvollziehbar sind. Ich habe versucht, es Ihnen zu erklären: Im Jahr 1978/79 hat, wenn ein Betrunkener mit einer Kopfverletzung in die Ambulanz einer Klinik eingeliefert wurde, der Student die Wunde genäht, den Patienten nach Hause geschickt und ihm empfohlen, am nächsten Tag, wenn er wieder nüchtern sei, zur Kontrolle zu kommen. Heute wird in der gleichen Situation bei diesem Patienten zunächst Röntgen in drei Ebenen gemacht, als nächstes wird – wie früher – die Wunde genäht, dann wird der Neurologe geholt, obwohl jeder weiß, daß der Neurologe gar nichts diagnostizieren kann, weil der Patient zu betrunken ist, schließlich erfolgt in 100 % aller Fälle eine stationäre Aufnahme. Am nächsten Morgen kommt der Neurologe noch einmal, es wird immer ein EEG gemacht und bei den geringsten Veränderungen ein CT.

Dies alles erfolgt, um in einem von 20.000 oder 50.000 Fällen etwas auszuschließen. Das macht kein Arzt, weil er meint, er tue dem Patienten einen Gefallen oder arbeite medizinisch sinnvoll. Dies macht ein Arzt in erster Linie, weil er Angst hat, er könne etwas falsch machen oder er könne sich strafbar machen.

Das meine ich mit Kostenerhöhung durch Overkill-Diagnostik, mit Kostenerhöhung durch unnötige Maßnahmen. Da ist es nicht entscheidend, ob der Arzt oder der ärztliche Gutachter den Standard gesetzt hat. Die Auswirkungen einer derartigen Rechtsprechung sind zum Teil in den Kliniken deletär, das ist zumindest mein Eindruck aus der Zeit.

Kienzle: Deletär finde ich diese Sache nicht. Das muß ich schon ganz klar sagen. Ich meine – dies zunächst zu Ihnen, Herr Hart -, daß wir Ärzte weder glauben noch befürchten, die Rechtsprechung würde uns zu vermehrtem finanziellen Aufwand zwingen. So ist es bestimmt nicht. Auf der anderen Seite sind Standards, die vorgegeben werden – durch wen auch immer, seien es Sachverständige oder Gerichtsurteile – ziemlich egal. Der Aufwand wird sicher vergrößert. Als Beispiel sei die Thromboembolieprophylaxe genannt. Die Kosten hierfür belaufen sich nach meiner Schätzung auf Milliarden. Wir werden zu diesen Maßnahmen gezwungen, die zu Beginn meiner Ausbildung nicht erforderlich waren. Die Leute haben ihre

Strümpfe und sonst noch ein paar Sachen bekommen, aber es war nicht üblich, daß jeder am Tag drei Spritzen erhielt. So ändern sich die Dinge und das ist natürlich ein erheblicher Kostenaufwand. Was die Aufklärung anbelangt, so bezweifle ich die 30 – 60 Minuten. Das schaffe ich schneller, und zwar glaube ich, suffizient schneller. Man muß hinhören, was der Patient wissen will. Das kann manchmal sehr schwierig sein. Ich sage auch: Für den Arzt sind oft die Lehrerberufe da besonders dramatisch.

Was die 30 – 60 Min. anbelangt: Das mag schon einmal vorkommen, aber ich glaube, daß man regelmäßig in kürzerer Zeit ordentlich aufklären kann. Daß die Aufklärung, zu der wir nicht nur durch die Rechtsprechung, sondern ärztlicherseits verpflichtet sind, Zeit kostet, und daß Zeit Personal kostet und Personal Geld kostet, das ist unbestritten. Und daß diese Aufklärung in unserer Klinik die Assistenten in Überstunden machen, freiwillig – und ich meine eben, weil sie Ärzte sind, dürfen sie auch Überstunden machen -, das wird uns jetzt ab dem 1.1.1996 durch das neue Arbeitszeitgesetz verboten. Es liegt mir ausdrücklich daran, das in diesem Kreis zu sagen. Ich sehe da wirkliche Probleme auf uns zukommen: Die Ärzte dürfen keine Überstunden mehr machen, was ich nicht gut finde. Wenn jemand Arzt geworden ist, da kann er sich auch einmal eine halbe Stunde Zeit nehmen für jemanden, die nicht unbedingt vergütet werden muß. Das ist meine fest Meinung, aber jetzt dürfen wir dies nicht mehr.

Wir müssen die diensthabenden Ärzte nach einem 24-Stunden-Tag nach Hause schicken. Diese Ärzte dürfen noch nicht einmal mehr Visite machen. Dies birgt große Probleme im Hinblick auf die Kontinuität der Behandlung. Wir erhalten zwar zusätzliche Stellen vergütet – kostenneutral, wie das ausgedrückt wird. Aber ob in drei Tagen drei Ärzte Visite machen – verschiedene Ärzte – oder ob in drei Tagen nur ein Arzt Visite macht, das ist ein Riesenunterschied. Die beste Dokumentation hebt die hierdurch entstehenden Nachteile nicht auf.

Personelle und Kostenprobleme sind also schon erheblich, aber ich meine, daß wir es uns nicht leisten können, den gesamten Komplex der Aufklärung und Information im Krankenhaus einfach nur auf die Kostenschiene zu schieben. Daß wir unsere Leistung immer zu 100 % erbringen, will ich überhaupt nicht behaupten, in keinem Beruf ist das so. Aber wir tun manchmal Dinge, von denen man sich hinterher sagt, da habe ich Glück gehabt. Das ist in jedem Beruf so, aber das darf nicht die generelle Richtlinie sein.

Bergmann: Im Grunde haben sich meine Ausführungen durch das, was Herr Prof. Kienzle gesagt hat, schon erledigt. Natürlich kostet die Aufklärung Geld, natürlich kostet jede Dokumentation Geld, natürlich kostet auch der intensive Standard mehr Geld, als wenn ein geringerer Maßstab angelegt wird. Nur darf man deswegen nicht das Schreckgespenst einer Defensivmedizin an die Wand malen, wie es unser Stuttgarter Kollege getan hat. Wir haben immerhin Untersuchungen, wonach etwa ¾ aller Arzthaftungsfälle nicht etwa das Problem der Standarddiskussion beinhalten, sondern es um die Frage der Aufklärung, der Dokumentation und des etwaigen Organisationsverschuldens geht. Das bedeutet also: Im Grunde sind das Bereiche, in denen die Haftung des Arztes durch den Richter festgestellt wird. Die Standarddiskussion darf nicht vernachlässigen, daß bestimmte Bereiche – wie die Aufklärung und die Dokumentation – vom Arzt beherrschbar sind und, wie Herr Prof. Kienzle auch richtig ausgeführt hat, in der Regel auch beherrscht werden.

Stegers: Ich möchte auf einen Punkt zu sprechen kommen, der Änderungen im Arzneimittelgesetz, speziell was die Haftungsvorschriften des § 84 Arzneimittelgesetz anbelangt. Gebetsmühlenartig wird gegen die Aufnahme eines Anspruchs auf Ersatz des immateriellen Schadens – des Schmerzensgeldes – in diesem Zusammenhang darauf verwiesen, dies sei systemfremd. Dieses Argument ist in seiner Allgemeinheit nicht zutreffend, wie ich kurz erläutern möchte:

Wir haben den Anspruch auf Ersatz des immateriellen Schadens zunächst – bitte entschuldigen Sie den Vergleich – beim sog. Luxustier nach § 823 BGB, bei der Tierhalterhaftung also. Und jetzt gelangen wir zu anderen Gefährdungspotentialen einer modernen Risikogesellschaft, die nicht derjenigen entspricht, die z.Zt. der Entstehung des BGB bestand. So regelt § 53 Luftverkehrsgesetz einen Anspruch auf Ersatz des immateriellen Schadens aus reiner Gefährdungshaftung. Dasselbe gilt für § 25 Atomgesetz. Allerdings wissen wir, daß diese beiden Anspruchsgrundlagen vielleicht nicht die soziale Relevanz des § 84 Arzneimittelgesetz haben. Die Beispiele zeigen aber, daß das Argument der fehlenden Systematik nicht greift.

Nun möchte ich eine Frage stellen, die an Ihre Überlegung, Herr Prof. Hart, anknüpft und die Änderung der Beweislast und des Kausalitätsnachweises betrifft. Wenn ich die Überlegungen richtig verstanden habe, die dem Bundesratsvorschlag zugrunde liegen, dann sind die Unterschiede nicht so groß. Eine reine Gefährdungshaftung, die einen Gegenbeweis ausschließt, wird es nicht geben. Es kann sie nicht geben, weil der Gedanke, einem Beklagten die Möglichkeit des Gegenbeweises zu nehmen, unserem Prozeßrecht fremd ist. Ein Sondergesetz im Bereich der Arzneimittelhaftung – der Herstellerhaftung – erscheint mir insoweit ausgeschlossen. Es stellt sich aber die Frage, ob ein besonderes Beweisrecht, ein Beweislastverteilungsmodell sachgerecht normiert werden kann. Wenn ich den Bundesratsvorschlag richtig verstanden habe – und die Debatte, die ich da mit Herrn Kollegen Reinelt in ZRP (1994, 333 und 1995, 32) geführt habe, verdeutlicht dies – lautet der Vorschlag, um es etwas unjuristisch zu formulieren, etwa so: Auf der Verhaltensebene reicht der begründete Verdacht. Wenn also ein begründeter Verdacht bezüglich schädlicher Wirkungen existiert, muß reagiert werden. Auf der Haftungsebene führt dies aber nicht zwangsläufig zur Haftung, sondern es muß nach wie vor die Kausalität zwischen dem konkreten Gesundheits- oder Körperschaden und dem in Verkehr gebrachten oder im Verkehr belassenen – verkehrswidrigen – Medikament angenommen werden. Hier stellt sich zunächst die Frage nach der Beweislast bezüglich des begründeten Verdachts. Trägt diese nach wie vor der Patient, derjenige, der glaubt, geschädigt zu sein?

Für die Frage der Kausalität sagt der Vorschlag: strikter Kausalitätsgegenbeweis auf der Passiv-, also der Herstellerseite. Stellt sich heraus, daß das Medikament nicht verkehrsfähig ist, so muß also der Hersteller beweisen, daß im konkreten Fall der Herzinfarkt des Patienten nicht in Zusammenhang zu bringen ist mit dem Medikament, sondern ausschließlich andere Ursachen hat. Die Haftung ist also strenger als beim sog. Prima facie-Beweis. Verlangt wird der vollständige Kausalitätsgegenbeweis. Der Begriff Verdachtshaftung wäre hier falsch. Zu sprechen wäre von der Haftung wegen widerleglich vermuteten Ursachenzusammenhanges bei begründetem Verdacht. Das Fallgut, das ich vorhin präsentiert habe, zeigt, daß wir es heute sowohl bei der Haftung des Arztes wegen Anwendungsfehlern als auch bei der Haftung des pharmazeutischen Unternehmens in höchstem Maße mit Kausalitätsproblemen zu tun haben, viel weniger - jedenfalls bei den Ärzten - mit Anwendungsproblemen. Hier ist eine differenzierte Beweislastverteilung erforderlich, denn die Ärzte sind – das muß man ausdrücklich sagen – in diesem Bereich die „Frontschweine". Es wird dann nicht der pharmazeutische Unternehmer in die Haftung genommen, sondern der Arzt, dem ein Anwendungs- oder ein Dokumentationsfehler zur Last gelegt wird, um auf der Kausalitätsebene in den Bereich der Beweiserleichterung zu kommen. Tatsächlich ginge es hier primär um die Haftung des pharmazeutischen Unternehmers.

Hart: Zur Verdachtshaftung:

Ich habe diese Diskussion im Hinblick auf Ihre Auseinandersetzung mit Herrn Reinelt geführt. Herr Reinelt interpretiert den Bundesratsentwurf als Verdachtshaftung; Sie haben ihn diskutiert als objektive Fehlerhaftung für vermutete Fehler. Das waren die Unterschiede. Ich wollte in meiner Polarisierung dieser beiden Interpretationsmöglichkeiten deutlich machen, daß ich einer Verdachtshaftung überhaupt keine Chance einräumen möchte. Mir geht es darum, im Bereich der Beweislastverteilung die Parallele zwischen Sicherheitsrecht und Haftungsrecht zu ziehen und das pharmazeutische Unternehmen zu zwingen, seine sicherheitsrechtliche Schuld haftungsrechtlich einzulösen. Das bedeutet eine Beweislast für die Unbedenklichkeit des Arzneimittels. Wenn dies nicht bewiesen werden kann, soll die konkrete – haftungsbegründende – Kausalität vermutet werden, sofern die Schädigung im Rahmen des Risikobereichs liegt. Das würde im übrigen genau etwas verhindern, was Sie vorhin mit diesem drastischen Ausdruck „die Ärzte sind haftungsrechtliche Frontschweine" bezeichnet haben. Dann würde nämlich deutlich werden, daß es bei der Arzthaftung immer nur um Fehler bei der Anwendung eines Produktes geht, dessen Sicherheit prinzipiell in den Verantwortungsbereich des Arzneimittelherstellers fällt. Für die Sicherheit des Produktes ist der pharmazeutische Unternehmer verantwortlich, für die Sicherheit der Anwendung des Produktes ist der Arzt verantwortlich. Allerdings gibt es eine Verbindungsschwelle, die man beachten muß, die auch in den Referaten deutlich gemacht worden ist. Der Arzt ist natürlich verpflichtet, sich auf dem laufenden darüber zu halten, ob das Produkt nach den Erkenntnissen der Medizin noch sicher ist. Wenn also in der Zwischenzeit, z.B. durch die Arzneimittelkommission der Deutschen Ärzteschaft oder durch das BfArM oder aufgrund sonstiger Studien Informationen über Risiken aufkommen, die bisher nicht bekannt waren, dann muß sich der Arzt darüber informieren. Tut er dies nicht, so verletzt er insofern seine Fortbildungspflicht. Es kann sich dann um einen Behandlungsfehler handeln, aber eher um eine Aufklärungspflichtverletzung, weil wir in einer Situation sind, in der kein klarer Standard existiert. Aber im Prinzip bedeutet eine solche Veränderung der Unternehmenshaftung eine Verdeutlichung und deutliche Abgrenzung der Arzthaftung gegenüber der Unternehmensverantwortlichkeit.

Munter: Die Arzneimittelkommission hat sich in diesem Jahr mit folgendem Problem beschäftigen müssen: Es gibt bestimmte Interferone, sog. Beta-Interferone für die Behandlung der Multiplen Sklerose. Keines dieser Beta-Interferone ist z.Zt. in der Bundesrepublik zugelassen. Es gibt aber ein Interferon aus Italien, das dort verkehrsfähig, aber nicht für die Multiplen Sklerosen zugelassen ist. Es gibt ein anderes Beta-Interferon, das in Amerika zugelassen ist für die Indikation Multiple Sklerose. Die Hersteller dieser Beta-Interferone haben in Werbeaktionen auf ihre Produkte aufmerksam gemacht, die sich an die bestehenden MS-Gesellschaften der Patienten und an Apotheker gerichtet haben. Hierdurch wurden Ärzte von seiten der Patienten – und Sie wissen ja, daß Multiple-

Sklerose-Patienten sehr kranke Menschen sind, die ihre Hoffnung an jeden Strohhalm knüpfen – aufgefordert, das Präparat aus Italien oder das Präparat aus den Vereinigten Staaten zu besorgen, um dem Patienten die Möglichkeit zu geben, mit diesen Präparaten vielleicht doch einen positiven Schub zu beikommen. Daraufhin haben mich die Ärzte sehr oft angesprochen und die Frage gestellt, ob sie Medikamente geben können, die keine Zulassung nach dem Arzneimittelgesetz besitzen. Man kann natürlich nach § 73 Abs. 3 AMG im Einzelfall Medikamente aus dem Ausland beziehen, aber welche haftungsrechtlichen Konsequenzen hat das für den Arzt, wenn er ein Medikament für eine Indikation einsetzt, das in Deutschland nicht zugelassen ist, das er sich aus dem Ausland besorgt, wo es zwar im Verkehr, aber auch nicht für diese Indikation zugelassen ist? Gibt es im Vergleich hierzu Unterschiede bei einem Medikament, das ebenfalls nicht in Deutschland zugelassen ist, wohl aber im Ausland für diese Indikation?

Bergmann: Dies ist ein außerordentlich großes Problem. Es betrifft das Dilemma zwischen ärztlicher Therapiefreiheit und wissenschaftlichem Standard. Es berührt im Grunde genommen den von mir bereits angesprochenen Aciclovir-Fall. Ich persönlich meine, den Ärzten kann nicht einerseits als Behandlungsfehler vorgeworfen werden, sie setzten ein für einen bestimmten Indikationsbereich nicht zugelassenes Medikament ein und andererseits – ebenfalls als Behandlungsfehler – sie setzten es nicht ein. Es kann doch nur so sein, daß der Arzt sich zunächst einmal nur auf das zugelassene Medikament stützten kann. Wenn es aber inzwischen weitere Untersuchungen zur Wirksamkeit und Unbedenklichkeit des Medikamentes im Ausland gibt, der Arzt aber aus seiner ärztlichen Verantwortung heraus das Risiko scheut, dieses – in Deutschland nicht zugelassene – Medikament einzusetzen, ist das noch von der ärztlichen Therapiefreiheit gedeckt. Es würde den ärztlichen Standard überfordern, wenn man hier den Arzt in die Haftung nähme.

Robert Fiore, US-Anwalt: Ich vertrete eine Gruppe von Deutschen Frauen in dem Silikon-Fall. Eines der betroffenen Unternehmen – DOW CORNING – ist in Konkurs. Frauen mit Implantaten dieses Unternehmens werden höchstwahrscheinlich aus der Konkursmasse bezahlt. Dies gilt für US-Bürgerinnen wie für ausländische Frauen. Allerdings liegt derzeit kein Plan zum Vergleich einer Gemeinschaftsklage vor, es wird lediglich ein einfaches Take it or leave it offeriert. Der Richter hat erklärt: Ich gebe das Angebot mehr oder weniger wie ein Immobilienmakler weiter, sei es nun gut oder nicht.

Aber das alles ist nicht der Grund, warum ich hier stehe. Ich bin hergekommen, um an Sie alle eine Frage zu stellen und ein konkretes Beispiel zu nennen, das fast alle hier in der vergangenen halben Stunde diskutierten Themen berührt. Die Frage ist: Warum kann ein deutscher Anwalt die amerikanischen Herstellerfirmen – wie DOW CORNING, Scrip oder Baxter Health Care – nicht in Deutschland verklagen? Eine mögliche Antwort hierauf könnte sein: Wenn in Amerika bereits ein Vergleich existiert, dann erübrigt sich das Klageverfahren in Deutschland. Jetzt werde ich Ihnen sagen, warum Sie in Zukunft diesen Standpunkt überdenken müssen. Manche von Ihnen kennen höchstwahrscheinlich den Fall eines Arztes aus dem Saarland, der ein amerikanisches Produkt – einen Halswirbelsäuleneinsatz aus Kuh-Knochenmark anstatt aus Plastik – verwandt hat. Vorhin war die Rede von Up-to-date-Informationen, und diese Informationen hat der betroffene Arzt sich auch verschafft: Er hat aufgrund dieser Informationen die Sicherheit gewonnen, das Produkt sei neutral, es gab innerhalb von 18 Jahren nie Probleme. Er selbst hat das Präparat 15mal verwandt; in fünf Fällen kam es zu immunologischen Reaktionen. Jetzt haben wir Zivilklagen von diesen fünf betroffenen Patienten. Der Arzt ist strafrechtlich verfolgt und auch verurteilt worden. Jetzt kommt der Arzt zu uns und sagt: „Ich bin der Geschädigte. Ich bin 42 Jahre alt und aufgrund der Nebenwirkungen eines Produktes, das ich im besten Glauben verwandt habe, finanziell völlig ruiniert.“ Wir klagen nunmehr in den USA gegen die Hersteller des Wirbeleinsatzes. Diese Klage und auch die Klagen von silikongeschädigten Frauen weltweit sind jedoch abgewiesen worden von den US-Richtern mit dem Grundsatz „forum non conveniens“. Gemeint ist genau das, was der Begriff auch sagt: Es ist das „nicht genehme Forum“. Im Fall des saarländischen Arztes sagt ein US-Bundesgericht – des Staates New Jersey -, wo der Hersteller des Produktes seinen Sitz hat: „Wir sind nicht das Gericht für die Welt, das kostet unsere Steuergelder“. In New Jersey, dem Sitz des Herstellers, können wir also nicht klagen. Dann rufen uns die Hersteller an und sagen: „Teilen Sie bitte Ihren deutschen Kollegen noch eine Kleinigkeit als Motivation mit: Wir haben keine Produkthaftungsversicherungen.“

Jetzt stehen Sie vor dem Problem, daß zunehmend medizinische Produkte aus dem Ausland nach Deutschland kommen. Der deutsche Arzt benutzt ein solches Produkt, es geht etwas schief – was soll nun passieren?

Ich meine, daß Firmen, die ein Produkt nach Deutschland oder in ein sonstiges fremdes Land bringen, finanzielle Sicherheiten zu gewährleisten haben und ebenso über eine zustellungsfähige Anschrift im jeweiligen Inland verfügen sollten.

Fest steht aufgrund der zitierten Rechtsprechung: Die deutschen Gerichte sind zuständig. Sie werden in Zukunft als Anwälte in Deutschland klagen und den Herstellern über die Haager Konvention die Klageschrift in Amerika zustellen lassen müssen.

Noch eine Anmerkung zu den Ausführungen von Herrn Dr. Hölzer: Wenn Sie wissen wollen, warum 15 oder 20 Min. sehr billig sind für die Erfüllung von Aufklärungsverpflichtungen, dann kann ich Ihnen den Namen des von mir vertretenen saarländischen Arztes nennen. Er ist verurteilt worden wegen mangelnder Aufklärung.

Ich sage meinen Kindern immer: Nehmt ein Taxi, wenn Ihr getrunken habt; das ist die billigste Taxi-Fahrt, die sie je haben werden. Und für die 15 Min. Aufklärung gilt das gleiche.

Radermacher: So, jetzt ist die Frage der Aufklärung doch wieder aktuell geworden. Ich wollte die Aufklärung keinesfalls als sinnlos oder falsch hinstellen; ich finde auch, daß Patienten selbstverständlich ein Anrecht darauf haben, korrekt aufgeklärt zu werden und zu erfahren, was mit ihnen geschieht. Entgegen Ihrer Ansicht bin ich weiterhin der Meinung, daß es sicherlich möglich ist, sehr viel zügiger aufzuklären, und ich habe es in meiner Praxis im wesentlichen auch sehr viel flotter – durchaus in 5, 10 oder 15 Min. – erledigt.

Aber machen wir uns doch nichts vor: Die wenigsten Patienten haben bei etwas komplizierteren Eingriffen nach 5 oder 10 Min. verstanden, worum es eigentlich geht, geschweige denn erfaßt, ob und wenn ja, welche Behandlungsalternativen es gibt. Ich denke eben, daß Ärzte, wenn sie gefordert sind aufzuklären, dafür sorgen müssen, daß ihnen entsprechende Ressourcen zur Verfügung gestellt werden.

Ratajczak: Zurück zur Medizinprodukte-Problematik: Das Problem, daß Sie, Herr Kollege Fiore, gerade angesprochen haben, und die von Herrn Dr. Munter zuvor präsentierte Problematik sind prinzipiell deckungsgleich. Nach deutschem Recht dürfen Arzneimittel – jedenfalls Fertigarzneimittel – auf bundesdeutschem Gebiet nicht eingesetzt werden, wenn sie nicht zugelassen sind. Es handelt sich dabei um ein grundsätzliches Verbot. Die Frage, die ich mir immer stelle, ist: Wenn Ärzte hier in Deutschland nicht zugelassene Arzneimittel und/oder Medizinprodukte anwenden, woher nehmen sie dafür eigentlich die Indikation? Daß man die Arzneimittel über den Weg des § 70 AMG legal importieren darf, ersetzt nicht die Indikation.

Wenn ein Patient verlangt, daß bei ihm Beta-Interferone, die soweit ich weiß aus Japan bezogen werden können, eingesetzt werden, dann muß der bundesdeutsche Arzt die Indikation stellen und nicht der Patient. Wenn ich für diese Beta-Interferone keine Zulassung in Deutschland habe, dann – so denke ich – scheitert der Einsatz bereits an dieser Voraussetzung. Da mag man lange diskutieren, ob und in welcher Form eine Wunschbehandlung möglich ist, die wir eigentlich als zulässig nur im Bereich der kosmetischen Operationen kennen. Eine „Wunschbehandlung" ist aus gutem Grund unzulässig: Die Risiken von Behandlungsformen, von denen der Patient irgendwann irgendwo einmal gelesen hat, sind in der Regel untragbar. Alle paar Monate erscheint eine Sondermeldung, welches Medikament angeblich irgendwo zu unglaublichen Erfolgen bei Krebserkrankungen geführt hat. Wenn Sie dieses Medikament als Arzt einsetzen, nur weil Ihr Patient mit dem entsprechenden Wunsch zu Ihnen kommt, dann verkennen Sie den wichtigen Bereich des Patientenschutzes, der mit den Vorschriften des Arzneimittelgesetzes und Medizinproduktegesetzes – auch gegen den Willen des Patienten – verfolgt wird. Ich halte eine solche Verfahrensweise für nicht zulässig.

Das gleiche gilt auch für den Import von Knochen bzw. Knochenersatzmaterialien. Bis heute weiß kein Mensch, wie es mit den allergenen Wirkungen dieser Präparate bestellt ist. Aus diesem Grund gibt es auch für kein einziges Produkt derzeit eine Zulassung; es ist auch gar nicht abzusehen, ob jemals eine Zulassung erteilt werden wird. Dennoch wird entsprechendes Material importiert. Es ist nur eine Frage der Zeit, bis Presse und Staatsanwaltschaften auf diese Zustände aufmerksam gemacht werden. Ich weiß, daß die Bundesländer in bestimmten Bereichen diese Importpraxis dulden, weil man vor dem Problem des vorhandenen Bedarfes steht, der jedenfalls in Einklang mit deutschem Recht nicht gedeckt werden kann. Diese Duldung geht jedoch hinsichtlich des Risikos voll zulasten der Ärzte. Wenn in Ihrem Fall, Herr Kollege Fiore, der Arzt aus Saarbrücken sich 18 Jahre lang um mögliche Nebenwirkungen des Materials nicht gekümmert hat, dann hilft ihm keiner. Dann hat er eben Jahre lang Geld verdient und muß jetzt dafür bezahlen. Nach deutschem Recht ist das Inverkehrbringen nicht zugelassener Arzneimittel und Medizinprodukte eindeutig verboten – strafrechtlich ebenso wie zivilrechtlich.

Fiore: Es gab eine 18-jährige Erfahrung mit dem Produkt – eine Zeit, in der keinerlei Komplikationen berichtet wurden. Mit keinem Wort wurde in medizinischen Zeitschriften eines Feststellung veröffentlicht, die den Arzt hätte vorwarnen können.

Ratajczak: Wir betrachten diese Knochenersatzmaterialien als Arzneimittel und als solche bedürfen sie der Zulassung. Um diese Zulassung kümmert man sich nicht; es gibt nur eine sehr beschränkte Möglichkeit seit Inkrafttreten des Arzneimittelgesetzes 1978, um legal einen Import solcher Materialien vorzunehmen. Das betrifft den Import kleiner Mengen für den Einzelfall – wobei man sich über die Definition dieses Begriffes „Einzelfall“ streiten kann, jedenfalls muß der Import patientenbezogen sein. Dennoch wird tatsächlich in erheblichem Umfang importiert und das grundsätzliche Importverbot umgangen.

Was die von Ihnen, Herr Kollege Fiore, angesprochene Problematik des Gerichtsortes in Deutschland betrifft, so stelle ich fest, daß zumindest beweisrechtlich nach deutschem Prozeßrecht manches nicht geht, was in den USA zur Zeit möglich ist.

Der Supreme-Court von Kalifornien hat eine „market-share-liability“ eingeführt, um die Kausalitätsprobleme bei der Produkthaftung in den Griff zu bekommen. Ich frage mich, wie ändern wir unser zivilprozessuales Beweisrecht, damit dem Hersteller im Einzelfall der Beweis gelingen kann, daß für einen bestimmten Patienten etwa der Herzinfarkt eine natürliche Ursache hatte. Das ist in den USA grundsätzlich eher möglich, weil man dort den klagenden Patienten „nackt ausziehen kann“ und dessen gesamte Krankheitsgeschichte von Geburt an, selbst die Krankheitsgeschichte der Eltern und Großeltern, die in irgendeiner Form relevant sein könnte, offenzulegen vermag. Wenn der Patient in diesem Zusammenhang nicht kooperiert, ist der Prozeß für ihn verloren. Wir hier in Deutschland haben auch nicht ansatzweise die prozessualen Möglichkeiten, um dem Rechtsimport aus den USA, den wir ständig vornehmen, ohne dabei auch das entsprechende Prozeßrecht zu übernehmen, adäquat zu begegnen.

Für uns ist mit der Beweislastumkehr im Arzthaftungsrecht das Ende der Fahnenstange erreicht. Ich kann auf der Passiv-Seite in der Regel nichts beweisen, weil ich nicht genügend Informationen habe, weil ich den Patienten auch nicht zu weiterführenden Untersuchungen zwingen kann. In Amerika gilt: Wer lügt, hat den Prozeß verloren. In dieser Richtung wird für uns hier in Deutschland nichts getan.

Kienzle: Ich möchte nochmals auf die Problematik „Interferon“ eingehen. Sie, Herr Ratajczak, drücken sich da ganz klar aus: Das nicht Genehmigte darf auch nicht gegeben werden. Was ist, wenn ich weiß, ein Präparat wird übermorgen zugelassen werden?

Ein weiteres Problem: Werden solche teuren Medikamente wie Interferon auch von den Kassen gezahlt? Wenn ich heute bei Kassenpatienten eine Interferon-Therapie beginne, wird die Kasse u.U. sehr schnell nachfragen, was das überhaupt soll. Im Einzelfall trägt der Arzt dann die

Kosten; bei Privatpatienten mag das etwas anderes sein. Wie also sieht das mit den Kosten zugelassener Medikamente aus?

Bergmann: Man wird wohl davon ausgehen müssen, daß die Aciclovir-Entscheidung ein Sonderfall war. Soweit ich die Entscheidung gelesen und gewertet habe, beruhte sie auf den Sachverständigengutachten. Der Sachverständige hat nicht nur gesagt, daß dieses Medikament zwar nicht zugelassen, im Grunde aber klinisch endgültig entwickelt war. Er hat darüber hinaus festgestellt, daß die Diagnose, eine Herpesenzephalitis – bereits vorher hätte gestellt werden müssen.

Die Frage bleibt natürlich noch offen: Darf in diesem Fall das Mittel auch eingesetzt werden? Nach meiner persönlichen Auffassung kann dem Arzt kein Vorwurf gemacht werden, wenn er dieses nicht zugelassene Mittel auch nicht einsetzt. Insoweit setze ich mich in Widerspruch zu der Entscheidung des OLG Köln.

Ratajczak: Aciclovir, das u.a. als Zovirax erhältlich ist, stand damals unter Patentschutz. Sowohl das LG Aschaffenburg[1] wie auch das OLG Bamberg[2] haben anders als das OLG Köln entschieden. Dort ging es um die Frage, ob Aciclovir zur Verhinderung von Herpes im Augenbereich (Gürtelrose) eingesetzt werden muß. Damals gab es keine entsprechende Indikation, mittlerweile gibt es diese. Zum Zeitpunkt der Entscheidung gab es auch in der Literatur schon Stimmen, die meinten, Herpes zoster stelle eine sinnvolle Indikation dar. Es liefen auch schon entsprechende klinische Tests. Dennoch haben das LG Aschaffenburg und das OLG Bamberg eindeutig entschieden, Aciclovir sei nicht einzusetzen, weil nicht zugelassen. Damit war das Ende der Fahnenstange erreicht.

Wir hielten dies für eine so selbstverständliche Entscheidung, daß wir das nicht publiziert haben, denn dieses Urteil ist vorgegeben, wenn man das Arzneimittelgesetz und die Arzneimittelrichtlinien liest. Das ist – wenn Sie so wollen – auch eine Begrenzung dessen, was an gesundheitlicher Vorsorge in der Bundesrepublik Deutschland zur Verfügung gestellt wird.

Kienzle: Das sehe ich auch so. Noch weniger verständlich ist es, wenn das Gericht einfach, um dem Patienten zu helfen, eine Beweislastumkehr annimmt, in dem es diesen Fehler noch als groben Behandlungsfehler wertet. Damit sind wir wiederum, wie Sie schon richtig sagten, am Ende der Fahnenstange zulasten des Arztes.

1

2

Teichner, Rechtsanwalt: Vielleicht kann man das Problem mit diesen nicht zugelassenen Medikamenten so lösen, daß man sich von dem Patienten – wir haben ja auch schon über Aufklärung gesprochen – nach ausreichender Aufklärung auch die Einwilligung in die Verabreichung dieses Medikamentes erteilen läßt. Das kennen wir aus dem Therapiebereich ja auch bei HIV-AIDS-Kranken: Medikamente, die im Ausland in der Erprobung sind, werden von den Patienten, die jede Chance wahrnehmen wollen, verlangt. So werden die Ethikkommissionen teilweise gebeten, Versuche mit diesen Medikamenten zu genehmigen. Hier möchte ich die Frage an meine Kollegen richten, ob eine Lösung darin gesehen werden kann, daß der Patient in die Therapie mit diesem nicht zugelassenen Medikament wirksam einwilligt.

Bergmann: Das ist eine Frage der Neulandmedizin und der Aufklärung. Zu diesem Thema kann ich nur sagen: Wenn der Patient in die Behandlung mit einem nicht zugelassenen Medikament einwilligt und der Standard jedenfalls so weit ist, daß dieses Medikament entwickelt ist und vertretbar nach ärztlichem Standard angewandt werden kann, dann wird man die Einwilligung des Patienten als Rechtfertigungsgrund ansehen können. Nur ist das ein anderer Fall als der, den wir vorhin diskutiert haben.

Ratajczak: Nach der Rechtsprechung des BGH überspielt die Einwilligung unter keinen Umständen die fehlende Indikation. Wenn dieses Medikament anschließend unerwünschte Nebenwirkungen hat und der Gutachter zu dem Ergebnis kommt, es liege keine Indikation vor, ist die Einwilligung völlig irrelevant. Das ist Körperverletzung und deswegen meine ich, daß es so nicht geht. Es gibt Grenzen dessen, was machbar ist. Kostenmäßig wie privatärztlich gilt: Wo keine Indikation vorliegt, hört die medizinische Beratung auf.

Bergmann: Aber die Frage des zulässigen Heilversuchs bleibt, Herr Kollege Ratajczak. Und ich meine, daß dem Arzt im Rahmen der Therapiefreiheit auch andere Möglichkeiten gegeben werden müssen.

Stegers: Wenn zum Schluß der Standardtherapie nur noch die Überlegung bleibt, was außer Palliativtherapie, gut zureden oder abwarten, ob Spontanheilung eintritt, noch bleibt, dann stehen wir vor der Frage des medizinischen Heilversuchs. Dabei geht es primär um ärztliche Beratungspflichten. Man darf sicherlich keinen Heilversuch verkaufen, als sei es die Standardtherapie. Das sehen wir gerade bei den HIV-Infizierten. Zu diesem Thema ist bereits ausführlich geschrieben worden. Wir haben diese Frage für das heutige Symposium lediglich nicht noch zusätzlich aufgegriffen. Vom Grundsatz her erscheint mit der ärztliche Heilversuch möglich, nur sind an Aufklärungs- und Beratungspflichten erheblich höhere Anforderungen zu stellen.

Ratajczak: Das ist etwas schwierig. Es werden ja gerade im AIDS-Bereich, aber auch im Rahmen der MS-Behandlung Medikamente auf den Markt gebracht oder gefordert, für die es so gut wie keine einzige klinische Studie gibt, die über Erfolge berichtet. Ich meine, solche Medikamente sind nicht einzusetzen. Das wäre nichts anderes als ein klinischer Versuch anstelle eines Tierversuchs. Ein Beispiel: Es gab den Fall „Schildkrötenblut gegen Krebs“. Ein Patient hat 3.000 DM ausgegeben für eine Schildkrötenbluttherapie gegen Krebs, von der Behandler im naturkundlichen Bereich meinten, dies sei sogar sinnvoll. Das ist es aber nicht! Auch dann, wenn es bei Krebs keine Medikamente gibt, die helfen – und die allermeisten Krebsarten sind ja bisher nicht heilbar – kann man nicht verlangen, daß Schildkrötenblut verordnet wird, nur weil irgend jemand meint, das sei sinnvoll.

Radermacher: Vielen Dank, ich sehe hierauf keine Wortmeldung mehr, dann möchte ich jetzt die Diskussion abschließen. Es ist sicher nicht Aufgabe unserer Symposien, die jeweils im Zentrum gestellten Fragen abschließend und erschöpfend zu beantworten. Es ist Aufgabe unserer Symposien – Herr Prof. Kienzle hat das vorhin sehr schön ausgedrückt – Sensibilität zu schaffen für die Themen, die wir hier diskutieren. Ich hoffe, daß dies auch heute gelungen ist.

Teilnehmerverzeichnis

Abicht, Hartmut
Versicherungskammer Bayern
Tattenbachstr. 2, 80538 München

Altehenger, Dr. Bernhard
Rechtsanwalt
Kaiserallee 25a, 76133 Karlsruhe

Bergmann, Dr. Karl-Otto
Rechtsanwalt und Notar
Schützenstr. 10, 59071 Hamm

Berner, Barbara
Rechtsabteilung Bundesärztekammer und
Kassenärztliche Bundesvereinigung
Herbert-Lewin-Str. 3, 50831 Köln

Boss, Heidi
Rechtsanwältin
Fahrgasse 91 - 95, 60311 Frankfurt/Main

Brinkmann, Dr. Marlies
Rechtsanwältin
Marker Allee 89, 59071 Hamm

Bücken, Michael
Rechtsanwalt
Brabanter Str. 53, 50672 Köln

Bühler, Klaus
Rechtsanwalt
Neckarstaden 16, 69003 Heidelberg

Büsken, Dr. Rainer
Rechtsanwalt
Wilhelm-Waldeyer-Str. 14, 50937 Köln

Burghardt, Claus
Rechtsanwalt
Wilhelmstr. 86, 52070 Aachen

Christ, Hans
Rechtsanwalt
Uhlandstr. 21, 70182 Stuttgart

Döring-Scholz, Birgit
Rechtsanwältin
Colonnaden 72 II, 20354 Hamburg

Dolder, Dr. Dr. Fritz
Rechtsanwalt
Rosenbergstr. 6, CH-8304 Wallisellen-Zürich

Ehlert, Uwe
Rechtsanwalt
Wingert 18, 35396 Gießen

Engelings, Marie Gabriele
Im Utforter Feld 14, 47445 Moers

Figgener, Dr. Dr. Ludger
Privatdozent, Universitätszahnklinik Münster
Waldeyerstr. 30, 48149 Münster

Finster, Christian
Assessor, Kassenzahnärztliche Vereinigung Karlsruhe
Joseph-Meyer-Str. 8 – 10, 68167 Mannheim

Fiore, Robert J.
Rechtsanwalt
Kaiserstr. 12, 60311 Frankfurt/Main

Garth, Joachim
Landesärztekammer Hessen
Lyoner Str. 21, 60528 Frankfurt

Gdaniec, Thomas
Rechtsanwalt
Rüttenscheider Str. 106, 45130 Essen

Gasper, Wolf
Leiter der Rechtsabteilung
Ecclesia Versicherungsdienst GmbH
Klingenbergstr. 4, 32758 Detmold

Groß, Michael
Assessor
General Accident
Neumarkt 15, 66117 Saarbrücken

Häffner, Jürgen
Stellvertr. Geschäftsführer der
Kassenärztlichen Vereinigung Nordbaden
Joseph-Meyer-Str. 7, 68167 Mannheim

Hansen, Daniel
Altensteiner Str. 12, 65232 Taunusstein-Hahn

Hart, Prof. Dr. Dieter
Universität Bremen, Fachbereich Rechtswissenschaft
Bibliothekstraße, 28359 Bremen

Heinze, Klaus-D.
Rechtsanwalt
Schwarze-Brüder-Str. 1, 44137 Dortmund

Herzog, Hans-Jürgen
Assessor
General Accident
Neumarkt 15, 66117 Saarbrücken

Hill, Rainer
Rechtsanwalt
Stellvertr. Geschäftsführer der BVMed
Hasengartenstr. 14c, 65189 Wiesbaden

Jungbecker, Dr. Rolf
Rechtsanwalt
Erbprinzenstr. 8, 79098 Freiburg

Kaack, Rainer
Rechtsanwalt
Fördestr. 25 a, 24977 Westerholz

Kattelans, Detlef
Arzt
Radschläfe 36, 57074 Siegen

Kienzle, Prof. Dr. H.F.
Chefarzt Städt. Krankenhaus Köln-Holweide
Neufelder Str. 32, 51067 Köln

Klocke, Dr. Rainer
Rechtsanwalt
Theodor-Heuss-Ring 10, 50668 Köln

Korioth, Jürgen
Rechtsanwalt
Bonner Talweg 87 – 89, 53113 Bonn

Koster, Richard
Assessor
General Accident
Neumarkt 15, 66117 Saarbrücken

Kremer, Christoph
Rechtsanwalt
Eschersheimer Landstr. 69, 60322 Frankfurt/Main

Kröger, Guido
Rechtsanwalt
Ackerstr. 17, 51327 Bergisch-Gladbach

Kurzenhäuser, Dr. Walter
Rechtsanwalt
Bahnhofstr. 33, 69115 Heidelberg

Latz, Dr. Johannes
Rechtsanwalt
Parkstr. 10, 50968 Köln

Lenzen, Dr. Rolf
Rechtsanwalt
Merlostr. 2, 50668 Köln

Lersch, Elmar
Rechtsanwalt
Zehnerstr. 29, 53498 Bad Breisig

Lippert, Dr. Hans-Dieter
Rechtsanwalt
Von-Stadion-Str. 1, 89134 Blaustein

Lohmann-Mack, Sigrid
Rechtsanwältin
Am Westerntor 6, 33098 Paderborn

Maigatter-Carus, Astrid
Rechtsanwältin
Bonner Tagweg 87 – 89, 53113 Bonn

Makiol, Hans-Joachim
Rechtsanwalt
Erftstr. 78, 41460 Neuss

Matthae, Dr. Bärbel
Riehler Gürtel 29, 50735 Köln

Meyer, Hartwig
Rechtsanwalt
Buschkrugallee 53a, 12359 Berlin

Mühlhölzel, Dr. Susanne
Rechtsanwältin
Residenzstr. 12, 80333 München

Müller, Werner
Assessor
Ecclesia Versicherungsdienst GmbH
Klingenbergstr. 4, 32758 Detmold

Munter, Dr. Karl-Heinz
Geschäftsführer der Arzneimittelkommission
der Deutschen Ärzteschaft
Aachener Str. 233 – 237, 50931 Köln

Nax, Dagmar B.
Ärztin, Aidsberatung
Gesundheitsamt Stadt Duisburg
Königstr. 63 – 65, 47049 Duisburg

Oexmann, Dr. Burkhard
Rechtsanwalt
Ahseufer 1a, 59063 Hamm

Petri, Anneliese
Rechtsanwältin
Altensteiner Str. 12, 65232 Taunusstein-Hahn

Petry, Franz-Michael
Assessor
Ecclesia Versicherungsdienst GmbH
Klingenbergstr. 4, 32758 Detmold

Podlech-Trappmann, Bernd
Rechtsanwalt
Wullener Feld 6a, 58454 Witten

Pohl, Hermann
Assessor
Versicherungsverband für Gemeinden
und Gemeindeverbände
Aachener Str. 1040, 50858 Köln

Raab, Friedrich
Rechtsanwalt
Am Plärrer 14, 90429 Nürnberg

Radermacher, Dirk
Rechtsanwalt
Stammheimer Str. 15 – 17, 50735 Köln

Rampfl-Platte, Elke
Rechtsanwältin
Kurfürstenstr. 22, 80801 München

Ratajczak, Dr. Thomas
Rechtsanwalt, Fachanwalt für Sozialrecht
Wegenerstr. 5, 71063 Sindelfingen

Reidegeld, Michael
Assessor
Westfälische Provinzial-Feuersozietät
Bröderichweg 58, 48131 Münster

Rommeiß, Roul
Kassenzahnärztliche Vereinigung Thüringen
Liebknechtstr. 8, 99085 Erfurt

Roxin, Anja
Fa. Immuno GmbH
Arabellastr. 4, 81925 München

Ruffing, Frank
Assessor
General Accident
Neumarkt 15, 66117 Saarbrücken

Scheier, Prof. h.c. Horst
Universität Göttingen
Schulenburgallee 13, 38448 Wolfsburg

Schimpf, Elfriede
Assessorin
General Accident
Neumarkt 15, 66117 Saarbrücken

Schirach, Dr. Klaus von
Rechtsanwalt
Leopoldstr. 48, 80802 München

Schmid-Kaufhold, Anneliese
Rechtsanwältin
Vordere Poche 6a, 79104 Freiburg i.Br.

Schnarrenberger-Oesterle, Elisabeth
Rechtsanwältin
Gartenstr. 10, 44534 Lünen

Schneider, Dr. Alfred
Rechtsanwalt
Poststr. 1, 75172 Pforzheim

Schneider, Sonja
Rechtsanwältin
Gorch-Fock-Str. 11a, 24229 Strande

Schöbel, Holger
R + V Versicherungen
Haftpflicht-Schadenabteilung
Taunusstr. 1, 65193 Wiesbaden

Schosser, Dr. Rudolf
Privatdozent
Fa. Immuno GmbH
Im Breitspiel 13, 69126 Heidelberg

Schröder, Dr. E.
Schwarz Pharma AG
Alfred-Nobel-Str. 10, 40789 Monheim

Schwarz-Schilling, Gabriela
Rechtsanwältin
Marburger Str. 2, 57223 Kreuztal

Seehafer, Dr.iur. Dipl.-Ing. Wilfried
Rechtsanwalt
Clausewitzstr. 25, 28211 Bremen

Sievers, Kurt
Rechtsanwalt
Almsstr. 20, 31134 Hildesheim

Smets, Matthias
Colonia-Versicherungs AG
Colonia-Allee 10 – 20, 51067 Köln

Stackelberg jr., Kurt Freiherr von
Rechtsanwalt
Im Rosengärtle 20, 76227 Karlsruhe

Stegers, Christoph-M.
Rechtsanwalt
Leopoldstr. 10, 44147 Dortmund

Stelzl, Dr. Stefan
Rechtsanwalt
Wegenerstr. 5, 71063 Sindelfingen

Teichner, Dr. Matthias
Rechtsanwalt
Alsterarkaden 12, 20354 Hamburg

Teipel, Frank
Rechtsanwalt
Bundesplatz 8, 10715 Berlin-Wilmersdorf

Thiele, Prof. Dr. Axel
Direktor, Bundesinstitut für Arzneimittel
und Medizinprodukte
Seestr. 10, 13353 Berlin

Thieme-Garmann, Klaus
Rechtsanwalt
Beatusstr. 15 a, 56073 Koblenz

Trauschel, Dr. Werner
Rechtsanwalt
Brienner Str. 3/III, 80333 München

Urschbach, Dr. Roland
Rechtsanwalt
Adam-Karrillon-Str. 23, 55118 Mainz

Wagner, Ralf
Kassenärztliche Vereinigung Nordrhein
Lindemannstr. 34 – 42, 40237 Düsseldorf

Weidinger, Patrick
Assessor
General Accident
Neumarkt 15, 66117 Saarbrücken

Weimann, Thomas
Rechtsanwalt
Cecilienallee 6, 40474 Düsseldorf

Weritz, Thomas
Rechtsanwalt
Raboisen 101, 20095 Hamburg

Wertenbruch, Dr. Johannes
Institut für Handels- und Wirtschaftsrecht
Universität Bonn
Adenauerallee 24 – 42, 53113 Bonn

Wessel, Dr. Joachim
Rechtsanwalt
Hohenstaufenring 52, 50674 Köln

Zimmermann, Robert
Rechtsanwalt
Apfelstr. 26 – 28, 52525 Heinsberg

Zurstraßen, Arno
Rechtsanwalt
Im Hörnchen 12, 51429 Bergisch-Gladbach

GPSR Compliance

The European Union's (EU) General Product Safety Regulation (GPSR) is a set of rules that requires consumer products to be safe and our obligations to ensure this.

If you have any concerns about our products, you can contact us on ProductSafety@springernature.com

In case Publisher is established outside the EU, the EU authorized representative is:

Springer Nature Customer Service Center GmbH
Europaplatz 3
69115 Heidelberg, Germany

Batch number: 10844675

Printed by Printforce, the Netherlands